四川省"十四五"职业教育省级规划教材

职业教育·轨道交通类专业教材

轨道交通安全管理

曹 勇 杜 鹏 主 编

亓 伟 王定伟 副主编

徐安雄 主 审

（第2版）

人民交通出版社

北 京

内 容 提 要

本教材为四川省"十四五"职业教育省级规划教材、职业教育轨道交通类专业教材。教材中融合了铁路交通与城市轨道交通的安全管理知识,并对轨道交通各专业安全知识进行了全面剖析。

本教材主要包含 5 个模块,分别为轨道交通安全概述、轨道交通企业安全文化、轨道交通运营安全、轨道交通企业维修安全和轨道交通施工安全。本教材旨在促进学生和企业从业人员更好地掌握轨道交通安全管理要求,增强安全意识,为轨道交通企业各岗位安全生产打下良好基础。

本教材可作为职业教育铁道运输类专业、城市轨道交通类专业教材,也可作为铁路行业、城市轨道交通行业从业人员培训教材。

本教材配有教学课件,任课教师可通过加入职教轨道教学研讨群(QQ 群号:129327355)获取。

图书在版编目(CIP)数据

轨道交通安全管理/曹勇,杜鹏主编. —2 版. —
北京:人民交通出版社股份有限公司,2025.1
ISBN 978-7-114-19418-4

Ⅰ.①轨… Ⅱ.①曹… ②杜… Ⅲ.①城市铁路—交
通运输安全—交通运输管理—职业教育—教材 Ⅳ.①U239.5

中国国家版本馆 CIP 数据核字(2024)第 034615 号

四川省"十四五"职业教育省级规划教材
职业教育·轨道交通类专业教材
Guidao Jiaotong Anquan Guanli

书 名:	轨道交通安全管理(第 2 版)	
著 作 者:	曹 勇 杜 鹏	
责任编辑:	杨 思	
责任校对:	赵媛媛	
责任印制:	刘高彤	
出版发行:	人民交通出版社	
地 址:	(100011)北京市朝阳区安定门外外馆斜街 3 号	
网 址:	http://www.ccpcl.com.cn	
销售电话:	(010)85285911	
总 经 销:	人民交通出版社发行部	
经 销:	各地新华书店	
印 刷:	北京市密东印刷有限公司	
开 本:	787×1092 1/16	
印 张:	15.5	
字 数:	356 千	
版 次:	2022 年 8 月 第 1 版	
	2025 年 1 月 第 2 版	
印 次:	2025 年 1 月 第 2 版 第 1 次印刷 总第 3 次印刷	
书 号:	ISBN 978-7-114-19418-4	
定 价:	49.00 元	

第2版前言

编写背景

轨道交通安全运行关乎国计民生,其从业人员需要经过严格的安全培训并掌握相应的安全知识,为满足城市轨道交通与铁路运输企业对于从业人员知识、技能、素质的需求,我们联合职业院校教师及行业企业专业人员编写出版本教材。

2022 年新修订的《中华人民共和国职业教育法》明确指出:职业教育必须坚持产教融合、校企合作,坚持面向市场、促进就业,坚持面向实践、强化能力。"轨道交通安全管理"是职业院校轨道交通类专业基础课程,是该类专业必修课,安全管理知识也是轨道交通行业企业高度重视的培训内容。因此,我们在编写本教材时,充分征询了相关企业和教师意见,切实做到课程编制校企合作、课程内容面向市场。

教材内容

本教材主要包括基础知识和专业知识两个部分。其中,模块 1 轨道交通安全概述、模块 2 轨道交通企业安全文化为基础知识;模块 3 轨道交通运营安全、模块 4 轨道交通企业维修安全、模块 5 轨道交通施工安全为专业知识。通过学习,学生能掌握轨道交通安全生产管理基础知识,了解轨道交通企业相关的运营、维修、施工等方面的安全知识;学生能分析轨道交通运营安全责任和管理手段,明确行车作业人身安全和机车车辆检修作业人身安全,分析轨道交通工程施工安全和影响因素、明确管理制度,能从个案中找到共性,总结规律,积累经验;学生基本具备企业岗位生产所需的安全意识,具有自主学习新知识和小组团结合作的能力,具有基本职业能力及诚实、守信、善于沟通和合作的品质。

修订要点

第 2 版教材在第 1 版基础上,新增了案例资源,坚持落实立德树人的根本任务，深入贯彻党的二十大精神，全面落实课程思政要求，弘扬劳动光荣、技能宝贵、创造伟大的时代风尚。教学设计更加尊重教学规律；教材内容更新了新规范、新标准，贴近学生生活、学习、思想实际。

教学建议

本教材涉及的专业基础知识较多，课程应设置于第三或第四学期、学生学习"铁道概论"或"城市轨道交通概论"等专业基础课之后，课时设置以32学时为宜。对于基础知识，铁道运输和城市轨道交通相关专业学生均需学习；对于专业知识，可按照运营、维修、施工具体情况开展教学。授课宜多结合案例教学，且根据各专业学生的侧重点开展针对性教学，有条件的学校可以加入部分翻转课堂设计，提高学生自主学习的能力。学生可以在中国大学MOOC、国家职业教育智慧平台、职教云等网络平台开展相关拓展知识的学习。

在线课程链接

编写团队

本教材由成都工业职业技术学院曹勇、杜鹏担任主编，由成都工业职业技术学院亓伟与中国铁路成都局集团有限公司王定伟担任副主编，由成都地铁运营有限公司徐安雄担任主审。成都工业职业技术学院陈希成、陈建男、付兵、张燕、杨冀琴、汪渝参与编写。前言、模块1由曹勇编写，模块2由亓伟编写，模块3单元3.1、单元3.2由杜鹏、杨冀琴编写，模块3单元3.3由杜鹏、张燕编写，模块4单元4.1由亓伟编写，模块4单元4.2由付兵编写，模块4单元4.3由汪渝编写，模块4单元4.4由陈希成编写，模块5由王定伟、陈建男编写。

致谢

本教材在编写过程中得到了中国铁路成都局集团有限公司、成都轨道交通集团有限公司等单位同人的大力支持和帮助，谨此表示衷心的感谢。

由于编者水平有限，教材中难免存在疏漏、不妥之处，恳请各位老师和广大读者批评指正。

作　者

2024 年 7 月

本教材配套资源索引

序号	资源名称
1	事故调查目的和意义
2	电气安全
3	事故调查——"四不放过"原则
4	列车行车工作
5	行车安全无小事
6	列车冒进信号
7	列车脱轨事故
8	城市轨道交通消防安全
9	消防安全设备设施
10	消防安全工作
11	消防员工作范围
12	施工安全不可忽视
13	预防机械伤害的措施
14	地铁消防安全之火灾扑救逃生

目　录

模块1

轨道交通安全概述

模块概述

　　轨道交通是指运营车辆在特定轨道上行驶的一类交通工具或运输系统，它具有运量大、建设与维修成本高等特点。根据轨道交通服务范围的差异，轨道交通一般分为铁路系统、城际轨道交通和城市轨道交通三大类。轨道交通安全具体包括运营安全、企业维修安全、施工安全等。

　　安全管理（Safety Management）是国家或企事业单位安全部门的基本职能。安全管理是指运用行政、法律、经济、教育和科学技术等手段，协调社会经济发展与安全生产的关系，处理国民经济各部门、各社会集团和个人有关安全问题的相互关系，使社会经济发展在满足人们的物质和文化生活需要的同时，也满足社会和个人安全方面的要求，保证社会经济活动和生产、科研活动的顺利进行及有效发展。

　　本模块主要介绍轨道交通安全生产的基本概念、相关要素、方针政策、管理体系等内容，同时介绍轨道交通安全生产的自身特点，轨道交通安全相关法规，以及轨道交通相关安全标志。通过对本模块的学习，学生会对轨道交通安全有基本认识。

单元 1.1 安全生产管理概述

学习导航

学习目标

1. 知识目标

(1)理解安全生产与安全生产管理的相互关系。

(2)了解轨道交通安全生产的特点。

(3)理解安全生产五要素与我国安全生产的方针政策。

(4)了解安全生产监督管理体系。

2. 能力目标

通过对安全管理基础概念与基础知识的学习,能够区分安全、事故、隐患。

3. 素质目标

通过学习安全管理方针政策、安全生产监督管理体系,具备规范意识。

学习指导

1. 学习重点

掌握安全生产的要素和相关方针政策。

2. 学习难点

(1)区分不安全、危险、事故等概念的差异。

(2)理解安全生产的普遍性。

(3)了解安全生产监督管理体系。

学习探索

收集国内外轨道交通重大安全事故及处理措施,了解安全管理的基本程序。如图 1-1 所示,在国家铁路局网站(http://www.nra.gov.cn)搜索关键词"事故"。

图 1-1 事故调查报告查询示例

📖 **案例导入** ----------------- □□□□□□

德国高铁 ICE 出轨事故

一、案例背景描述

1.案例发生的时间、地点

时间：×年6月3日10时59分。

地点：德国埃舍德镇附近一处路桥下。

2.案例简述

×年6月3日上午，在临近厄什德国站几千米处的埃舍德镇附近，慕尼黑—汉堡的884次 ICE 列车机车后第一节车厢下的一个车轮轮辋断裂。10时59分列车脱轨，当时列车正以280km/h的速度行驶到雷贝拉大街的一座混凝土公路桥前的一个道岔处，机后第三节车厢撞上一个桥墩，导致整座桥倒塌，造成101人死亡。

3.案例类型

本次事故是设计失误、规范不严、人工疏忽等一系列原因导致的特别重大铁路事故。

二、案例经过描述

1.案例图例

案例图例如图1-2、图1-3所示。

2.案例经过

(1)列车双层钢轮中的外层轮辋断裂。10时56分，列车经过道岔后引起钢轨从第一节车厢中地板下贯穿而出，卡在两个座位之间的扶手上。第一节车厢内的乘客见状纷纷逃至其他车厢，并赶紧把这一情况告知列车长，要求其赶紧将车停下。然而，列车长却说："根据高铁运营管理制度，不了解情况的时候不能够擅自启动车辆的紧急制动。"

(2)10时58分，整趟列车已经开始左右摇晃。意识到问题严重性的列车长跟报告列车情况异常的乘客来到了第一节车厢，乘客正在跟列车长指出车辆受损的地方。

图1-2 事故现场照片

图1-3 车轮轮辋

(3)由于车身晃动,整辆列车重心不稳,车轮在巨大的压力下做不规则运动,且列车经过道岔时偏离了铁轨。列车失去控制,冲出了铁轨,撞向了横跨高铁路轨的水泥双线路桥。

(4)400多米长的列车冲出了轨道,将300t重的双线路桥撞得完全坍塌。列车的第一节车厢被高高抛向空中,又重重地摔到地上,其后的8节车厢依次相撞,横向挤压在一起。

(5)11时5分,也就是事故发生后的6分钟,接到报警的第一批消防车和救护车抵达现场,该地区的医疗和救援机构全部进入紧急状态,救援工作全面展开。虽然投入了大量救援人员及大批大型起吊设备,但整个救援工作依然持续了整整3天。

(6)据事后统计,这场严重的高铁出轨倾覆事故共造成101人遇难,88人重伤,106人轻伤。

三、案例分析

1.原因分析

(1)新式车轮引发脱轨:事故的根本原因是一节ICE列车的车轮外包轮辋断裂后斜刺插入车底。

(2)列车长安全意识差:接收到事故信息后列车长未意识到事态的严重性,列车仍高速运行。

(3)道岔护轨导致脱轨:断裂的轮辋挑起道岔护轨,升起的护轨给了列车抬升力,导致列车脱轨。

(4)桥梁倒塌加重事故伤害:第三节车厢撞倒桥墩导致桥梁坍塌,列车被砸或者撞向桥梁。

2.优化措施

(1)立刻停用其余59列ICE 1型列车。

(2)全部弹性车轮都更换为新的整体式车轮,并对走行部进行全面检查后才准予投入运营。

(3)44列ICE 2型列车的运营虽然未受到事故影响,但也应将最高运行速度降低到

160km/h,并做全面检查。

(4)直到将全部隐患消除后,ICE 高速列车才能恢复正常运营。

四、案例总结

本案例中,事故是由车轮轮辋断裂引起列车脱轨造成的。德国列车采用的新式车轮为橡胶弹性车轮,橡胶外侧有一层轮辋,事故具体原因如下:①外侧轮辋厚度接近厚度极限值 30mm;②列车安检并未采用超声检测,而是采用人工肉眼观察,这导致未发现车轮问题;③该新式车轮最高测试运行速度为 200km/h,而事故列车运行速度达到 280km/h;④乘客告诉列车长发现问题后列车长未及时叫停列车。

五、讨论与思考

(1)国家铁路增加或者改进新设备为何手续繁杂、周期长?

_____

_____

_____

(2)铁路运维企业如何实现行车安全管理?

_____

_____

_____

(3)列车事故发生时应如何降低自身受到的伤害?

_____

_____

_____

◇ 知识点 1.1.1 安全生产管理

一 安全生产管理相关概念

轨道交通安全责任重大、事故影响范围广,为此需要加强安全管理工作。为更好地学习轨道交通安全管理,我们首先要学习轨道交通安全管理的相关概念。

1. 安全与危险

"安全"作为现代汉语的一个基本语词,在《现代汉语词典》中的解释是"没有危险;平安"。研究国家安全的专家学者认为,"安全"含义有两方面:一方面是指安全的状态,即免于危险,没有恐惧;另一方面是指对安全的维护,指安全措施和安全机构。

关于不安全,没有统一的定义,生产系统中将其理解为"危险",作为安全的对立面和矛盾的统一体。危险指在生产活动过程中,人或物遭受损失的可能性超出了可接受指标的状态。不安全为连续地超出可接受指标的状态。不安全包含被认知的及尚未被认知的各种可以导致矛盾量变的客观因素,这种客观因素也可称为安全隐患。此外,不安全还包含矛盾斗争过程中质变瞬间表现出来的外在事故结果。

2. 事故(相关资源见二维码1)

"事故"一词较为通俗,事故现象也屡见不鲜,但对事故的内涵,学术界还没有完全统一的描述。有的词典中将事故定义为"意外的、特别有害的事件";美国安全工程师海因里希认为,事故是"非计划、失去控制的事件";甘拉塔勒等人从更为一般的意义上提出,"事故是与系统设计条件具有不可容忍的偏差的事件";吉雷进一步补充说明,"事故是指任何计划之外的事件,可能引起或不会引起损失或伤害";还有学者从能量观点出发解释事故,认为事故是能量逸散的结果。图1-4所示为瑞士一火车脱轨事故(造成7人受伤)。

二维码1

事故调查目的和意义

图1-4 瑞士一火车脱轨事故

归纳这些对"事故"内涵的解释,可以概括出事故具有如下特点:

(1)事故是违背人们意愿的现象。

(2)事故是不确定事件,其发生形式既受必然因素的支配,也受偶然因素的影响。

(3)事故发生的原因主要可归纳为三个:尚未认识到的原因;已经认识但不可控制的原因;已经认识并可控制,但未能有效控制的原因。

(4)事故发生后会造成四种后果:①人受伤害、物受损失;②人受伤害,物未受损失;③人未受伤害,物受损失;④人和物均未受到伤害和损失。在运输领域,将凡是造成运输系统中断的事件均纳入事故的范畴。这主要是因为运输系统中断不一定会造成直接人员伤害或财产损失,但却干扰了系统正常运行,会带来严重的经济损失。

(5)事故的内涵非常复杂。从宏观的生产过程角度来看,事故是安全与不安全矛盾过程中某些因素质变瞬间结果的外在表现形式,是时间轴上一系列的离散点;从微观角度来看,每个事故均可看作极短时间内相继出现的事件序列,是一个动态过程,可以表述为如下形式:危险出现—以一定的逻辑顺序出现的事件序列—产生不良后果。

3. 隐患

从系统安全的角度来看,人们所说的隐患通常包括一切对人-机-环境系统带来损坏的不安全因素。隐患可以定义为:在生存过程中,由于人们受到科学技术的限制或认识上的局限,未能有效控制的、可能引起事故的行为和状态。

隐患是事故发生的必要条件。隐患一旦被识别,就要予以消除,这样可以降低系统危险性。对于受客观条件所限不能立即消除的隐患,要采取措施降低部分危险性或延缓危险性增长的速度,降低其被触发的概率;对不能识别的隐患,则应尽可能通过各种试验和研究发现其存在,继而对其进行有效的控制。

4. 安全生产

安全生产是指在生产经营活动过程中,为了避免造成人员伤害和财产损失的事故而采取相应的事故预防与控制措施,使生产过程在符合安全规定的条件下进行,以保证从业人员的人身安全与健康、设备和设施免受损坏、环境免遭破坏、生产经营活动得以顺利进行的相关活动。

5. 安全生产管理

安全生产管理是指对安全生产工作进行的管理和控制。企业主管部门是企业经济及生产活动的管理机关,遵循"管理生产同时管理安全"的原则,在组织本部门、本行业的经济和生产工作中,同时负责安全生产管理。例如,组织督促所属企事业单位贯彻安全生产方针、政策、法规、标准;根据本部门、本行业的特点制定相应的管理法规和技术法规,并向劳动安全监察部门备案,依法履行自己的管理职能。

6. 安全生产管理基本概念之间的相互关系

安全生产管理基本概念之间的相互关系如下:

(1)安全与不安全是动态发展变换矛盾的双方,它们都是与生产过程共存的连续过程。

(2)系统的安全与危险依靠安全性与危险性来描述,二者的关系式如下:

$$危险性 + 安全性 = 1 \tag{1-1}$$

(3)事故与安全是对立的,但事故不是不安全的全部内容,而只是安全与不安全这对矛盾在运动过程中某些因素质变的外在表现,因而不能作为系统安全评价的唯一标准。系统处于安全状态不一定不发生事故,系统处于不安全状态也未必是由事故引起的。也就是说,事故发生时,系统不一定处于危险状态;事故未发生时,也不能说明系统一定处于安全状态。

(4)危险不仅包括作为潜在的事故条件的各种隐患,还包括安全与不安全矛盾激化后表现出来的事故结果,而隐患是事故发生的必要条件。

二 安全生产的特性

1. 系统性

安全涉及生产过程的各方面,包括人员、设备和环境三个主要因素。这三个因素又涉及经济、政治、科技、教育、管理等方面。对于类似于铁路这样的开放系统(图 1-5),安全既受系统内部因素的制约,也受系统外部环境的干扰。事故的发生可能造成铁路生产系统内部的损害,也可能造成系统外部环境的损害。因此,研究和解决安全生产问题应从系统观点出发,运用系统工程的方法进行综合分析和治理。

图 1-5 铁路系统内部框架

2. 相对性

凡是人类从事的生产活动都有安全问题,不同的是发生事故的概率有大有小。安全是相对的,不是绝对的,系统发生事故的可能性伴随生产而一直存在。利用安全系统工程的原理和技术发现、控制、消除各种隐患,可以在很大程度上预防事故的发生。

3. 依附性

安全依附于生产,它不能脱离具体的生产过程独立存在,只要有生产就会存在安全问题。安全是生产的保障,如果危险性控制得不好,安全性不能提高,生产就无法正常顺利地进行和完成。所以,在整个生产过程中都要注意安全问题。

4. 效益性

安全虽然无法直接产生效益,甚至为提高生产安全性会增加企业的支出或成本,但是安全可以间接保证社会效益和经济效益。忽视安全,可能发生事故,造成极其严重的人员伤害和财产损失;提高安全性,降低事故发生的可能性,可以更好地创造社会效益和经济效益。

5. 长期性和艰巨性

人们对于安全的认识在时间上往往滞后,应经常从事故教训中总结和发现安全的影响因素,但有些隐患即使提前认识到了,由于技术条件的限制也无法加以控制。随着生产技术的进步,新的生产设备、生产环境、生产材料的出现会带来新的安全问题。所以,安全工作是一个长期而复杂的过程,必须常抓不懈,坚持努力。

◇ 知识点 1.1.2　安全生产方针

我国的安全生产方针历经以下变化,即"生产必须安全、安全为了生产""安全第一、预防为主""安全第一、预防为主、综合治理""以人为本,坚持安全发展,坚持安全第一、预防为主、综合治理"。

《中华人民共和国安全生产法》第三条规定:"安全生产工作应当以人为本,坚持人民至上、生命至上,把保护人民生命安全摆在首位,树牢安全发展理念,坚持安全第一、预防为主、综合治理的方针,从源头上防范化解重大安全风险。安全生产工作实行管行业必须管安全、管业务必须管安全、管生产经营必须管安全,强化和落实生产经营单位主体责任与政府监管责任,建立生产经营单位负责、职工参与、政府监管、行业自律和社会监督的机制。""安全第一、预防为主、综合治理"是现阶段我国安全生产管理方针。我国安全生产管理的主要含义包括:①积极推进安全生产法规标准的建设,变行政管理为法制管理;②理顺并完善安全生产管理体制;③积极采取各种职业安全卫生技术措施;④坚持安全生产的教育和知识、技能培训,培养安全意识和素质;⑤不断进行安全管理改革,积极推行安全管理现代化;⑥重视伤亡事故调查、统计分析工作;⑦认识安全生产的规律,加强安全科技研究。

◇ 知识点 1.1.3 安全生产监督管理体系

目前,我国实行的是国家监察、地方监管、企业负责的安全生产监督管理体系(图1-6)。在国家与行政管理部门之间实行的是综合监管和行业监管,在中央政府与地方政府之间实行的是国家监察与地方监管,在政府与企业之间实行的是政府监管与企业管理。

城市轨道交通运营安全由中华人民共和国应急管理部与交通运输部实行综合监管和行业监管;在政府与企业之间,由地方安监局与地方交通委员会进行政府监管,由企业负责内部安全管理。

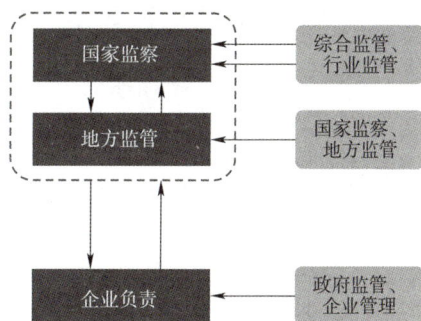

图1-6 安全生产监督管理体系

全国铁路安全监督管理工作由国务院铁路行业监督管理部门负责,国务院铁路行业监督管理部门设立的铁路监督管理机构负责辖区内的铁路安全监督管理工作;铁路沿线地方各级人民政府和县级以上地方人民政府有关部门按照各自职责,加强保障铁路安全的教育,落实护路联防责任制,防范和制止危害铁路安全的行为,协调和处理保障铁路安全的有关事项,做好保障铁路安全的有关工作;从事铁路建设、运输、设备制造维修的单位要加强安全管理,建立健全安全生产管理制度,落实企业安全生产主体责任,设置安全管理机构或者配备安全管理人员,执行保障生产安全和产品质量安全的国家标准、行业标准,加强对从业人员的安全教育培训,保证安全生产所必需的资金投入。

安全生产管理目标:减少和控制危害,减少和控制事故,尽可能避免生产过程中发生事故,造成人身伤害、财产损失、环境污染以及其他损失。

轨道交通建设期间的安全管理目标:杜绝生产安全责任引起的重大及以上事故,遏制较大安全生产事故,减少一般安全生产事故;杜绝安全生产责任引起的重大及以上铁路交通事故,遏制较大铁路交通事故,减少一般铁路交通事故。

铁路建设安全管理机构:由公司领导及各职能部门负责人组成安全生产委员会,下设安全生产委员会办公室;办公室设在安全质量部(简称"安质部"),负责具体的督促实施工作。指挥部是以指挥长为组长,以副指挥长和勘察设计、咨询、监理、施工单位项目主要负责人为副组长,由指挥部和各参建单位相关负责人参加的施工安全生产领导小组。

勘察设计、咨询及监理单位,应设置现场安全管理机构,按照安全生产法律法规、标准和合同的要求开展安全生产管理活动,并且应在现场项目管理机构领导层中明确一人主抓安全工作。

施工单位成立是以第一管理者为组长、以副职领导为副组长、以各职能部门和施工队主要负责人为组员的施工安全生产领导小组;设置安全生产管理部门,负责施工安全生产领导小组的日常工作;项目部设专职安全总监和安全工程师,施工队设专职安全员,班组设兼职安全员(高风险作业应设专职安全员)。施工单位应按照相关安全生产法律法规、标准和合同的要求开展安全生产管理活动。

◇ 知识点 1.1.4　安全生产"五要素"

一　安全生产"五要素"概述

安全生产"五要素"是指安全文化、安全法制、安全责任、安全科技、安全投入。

1. 安全文化

安全文化,即安全意识,是指存在于人们大脑中、支配人们行为是否安全的意识。首先,公民和职工要加强宣传教育工作,普及安全常识,强化全社会的安全意识和公民的自我保护意识。其次,领导干部要自觉贯彻习近平新时代中国特色社会主义思想,时刻把人民群众的生命与财产安全放在首位,切实落实"安全第一、预防为主、综合治理"的安全生产方针。最后,行业和企业要确立具有自己特色的安全生产管理原则,落实各种事故防范预案,加强职工安全培训,确立不伤害自己、不伤害他人、不被他人伤害的安全生产理念。

2. 安全法制

安全法制是指安全生产法律法规和安全生产执法。其主要内容包括:①广为宣传《中华人民共和国安全生产法》,健全《中华人民共和国安全生产法》的配套法规和安全标准;②行业、企业要结合实际,建立和完善安全生产规章制度,将已被实践证明的切实可行的措施与办法上升为制度和法规;③逐步建立健全全社会的安全生产法律法规体系,用法律法规来规范政府、企业、职工和公民的安全行为,真正做到有章可循、有章必循、违章必究,体现安全监管的严肃性和权威性,真正落实"安全第一、预防为主、综合治理"的安全生产方针。

3. 安全责任

安全责任主要包含两个层面:①企业是安全管理的责任主体;②企业法定代表人、企业"一把手"是安全生产的第一责任人。各级政府是安全生产的监督管理主体,要切实落实地方政府、行业主管部门及出资人机构的监管责任,科学地界定各级安全生产监督管理部门的综合监管职能,建立严格、科学、合理的安全生产问责制,严格执行安全生产责任追究制度,深刻地吸取事故教训。第一责任人要切实负起职责,制定和完善企业安全生产方针和制度,层层落实安全生产责任制,完善企业规章制度,治理安全生产重大隐患,保障发展规划。

4. 安全科技

安全科技是指安全生产科学与技术。其主要内容包括:①企业要采用先进、实用的生产技术,组织安全生产技术研究开发;②国家要积极组织重大安全技术攻关,研究制定行业安全技术标准与规范,积极开展国际安全技术交流,努力提高我国安全生产技术水平。

5. 安全投入

安全投入是指保证安全生产必需的经费。其主要内容是建立企业、地方、国家多渠道的安全投资机制。企业是安全投资主体,要按规定从成本中列支安全生产专项资金,加强财务审计,确保专款专用。国家和地方要支持企业的设备更新和技术改造,要制定源头治本的经济政策,并严格依法执行。

二　安全生产"五要素"之间的关系

安全生产"五要素"是既相对独立又有机统一的一个整体,它们相辅相成甚至互为条件。

1. 安全文化是安全生产的根本

安全文化是灵魂和统帅,是安全生产工作基础中的基础,是安全生产工作的精神指向,其他要素都应该在安全文化的指导下展开。安全文化是其他要素的目的和结晶。只有在其他要素健全的前提下,才能培育出深入人心的"以人为本"的安全文化。安全文化的基本内涵是人的安全意识。建设安全生产领域的安全文化的前提是要加强安全宣传教育工作,普及安全常识,强化全社会的安全意识和公民的自我保护意识,要真正做到警钟长鸣、居安思危、言危思进、常抓不懈。

2. 安全法制是保障安全生产的有力武器

安全法制是安全生产工作进入规范化和制度化的必要条件,是开展其他各项工作的保障和约束。因此,保障安全生产需要建立和完善安全生产法规体系,需要强化安全生产法治建设。健全安全生产法规体系,安全生产法规能够落实到位,安全生产标准执行达标,这是企业生产经营的最基本的要求和前提条件。

3. 安全责任是安全生产的灵魂

安全责任是安全法制进一步落实的手段,是安全法律法规的具体化。安全生产责任制是安全生产制度体系中最基础、最重要的制度。安全生产责任制是确保安全生产的基础和关键,它直接关系到人民群众的生命财产安全,是经济社会协调健康发展的标志。党中央、国务院历来高度重视安全生产工作,通过制定和实施一系列重大决策部署,推动全国安全生产工作取得积极进展。**党的二十届三中全会公报指出:"严格落实安全生产责任,完善自然灾害特别是洪涝灾害监测、防控措施,织密社会安全风险防控网,切实维护社会稳定。"**安全生产责任制不仅涉及政府对人民利益的高度负责,还涉及对安全生产法律法规的贯彻落实,以及安全生产社会监督作用的发挥。通过建立健全安全生产责任制,可以进一步强化和落实安全生产责任,增强全社会安全生产意识,从而有效减少生产安全事故的发生,保障人民群众的生命财产安全。此外,安全生产责任制的实施还涉及对生产经营单位的安全生产情况进行监督检查,指导督促生产经营单位建立健全安全生产责任制,落实各项防范措施。对于忽视安全生产的企业及其负责人或业主,要依法加大行政执法和经济处罚的力度,以提高事故查处效率,增强执法的实效性。通过这些措施,可以进一步明确和落实各级政府及生产经营单位的安全生产责任,确保安全生产目标的实现。

4. 安全科技是实现安全生产的手段

安全科技是保证安全生产工作现代化的工具。"科技兴安"是现代社会工业化生产的要求,是实现安全生产的根本出路,实现科技兴安是每个决策者和企业家应有的认识。安全是企业管理、科技进步的综合反映,安全需要科技的支撑。安全科技水平决定安全生产的保障能力。因此,安全科技是事故预防的重要力量,应采用科学技术的手段保障生产过程的安全。

5. 安全投入是安全生产的基本保障

安全投入为其他各个要素的开展提供了物质保障。安全生产的实现以投入的保障为基础,提高安全生产的能力,需要为安全投入成本,安全的成本是代价,更是效益。我国需要建立多元化的安全生产投入机制,但企业是安全投资的主体,要按规定从成本中列支安全生产专项资金,加强财务审计,确保专款专用。国家和地方要支持困难行业和企业的安全设备和技术改造,困难行业和企业要有治理安全隐患的政策措施,并严格依法执行。

单元 1.2　轨道交通安全生产特点

学习导航

学习目标

1. 知识目标

理解和掌握影响轨道交通安全的因素、轨道交通危险源及其防范措施。

2. 能力目标

通过对轨道交通安全生产特点的学习,能够识别轨道交通危险源并掌握基本的风险防范措施。

3. 素质目标

通过学习人的不安全行为防治措施,培养时间观念和安全意识。

学习指导

1. 学习重点

理解和掌握影响轨道交通安全的因素、人的不安全行为与车站突发事件识别、人的不安全行为防治措施。

2. 学习难点

掌握危险源识别、风险防范及控制措施。

学习探索

收集各地铁企业关于安全生产相关的制度文件,总结各企业相关安全制度。

📖 **案例导入** ------------------------------------

××城市地铁早高峰信号故障处理

一、案例背景描述

1. 案例发生的时间和地点

时间：×年12月29日8时20分。

地点：××城市×号线某区段。

2. 案例简述

×年12月29日8时20分左右，××城市地铁×号线，某段区间列车突发信号故障，为确保安全，调度组织上述列车降级运行，导致×号线其他列车有所延误，站内乘客滞留，地铁运营单位通过有序组织引导保障了乘客安全和列车安全运行。

3. 案例类型

轨道交通信号设备故障导致列车延误。

二、案例经过描述

1. 案例图例

案例图例如图1-7所示。

2. 案例经过

地铁公司及时调整列车运行方式，启动线路级客流控制及换乘站客流控制：在×号线部分车站及线网换乘站采取客流控制措施；在换乘站采取越站不停车措施，减少换乘站的客流滞留，确保乘客安全；交通运输主管部门第一时间启动应急预案，安排公交集团组织接驳专线，直到乘客输送完为止。

8时50分左右，经维修人员紧急抢修，故障基本排除，运营秩序逐渐恢复。

因故障发生时正值早高峰，为避免车厢内乘客因不了解情况而产生恐慌心理，列车安全员及时对车内乘客进行解释安抚；在车站组织方面，除通过设置铁马、伸缩带等加强现场客流引导，车站还派专人向等候乘客发放致歉信，并加强公安、安保力量，引导乘客出站。

三、案例分析

1. 原因分析

(1)某段区间列车突发信号故障。

(2)为确保安全，调度组织上述列车降级运行。

(3)×号线其他列车有所延误，站内乘客滞留。

2. 优化措施

(1)调整列车运行方式。

(2)启动线路级客流控制及换乘站客流控制。

(3)在换乘站采取越站不停车措施，减少换乘站的客流滞留，确保乘客安全。

图1-7 地铁延误的影响

(4)安排公交集团组织接驳专线。

(5)安排维修人员紧急抢修排除故障。

(6)列车安全员及时对车内乘客进行解释安抚。

(7)应用铁马、伸缩带等加强现场客流引导。

(8)加强公安、安保力量,引导乘客出站。

四、案例总结

轨道交通运营安全具有其特殊性,其中安全性排在首位,而影响安全的因素多,为此需要合理地组织工作人员对乘客解释安抚,引导乘客出站以保障乘客、行车安全。轨道交通运营过程中会不可避免地出现紧急情况,本案例中,轨道交通运营企业通过有效组织,有序地完成了乘客疏导工作和紧急情况维修工作,将事故影响降到最小,值得学习和反思。

五、讨论与思考

(1)结合案例思考轨道交通运营安全的特殊性。

----

(2)影响轨道交通运营安全的因素有哪些?

----

(3)你如果是轨道交通运营工作人员,遇到突发事件时应如何做?你如果是乘客又应如何做?

◇ 知识点 1.2.1　安全在轨道交通运营中的地位

一　轨道交通运营安全的特殊性

轨道交通是指运营车辆需要在特定轨道上行驶的一类交通工具或运输系统。常见的轨道交通有传统铁路(国家铁路、城际铁路和市域铁路)、地铁、轻轨和有轨电车,新型轨道交通有磁浮轨道系统、单轨系统(跨座式轨道系统和悬挂式轨道系统)和旅客自动捷运系统等。

《城市公共交通分类标准(附条文说明)》(CJJ/T 114—2007)中明确提出:"城市轨道交通为采用轨道结构进行承重和导向的车辆运输系统,依据城市交通总体规划的要求,设置全封闭或部分封闭的专用轨道线路,以列车或单车形式,运送相当规模客流量的公共交通方式。包括地铁系统、轻轨系统、单轨系统、有轨电车、磁浮系统、自动导向轨道系统和市域快速轨道系统。"根据服务范围差异分类,轨道交通一般分为铁路系统、城际轨道交通和城市轨道交通三大类。轨道交通具有运量大、速度快、班次密、安全舒适、准点率高、全天候、运费低和节能环保等优点。轨道交通运营安全除了具有安全问题的普遍性外,还有其明显的特殊性,主要表现在以下四个方面。

1. 运营安全影响重大

轨道交通在国民出行、货物运输中的主体性作用日益凸显,其中城市轨道交通、高速铁路、重载铁路发展迅速,其他类型轨道交通也有所发展。轨道交通系统一旦发生运营安全事故,就会影响整条线路甚至波及整个线网(如国家铁路事故会对全国线网运营造成重大影响,城市轨道交通事故会对整个城市的地面交通造成巨大压力),导致运营中断,直接影响社会生产、人民生活和社会安定。

2. 运营安全涉及面广

轨道交通系统由车辆、供电、机电、通信、信号、线路员工、乘客、周边环境等众多因素组成,它犹如一架庞大复杂的联动机,其中任何一个环节出现问题,都可能危及运营安全。

3. 运营安全受外界环境影响大

轨道交通系统具有线路长、站点多、分布广等特点。社会治安状况以及公众对轨道交通安全知识的了解程度等直接影响运营安全。轨道交通一年四季不停地运行。例如,雨、雷、风暴等不良天气都会对轨道交通,特别是地面、高架线路的运营造成影响。

4. 运营安全风险大

轨道交通系统设备先进、结构复杂,加之行车密度大、客流量大,行车安全的风险随之增大。

二　轨道交通运营安全的首位性

1. 安全是轨道交通适应经济和社会发展的先决条件

轨道交通是我国重要的市域交通运输方式,对经济、社会和科技的发展,满足人民物质和文化生活的需要等方面起着重要作用。轨道交通运营安全保障了人民生命不受伤害和财产不受损失,提高了广大人民群众的生活质量。如果发生事故,特别是重大、大事故,将造成行车中断,甚至造成车毁人亡的严重后果,无疑将会给人民带来不幸,给国家造成巨大损失。

2. 安全是轨道交通运营产品最重要的质量属性

轨道交通是一个从事社会化运输的物质生产部门。运输是生产过程在流通过程中的继续。运输生产的全部意义就在于有计划、有目的、有成效地实现旅客空间位置的移动。其产品质量特性包括安全、准确、迅速、经济、便利和文明服务,其中安全最为重要。

3. 安全是各项工作质量的综合反映

轨道交通犹如规模庞大的、不停地运转的"联动机",安全工作贯穿运输生产全过程,涉及每个作业环节和人员。只要有一段路基、一根钢轨、一台机车和一个车辆关键零部件、一架信号机发生故障或损坏,或者一个与运输直接相关人员的瞬间疏忽、违章作业、操作失误,就会造成行车事故或人身伤亡事故。因此,在轨道交通运营过程中,各部门、各工种人员必须遵章守纪,这样才能确保运输安全。

4. 安全是加快轨道交通发展的重要保障

要加快轨道交通的发展,就必须有一个稳定的运营安全局面。如果安全形势不稳,不断发生事故,势必会打乱运营秩序,干扰总体部署,分散工作精力,社会舆论也会反映强烈,工作就会处于被动状态,轨道交通的发展就失去了重要前提与基础。

◇ 知识点 1.2.2　影响轨道交通安全的因素

影响轨道交通安全的因素主要有人、设备、环境、管理水平等。

一　人的因素

对于人的因素,应从行车系统内人员、客运服务人员、设备检修及维护人员、安全管理人员及系统外人员(如乘客)等方面分别进行分析。对系统内人员,应从思想素质、技术业务素质、生理心理素质和群体素质等方面进行详细的分析;对系统外人员,应从引发轨道交通突发事件的因素等方面进行分析,如未遵守乘客守则、故意破坏及无应急技能等。

二　设备因素

对于设备的因素,可从具体设备和总体设备两方面进行分析。在具体设备方面,应从可靠性、先进性、操作性和维修方便性等方面衡量其设计的安全性,应从运行时间、故障及维修保养方面确定其使用的安全性。在总体设备方面,应从设备的布局、配合性、作业能力和固定资产含量等方面分析设备的总体安全性。

三　环境因素

对于环境因素,可从内部环境和外部环境两方面分别进行分析。对内部环境着重从作业环境(如温度、湿度、照明、噪声和振动等)和内部社会环境两方面进行分析,对外部环境着重从自然环境(如地理、气候、季节和自然灾害等)和外部社会环境(如政治、经济、技术、社会治安、家庭、法律和管理等)两方面进行分析。自然灾害(如台风、水灾和地震等)会对轨道交通运营安全构成极大威胁,如果防控得不好就会造成严重破坏。外部社会环境,如社会治安(如制造恐怖事件、故意破坏等)、人们的法律意识(如安全守则的遵守、设备的爱护和正确使用)等,也会在很大程度上对轨道交通运营安全造成影响。

四　管理水平因素

一般而言,管理水平会在一定程度上影响轨道交通系统的安全水平。管理是指对人、设备、环境的综合控制和协调。如果管理方面存在缺陷,同样会导致事故的发生。按照社会可接受的安全水平,系统状态可分为正常状态、近事故状态和事故状态。无论轨道交通系统处于哪种状态,都可将系统状态的数据反馈给管理系统,通过管理改变系统行为,并产生不同程度的安全接受水平和系统状态。同时,系统状态数据可用于改进系统安全管理方法,从而得到更为安全的系统,由此可见管理的重要性。对管理水平因素,主要从组织管理、制度管理、技术管理、教育管理、信息管理和资金管理等方面进行分析。

◇ 知识点1.2.3　轨道交通危险源及风险控制

一　乘客不安全行为

轨道交通运营中乘客不安全行为及控制措施如下:

(1)乘客携带超长、超宽、超高、笨重物品进站,可能刮坏设施,碰伤他人。

控制措施:①在车站出入口或通道内悬挂宣传图画;②车站经常播放乘客携带超长、超宽、超高、笨重物品进站危害性相关内容的安全广播;③车站工作人员加强巡视,一旦发现立即劝阻乘客进站。

(2)乘客携带易燃、易爆、有毒危险品进站,可能引发火灾、爆炸和乘客窒息。

控制措施:①在车站出入口或通道内悬挂宣传图画;②车站经常播放乘客携带易燃、易爆、有毒危险品进站可能引发火灾、爆炸事故或其他危害相关内容的安全广播;③车站工作人员加强巡视,一旦发现立即劝阻乘客进站;④一旦发现危险,立即启动"车站火灾、爆炸等应急处理程序"。地铁车站防爆设备如图1-8所示。

(3)乘客奔跑、打闹,可能导致摔伤。

控制措施:①车站经常播放相关内容的安全广播;②车站工作人员加强巡视,一旦发现立即劝阻乘客。

(4)电梯即将关闭时乘客抢上,可能导致乘客被夹伤。

控制措施:立即启动"车站乘客受伤应急处理程序"。

图1-8　地铁车站防爆设备

(5)乘客吸烟,可能引发火灾事故。

控制措施:①在车站出入口或通道内悬挂禁止吸烟的宣传图画和警示标志;②车站加强相关内容的安全广播;③车站工作人员加强巡视,一旦发现立即劝阻乘客;④一旦发生火情,立即启动"车站火灾应急处理程序"。

(6)乘客随意移动灭火器箱,可能导致乘客被碰伤。

控制措施:①在灭火器箱上张贴提示标志;②车站工作人员加强巡视,一旦发现立即归位。

(7)站台门或车门即将关闭时乘客抢上抢下,可能导致乘客被夹伤。

控制措施:①在站台门或车门上张贴提示标志;②当站台门或车门关闭时,提示乘客不要上下车;③车站加强相关内容的安全广播;④一旦发生意外,立即启动"车站乘客受伤应急处理程序"。

(8)乘客倚靠、手扶车门或站在车厢接缝处,可能导致乘客受伤。

控制措施:①在车门或车厢接缝处张贴一些温馨提示标志;②在列车上进行安全广播,并在列车显示屏上播放,对乘客进行安全提示;③一旦发生事故,立即启动"车站乘客受伤应急处理程序"。

(9)乘客无故打开列车车门,会造成列车晚点。

控制措施:一旦乘客无故打开列车车门,立即启动"人员打开列车车门应急处理程序"。

(10)乘客无故按压站台紧急停车按钮,会造成列车晚点。

控制措施:①在站台紧急停车按钮处张贴提示标志,如图1-9所示;②一旦紧急停车按钮被按下,立即启动"乘客按压站台紧急停车按钮应急处理程序"。

图1-9 站台紧急停车按钮处提示标志

(11)乘客无故按压车站控制室紧急停车按钮,会造成列车晚点。

控制措施:①无关人员禁止进入车站控制室;②一旦发现乘客无故按压车站控制室紧急停车按钮,立即进行复位。

(12)乘客无故按压自动扶梯紧急停止按钮,可能造成自动扶梯上的乘客摔伤。

控制措施:①在车站出入口或通道内悬挂宣传图画,在自动扶梯紧急停止按钮处张贴警示标志;②车站经常播放相关内容的安全广播;③车站工作人员加强巡视,一旦发现立即对按压乘客进行教育,情节严重的按《城市轨道交通运营管理规定》(交通运输部令2018年第8号)进行处罚;④一旦发生意外,立即启动"车站乘客受伤应急处理程序"。

(13)乘客踏进或物品掉进站台与列车空隙内,可能导致乘客受伤或影响列车运营。

控制措施:①车站加强相关内容的安全广播,提示乘客小心空隙;②发生意外时立即启动"车站乘客受伤应急处理程序"或"物品掉落轨道应急处理程序"。

(14)乘客手扶站台门,可能被夹伤手指。

控制措施:①在站台门上张贴提示标志;②车站加强相关内容的安全广播;③一旦发生乘客受伤的情况,立即启动"车站乘客受伤应急处理程序"。

（15）乘客无故打开站台门进入轨道,可能导致伤亡事故。

控制措施:①在站台门上张贴一些温馨提示标志;②车站加强相关内容的安全广播,提示乘客不要倚靠、手扶站台门;③一旦发生乘客无故打开站台门进入轨道的情况,立即启动"乘客进入轨道应急处理程序"。

二 车站突发事件及违章作业

车站突发事件及违章作业的控制措施如下:

（1）车站突发大客流（图1-10）,分流疏散不及时,可能导致人员伤亡。

控制措施:①车站经常了解周边环境及活动情况;②一旦突发大客流,立即启动"车站大客流应急处理程序"。

（2）清洁卫生或遇雨、雪等不良天气时,地面与台阶湿滑,人员可能滑倒、摔伤。

控制措施:①车站经常播放相关内容的安全广播;②放置"小心地滑"警示标志;③一旦发生人员滑倒、摔伤的情况立即启动"车站乘客受伤应急处理程序"。

（3）站厅栏杆玻璃边缘或接缝处锋利、广告灯箱框边缘锋利有刺,可能划伤人员手指。

控制措施:①将站厅栏杆玻璃边缘或接缝处、广告灯箱框边缘的锋利部分进行打磨处理;②一旦发生人员手指划伤的情况,立即启动"车站乘客受伤应急处理程序"。

（4）遇雷、雨等不良天气,水浸车站出入口（图1-11）,可能导致车站停止运营。

图1-10　车站突发大客流

图1-11　水浸车站出入口

控制措施:立即启动"水浸车站出入口应急处理程序"。

（5）闸机故障,可能导致人员被夹伤。

控制措施:立即启动"车站闸机夹人应急处理程序"。

（6）保洁工具、器具随意摆放,可能碰伤人员。

控制措施:①车站工作人员加强监管,禁止随意摆放保洁工具、器具;②在摆放处放置"小心摔倒"警示标志;③一旦发生人员碰伤的情况,立即启动"车站乘客受伤应急处理程序"。

（7）自动售票机（TVM）取票口、TVM等设备漏电或售票处没有凹槽,乘客伸手取票时可能发生挤压手指、触电或剐伤手背等事故。

控制措施:①在TVM醒目处张贴购票步骤与提示,将机器接地,车站售票人员给乘客以提示;②一旦发生乘客受伤的情况,立即启动"车站乘客受伤应急处理程序"。

三　施工作业

轨道交通施工作业中的风险及控制措施如下：

（1）擅自动火作业，可能引发火灾。

控制措施：①动火作业必须向行车调度员申请动火作业命令，施工前车站检查并核对是否具有动火作业命令，并对施工进行监控；②一旦发生火情，立即启动"车站火灾应急处理程序"。

（2）未征得同意，擅自进入轨行区施工，可能造成人员伤亡。

控制措施：①在站台门上张贴一些温馨提示标志；②严格执行《建设工程安全生产管理条例》（国务院令第393号）中轨行区施工作业条款；③对车站加强巡视，掌握施工动态；④一旦发生人员伤亡，立即启动"人员进入隧道应急处理程序"。

（3）隧道区间施工，防护设置不规范或未设防护，可能造成人员伤亡。

控制措施：①严格执行各单位施工管理规定中隧道区施工作业防护设置条款；②对车站进行防护确认并加强巡视，掌握施工动态。

（4）隧道区间施工，延期注销时间点（简称"销点"），可能影响运营。

控制措施：①严格执行施工管理规定中的销点条款；②对车站进行监控；③一旦发现此种情况立即上报控制中心。

（5）隧道区间施工，人员、设备没有出清线路就销点，可能发生刮坏列车或碰伤人员的事故。

控制措施：①严格执行施工管理规定中的销点条款；②对车站进行监控；③一旦发现此种情况，立即上报控制中心，并立即启动"乘客进入隧道应急处理程序"。

四　设备故障

轨道交通设备故障及控制措施如下：

（1）站台门故障（如破碎、打不开、关不上等），可能造成列车晚点。

控制措施：立即启动"站台门故障应急处理程序"。

（2）垂直电梯故障打不开，乘客被困在垂直电梯里，可能致使乘客窒息。

控制措施：立即启动"乘客被困垂直电梯应急处理程序"。

（3）道岔故障，可能造成列车晚点。

控制措施：立即启动"道岔故障应急处理程序"。

（4）车站信号设备故障会影响正常行车，从而影响正常运营。

控制措施：立即启动"信号设备故障应急处理程序"。

（5）车辆故障，可能造成列车晚点，甚至对正常运营造成较大影响。

控制措施：立即启动"车辆故障应急处理程序"。

（6）轨道故障会影响正常行车，甚至对正常运营造成较大影响。

控制措施：立即启动"轨道故障应急处理程序"。

（7）供电系统故障会对正常运营造成较大影响。

控制措施：立即启动"供电系统故障应急处理程序"。

单元1.3　轨道交通安全相关法规

学习导航

学习目标

1. 知识目标

掌握轨道交通安全相关法规的沿革、目的、适用范围以及主要内容。

2. 能力目标

了解《中华人民共和国安全生产法》、《铁路安全管理条例》（国务院令第639号）、《城市轨道交通运营管理规定》（交通运输部令2018年第8号）。

3. 素质目标

培养懂法守法习惯，养成良好的职业习惯。

学习指导

1. 学习重点

《铁路安全管理条例》《城市轨道交通运营管理规定》中各专业相关内容。

2. 学习难点

相关法规修订前后对比。

学习探索

了解《铁路安全管理条例》《城市轨道交通运营管理规定》相关内容。

案例导入

××车站铁路行车特大事故

一、案例背景描述

1. 案例发生的时间、地点

时间：×年×月×日10时48分。

地点：××车站。

2. 案例简述

某天,一列列车在铁路上行驶,突然发生了事故。事故导致列车脱轨,与其他列车相撞,造成了 126 人死亡,48 人重伤,182 人轻伤,以及 415.53 万元的直接经济损失。初步调查表明,事故的根本原因是信号机故障。

3. 案例类型

根据造成的人员伤亡和财产损失认定该事故为特别重大事故

图 1-12　事故现场照片

二、案例经过描述

1. 案例图例

案例图例如图 1-12 所示。

2. 案例经过

×年×月×日 10 时 35 分,XXX 次列车抵达××站,XXX 次列车全列编组 17 节车厢,总重 901t。计划等待的 YYY 次列车通过后继续行驶。YYY 次列车同样也是 17 节车厢。10 时 42 分,YYY 次列车即将抵达××站。YYY 次列车因为不在××站停靠,所以仍保持 120km/h 的速度行驶。10 时 48 分,YYY 次列车驶至道口处,看到信号灯是绿色可以通行时,从 1 道进入××站。值班人员当即开放进出站信号机,用电台回复 YYY 司机允许通过,至此 YYY 次列车凭××站信号灯进站。行至 12 号道岔时,两位司机突然发现列车偏离轨道,但因速度过快根本停不下来,最终以 117km/h 的速度,直接撞在停在车站 4 道的 XXX 次列车尾部。由于巨大的冲击,YYY 次列车 1~9 号车厢翻倒,后车厢也被前车厢甩出轨道。而 XXX 次列车 15~17 号车厢被撞翻。事故发生后,××站调度员立即致电救援中心求助。车站附近的居民听到撞击声,也自发赶到现场参与救援。此次事故共造成 126 人死亡,48 人重伤,182 人轻伤;报废机车 1 辆,报废客车 11 辆,大破 3 辆,中破 1 辆,小破 1 辆,损毁线路 415m,直接经济损失 415.53 万元。

三、案例分析

1. 原因分析

×年×月×日上午 8 时许,××信号工区工长×× 安排信号工 A、B 在××站南 12 号信号机的电缆箱进行布线,增加接线板并清理内部卫生。A 在维修过程中,当 1 号端子甩出电缆后,又擅自使用二极管封连接,对 1 号、3 号端子闭合并接通(此时 12 号开关在位),然后打开 HZ-24 线盒整理接线。10 时 35 分,XXX 次列车进入 4 轨道停靠时,A 电话联系 B,询问上行线路是否有车。B 告诉 A 轨道上有车时,他为了自己的安全,没有拆掉二极管封连线,恢复 1 号端连线,而是走到轨道边上躲避。信号灯的错误指示让本应进入 2 轨道的 YYY 次列车进入 4 轨道,与停在 4 轨道的 XXX 次列车相撞。

2. 优化措施

(1)定期维护和检查:确保信号系统得到定期的维护和检查,包括硬件和软件方面的检查,以防止故障的发生。

（2）培训和教育：对司机和相关工作人员进行培训，使其能够在信号系统发生故障时采取正确的应对措施。

（3）备用系统和紧急通信：确保备用系统的有效性，并加强紧急通信系统的稳定性，以确保在紧急情况下及时采取行动。

（4）自动化技术：引入更先进的自动化技术，如自动列车控制系统，以减少对人为因素的依赖，提高系统的可靠性和安全性。

四、案例总结

轨道交通运营安全责任重大，作为列车运行的重要凭证，轨道交通安全标志发挥着重要作用，需要牢记各项安全标志的符号和作用，注意维护安全标志。

五、讨论与思考

（1）案例中的主要信号标志有哪些？

_____

_____

_____

（2）为何要保证调度、列车、地面信号的统一？

_____

_____

_____

（3）铁路中常见的安全标志有哪些？

_____

_____

_____

◇ 知识点1.3.1 《中华人民共和国安全生产法》简介

一 立法沿革

《中华人民共和国安全生产法》于2002年6月29日第九届全国人民代表大会常务委员会第二十八次会议通过，根据2009年8月27日第十一届全国人民代表大会常务委员会第十次会议《关于修改部分法律的决定》第一次修正，根据2014年8月31日第十二届全国人民代表大会常务委员会第十次会议《关于修改〈中华人民共和国安全生产法〉的决定》第二次修正，根据2021年6月10日第十三届全国人民代表大会常务委员会第二十九次会议《关于修改〈中华人民共和国安全生产法〉的决定》第三次修正。

二 立法目的

《中华人民共和国安全生产法》第一条规定:"为了加强安全生产工作,防止和减少生产安全事故,保障人民群众生命和财产安全,促进经济社会持续健康发展,制定本法。"

三 适用范围

《中华人民共和国安全生产法》第二条规定:"在中华人民共和国领域内从事生产经营活动的单位(以下统称生产经营单位)的安全生产,适用本法;有关法律、行政法规对消防安全和道路交通安全、铁路交通安全、水上交通安全、民用航空安全以及核与辐射安全、特种设备安全另有规定的,适用其规定。"

四 主要内容

《中华人民共和国安全生产法》主要规定了以下六个方面的内容:

(1)立法宗旨、原则和安全生产的方针。

(2)生产经营单位必须建立的安全生产方面的保障举措。

(3)劳动者在安全生产中的权利和义务。

(4)安全生产的监督管理职责、分工和要求。

(5)生产经营中发生安全事故的应急救援和调查处理。

(6)违反《中华人民共和国安全生产法》应当承担的法律责任。

◇ 知识点 1.3.2 《铁路安全管理条例》简介

一 文件背景

《铁路安全管理条例》是在《铁路运输安全保护条例》的基础上修订的。

《铁路运输安全保护条例》是 2004 年 12 月 22 日国务院第 74 次常务会议通过的文件,由 2004 年 12 月 27 日由中华人民共和国国务院令第 430 号公布。2013 年 7 月 24 日,《铁路安全管理条例》由国务院第 18 次常务会议通过。2013 年 8 月 17 日,中华人民共和国国务院令第 639 号公布《铁路安全管理条例》。其第一百零八条规定:"本条例自 2014 年 1 月 1 日起施行。2004 年 12 月 27 日国务院公布的《铁路运输安全保护条例》同时废止。"

二 文件出台的目的

《铁路安全管理条例》第一条规定:"为了加强铁路安全管理,保障铁路运输安全和畅通,保护人身安全和财产安全,制定本条例。"

三 方针及适用范围

《铁路安全管理条例》第二条规定:"铁路安全管理坚持安全第一、预防为主、综合治理的方针。"第五条第二款规定:"铁路建设、运输、设备制造维修单位的工作人员应当严格执行规章制度,实行标准化作业,保证铁路安全。"

四 主要内容

《铁路安全管理条例》明确了铁路建设、设备制造和运输领域安全管理的基本要求以及违反《铁路安全管理条例》应当承担的法律责任。

◇ 知识点1.3.3 《城市轨道交通运营管理规定》简介

一 文件背景

《城市轨道交通运营管理规定》的前身是《城市轨道交通运营管理办法》。

《城市轨道交通运营管理办法》于2005年3月1日经第53次建设部常务会议讨论通过,以中华人民共和国建设部令第140号令于2005年6月28日发布,自2005年8月1日起施行。

《城市轨道交通运营管理规定》于2018年5月14日,经第7次交通运输部部务会议通过,2018年5月21日公布,自2018年7月1日起施行。同年7月1日,住房和城乡建设部决定废止《城市轨道交通运营管理办法》。

二 文件出台目的

《城市轨道交通运营管理规定》第一条规定:"为规范城市轨道交通运营管理,保障运营安全,提高服务质量,促进城市轨道交通行业健康发展,根据国家有关法律、行政法规和国务院有关文件要求,制定本规定。"

三 原则及适用范围

《城市轨道交通运营管理规定》第二条规定:"地铁、轻轨等城市轨道交通的运营及相关管理活动,适用本规定。"第三条规定:"城市轨道交通运营管理应当遵循以人民为中心、安全可靠、便捷高效、经济舒适的原则。"

四 主要内容

《城市轨道交通运营管理规定》的主要内容包括:

(1)运营基础要求。

（2）运营服务。

（3）安全支持保障。

（4）应急处置。

（5）法律责任。

单元1.4 安全色与安全标志

学习导航

学习目标

1. 知识目标

（1）认识安全色、对比色和安全标志。

（2）掌握安全色、对比色的含义，不同安全标志的形状与颜色，常见轨道交通安全标志。

2. 能力目标

通过对安全色与安全标志的学习，具备正确辨识轨道交通安全标志的能力。

3. 素质目标

通过学习行业中的安全标志，具备自我学习的习惯和能力。

学习指导

1. 学习重点

理解和掌握安全色、对比色、禁止标志、警告标志、指令标志、提示标志。

2. 学习难点

理解和掌握安全色与对比的搭配，安全色基本参数计算，安全标志的区分与正确使用。

学习探索

自主学习《图形符号 安全色和安全标志 第1部分：安全标志和安全标记的设计原则》(GB/T 2893.1—2013)。

◇ 知识点 1.4.1　安全色、对比色与安全标记

一　安全色

安全色(Safety Colour)是表示安全信息的颜色,常被用作加强安全和预防事故而设置的标志。安全色要求醒目,容易识别,其作用在于迅速地指示出危险位置或指示在安全方面有着重要意义的器材和设备的位置。安全色应该有统一的规定。国际标准化组织(ISO)建议采用红色、黄色和绿色三种颜色作为安全色,并用蓝色作为辅助色。《安全色》(GB 2893—2008)中规定红、蓝、黄、绿四种颜色为安全色。其含义和用途如下:

(1)红色,传递禁止、停止、危险或提示消防设备、设施的信息,如图 1-13a)所示。

(2)蓝色,传递必须遵守规定的指令性信息,如图 1-13b)所示。

(3)黄色,传递注意、警告的信息,如图 1-13c)所示。

(4)绿色,传递安全的提示性信息,如图 1-13d)所示。

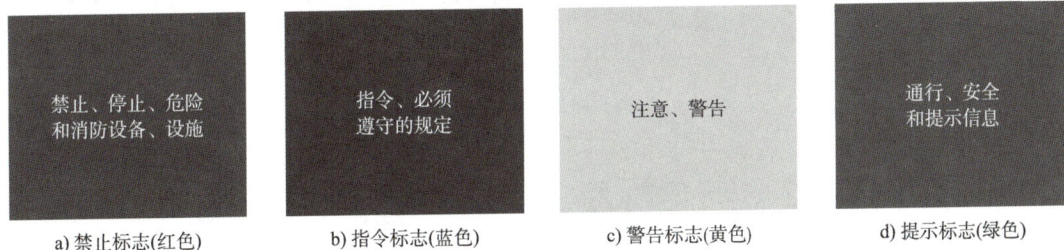

| 禁止、停止、危险和消防设备、设施 | 指令、必须遵守的规定 | 注意、警告 | 通行、安全和提示信息 |

a) 禁止标志(红色)　　b) 指令标志(蓝色)　　c) 警告标志(黄色)　　d) 提示标志(绿色)

图 1-13　安全色及其含义

二　对比色

对比色是使安全色更加醒目的反衬色,包括黑色和白色。对比色主要用作安全色的背景色。安全标志牌上的底色通常为黑色或白色。黑色用于安全标志的文字、图形符号和警告标志的几何边框。白色可用于安全标志的背景色(安全标志为红色、蓝色、绿色),也可用于安全标志的文字和图形符号。安全色与对比色搭配使用原则见表 1-1。

安全色与对比色搭配使用原则　　　　　　　　　　　　　　　　表 1-1

安全色	对比色	安全色	对比色
红色	白色	黄色	黑色
蓝色	白色	绿色	白色

三　安全标记

安全标记是指采用安全色和(或)对比色传递安全信息,使某对象或地点变得醒目的标记。

红色与白色相间条纹表示禁止或提示消防设备、设施位置的安全标记。

黄色与黑色相间条纹表示危险位置的安全标记。

蓝色与白色相间条纹表示指令的安全标记,传递必须遵守规定的信息。

绿色与白色相间条纹表示安全环境的安全标记。

图 1-14 为竖写在标志杆上部的文字辅助标志。

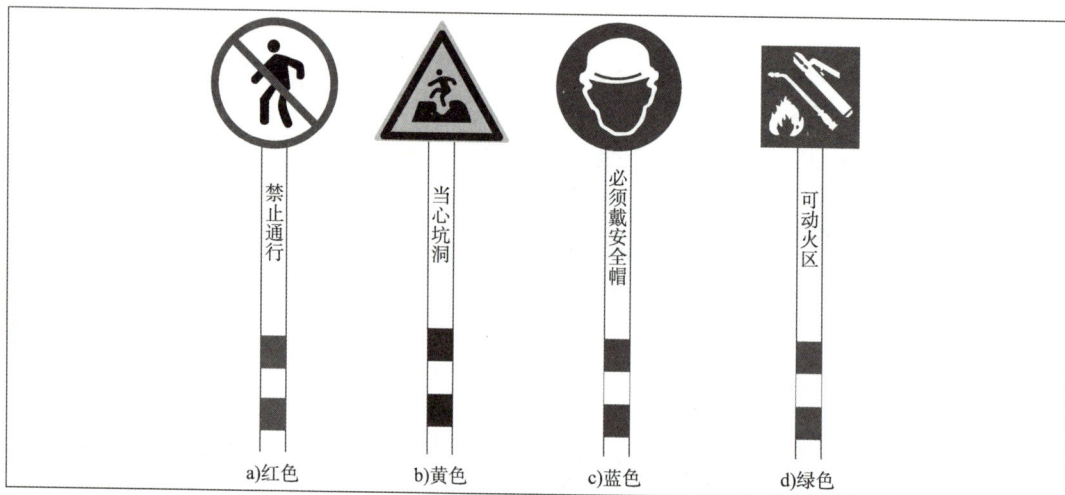

a)红色　　　　　b)黄色　　　　　c)蓝色　　　　　d)绿色

图 1-14　竖写在标志杆上部的文字辅助标志

◇ 知识点 1.4.2　安全标志

参考《安全标志及其使用导则》(GB 2894—2008)的规定,安全标志指用以表达特定安全信息的标志,由图形符号、安全色、几何形状(边框)或文字构成。

安全标志是向工作人员警示工作场所或周围环境的危险状况,指导人们采取合理行为的标志。安全标志能够提醒工作人员预防危险,从而避免事故发生。当危险发生时,利用安全标志能够指示人们尽快逃离,或者指示人们采取正确、有效、得力的措施,对危害加以遏制。安全标志不仅类型要与所警示的内容相吻合,而且设置位置应正确、合理,否则难以真正地发挥其警示作用。

一　安全标志概述

安全标志分为禁止标志、警告标志、指令标志和提示标志四大类型。

1. 禁止标志

禁止标志的含义是不准或制止人们的某些行动。

禁止标志的几何图形是带斜杠的圆环,其中圆环与斜杠相连,用红色;图形符号为黑色,背景为白色。

我国规定的禁止标志共有 40 个,其中与轨道交通相关的禁止标志有禁止跨越、禁止转动、禁止烟火等,如图 1-15 所示。

禁止跨越
No striding
a)

禁止转动
No turning
b)

禁止烟火
No burning
c)

图 1-15　禁止标志

2. 警告标志

警告标志的含义是警告人们可能发生的危险。

警告标志的几何图形是黑色的正三角形图形符号为黑色,背景为黄色。

我国规定的警告标志共有 39 个,其中与轨道交通相关的警告标志有当心触电、当心伤手、当心机械伤人、当心扎脚等,如图 1-16 所示。

当心触电
Warning electric shock
a)

当心伤手
Warning injure hand
b)

当心机械伤人
Warning mechanical injury
c)

当心扎脚
Warning splinter
d)

图 1-16　警告标志

3. 指令标志

指令标志是强制人们必须做出某种动作或采用防范措施的图形标志。

指令标志的几何图形是圆形,蓝色背景,白色图形符号。

我国规定的指令标志共有 16 个,其中与轨道交通相关的指令标志有必须穿防护鞋、必须戴安全帽、必须加锁、必须戴防护手套等,如图 1-17 所示。

4. 提示标志

提示标志的含义是提示目标的方向。

提示标志的几何图形是方形,绿、红色背景,白色图形符号及文字,如图 1-18 所示。

图 1-17　指令标志

图 1-18　提示标志

我国规定的提示标志共有 8 个。

5. 文字辅助标志

文字辅助标志是对前述四种标志的补充说明,以防误解。

文字辅助标志分为横写和竖写两种。横写的文字辅助标志为长方形,写在标志的下方,可以和标志连在一起,也可以分开,如图 1-19a)所示;竖写的文字辅助标志写在标志杆上部,如图 1-19b)所示。文字辅助标志的颜色:竖写的文字辅助标志均为白底黑字;横写的文字辅助标志中,禁止标志用红底白字,警告标志用白底黑字,带指令标志用蓝底白字。

图 1-19　文字辅助标志

二　安全标志的设置

安全标志设置要求如下:

(1)安全标志应设置在与安全有关的明显位置,并保证人们有足够的时间注意其所表示的内容。

(2)设立于某一特定位置的安全标志应被牢固地安装,保证其自身不会产生危险。所有的标志均应具有坚实的结构。

(3)当安全标志被设置于墙壁或其他现存的结构上时,背景色应与标志上的主色形成对比色。

(4)对于那些所显示的信息已经无用的安全标志,应立即由设置处拆撤,这对于警示特殊的临时性危险的标志尤其重要,否则会导致观察者对其他有用标志的忽视。

三 安全标志的安装位置

安全标志的安装位置要求如下:

(1)防止危害性事故的发生。要考虑所有标志的安装位置都不可存在对人的危害性。

(2)可视性。安全标志安装位置的选择很重要,标志上显示的信息不仅要正确,而且对所有的观察者都清晰易读。

(3)安装高度。通常,安全标志应安装于观察者水平视线稍高一点的位置,但有些情况置于其他水平位置则是适当的。

(4)危险标志和警告标志。危险标志和警告标志应设置在危险源前方足够远处,以保证观察者在首次看到标志及注意到此危险时有充足的时间,这一距离随不同情况而变化。例如,警告不要接触开关或其他电气设备的标志,应设置在其旁边;而大厂区或运输道路上的标志,应设置于危险区域前方足够远的位置,以保证在到达危险区之前就可观察到该标志,从而起到警告作用。

(5)安全标志不应设置于移动物体上(如门上),因为物体位置的任何变化都会影响对标志的观察。

(6)已安装好的安全标志不应被任意移动,除非位置的变化有益于标志的警示作用。

四 安全标志的使用

安全标志的使用要求如下:

(1)危险标志只安装于存在直接危险的地方,用于表明存在危险。

(2)禁止标志用符号或文字的描述来表示一种强制性的命令,以禁止某种行动。

(3)警告标志通过符号或文字来指示危险,表示必须小心行事或用于描述危险属性。

(4)安全指示标志用于指示安全设施和安全服务所在的位置,并且在此处给出与安全措施相关的主要安全说明和建议。

(5)消防标志用于指明消防设施和火灾报警的位置,以及指明如何使用这些设施。

(6)方向标志用于指明正常和紧急出口、火灾逃逸和安全设施、安全服务及卫生间的方向。

(7)交通标志用于向工作人员表明与交通安全相关的指示和警告。

(8)信息标志用于指示出特殊属性的信息,如停车场、仓库或电话间等。

(9)强制性行动标志用于表示须履行某种行为的命令以及需要采取的预防措施,如穿戴防护鞋、安全帽、眼罩等。

五 安全标志的维护与管理

为了有效地发挥安全标志的作用,应对其定期检查、清洗,一旦安全标志变形、损坏、变色、图形符号脱落、亮度老化等,应立即更换或修理,从而使之保持良好状况。安全管理部门应做好监督检查工作,若发现问题,应及时纠正。

另外,安全管理部门应经常性地向工作人员宣传安全标志使用的规程,特别是那些必须遵守预防措施的工作人员。当设立一个新标志或变更现存标志的位置时,应提前通告工作人员,并且解释其设置或变更的原因,从而使工作人员心中有数。

只有综合考虑了这些问题,设置的安全标志才能有效地发挥安全警示的作用。

◇ 知识点 1.4.3 轨道交通安全标志

轨道交通安全标志分为列车安全标志、车站公共区安全标志、车站设备区安全标志、车辆段(停车场)安全标志、变电所安全标志及其他安全标志,共 5 大类 14 小类 99 项。

一 列车安全标志

列车安全标志包括驾驶室安全标志、客室安全标志及列车其他安全标志,共 3 小类 14 项。常见列车安全标志如图 1-20 所示。驾驶室安全标志包括灭火器标志、逃生梯标志等 4 项,客室安全标志包括车门标志、手动开门装置安全标志等 8 项,列车其他安全标志包括贯通道安全标志和警示带等 2 项。

当心夹手
Warning hands pinching
a)

当心缝隙
Warning gap
b)

当心火车
Warning train
c)

图 1-20 常见列车安全标志

二 车站公共区安全标志

车站公共区安全标志包括安全检查标志、站台门标志、电梯和自动扶梯安全标志、消防安全标志、其他安全标志,共 5 小类 43 项。车站公共区常见安全标志如图 1-21 所示。安全检查标志包括违禁品目录、安全检查指令标等 5 项,站台门标志包括滑动门安全标志、端门安全标志等 5 项,电梯和自动扶梯标志包括电梯(自动扶梯)使用安全须知、电梯层门安全标志等 10 项,消防安全标志包括消防电话安全标志、灭火器箱安全标志等 13 项,其他安全标志包括闸机安全标志、防护栏安全标志等 10 项。

图 1-21 车站公共区常见安全标志

三 车站设备区安全标志

车站设备区安全标志包括消防安全标志和作业场所安全标志,共 2 小类 11 项。车站设备区常见安全标志如图 1-22 示例。

a) "消防救援专用通道"标志   b) "高压危险,请勿靠近"标志   c) "当心机械伤人"标志

图 1-22 车站设备区常见安全标志

消防安全标志包括应急疏散通道门标志、常闭式防火门安全标志等 3 项,作业场所安全标志包括高压危险标志、易发生机械伤害设备标志等 8 项。

四　车辆段(停车场)安全标志

车辆段(停车场)安全标志包括道路交通安全标志、消防设备标志和作业场所安全标志,共3小类27项。车辆段(停车场)常见安全标志如图1-23所示。道路交通安全标志包括限高安全标志、禁止通行安全标志等6项,消防设备标志包括消火栓标志、消防水泵接合器标志等3项,作业场所安全标志包括高处作业安全标志、镟床作业安全标志等18项。

图1-23　车辆段(停车场)常见安全标志

五　变电所安全标志及其他安全标志

变电所安全标志及其他安全标志包括变电所门标志、高压配电柜标志、作业防护标志、冷却塔作场所标志等4项,如图1-24、图1-25所示。

图1-24　变电所安全标志

图1-25　高处作业安全标志

模块小结

本模块主要对轨道交通安全进行概述,使学生对安全管理的基本概念,安全生产的普遍性,我国安全生产的要素与方针,我国安全生产监督管理体系,安全在轨道交通运营中的地位,轨道交通安全的主要影响因素,轨道交通常见危险源及其防治措施,轨道交通安全管理的对策,安全色、对比色、安全标志、常见轨道交通安全标志等有基本认识。

素质拓展

通过网站、公众号、视频软件查找一例乘客不安全行为导致的安全事故,分析案例中涉及的危险源、轨道交通企业需采取的防范措施、乘客需采取的防范措施。

练习与思考

一、填空题

(1)企业主管部门是企业经济及生产活动的管理机关,遵循_____的原则,在组织本部门、本行业的经济和生产工作中,同时负责安全生产管理。

(2)安全涉及生产过程的各方面,包括_____、_____和_____三个主要因素。

(3)安全生产工作实行管行业必须管安全、_____、_____,强化和落实生产经营单位主体责任与政府监管责任,建立生产经营单位负责、职工参与、政府监管、行业自律和社会监督的机制。

(4)城市轨道交通运营管理应当遵循以人民为中心、_____、_____、经济舒适的原则。

二、判断题

(1)"安全第一、预防为主、综合治理"是现阶段我国安全生产管理方针。(　　)

(2)隧道区间施工完毕后,人员、设备没有出清线路可以予以销点。(　　)

(3)安全法制是安全生产工作进入规范化和制度化的必要条件,是开展其他各项工作的保障和约束。(　　)

(4)轨道交通安全标志分为列车安全标志、车站公共区安全标志、车站设备区安全标志、车辆段(停车场)安全标志、变电所及其他安全标志共5大类14小类99项。

(　　)

三、问答题

(1)简述安全、不安全、危险、安全生产的概念。

(2)简述事故的特点。

(3)安全生产的普遍性有哪些?

(4)安全生产"五要素"是什么?

(5)我国实行的安全监督管理工作体系是什么?

(6)简述安全在轨道交通运营中的地位。

(7)影响轨道交通安全的因素有哪些?

(8)简述安全色、对比色、安全标志的概念。

(9)简述安全标志的分类。

模块2

轨道交通企业安全文化

▌▌▌ 模块概述 ▌▌▌

企业生产必须将安全放在第一位。安全文化的建设对于企业安全生产具有重要作用。本模块主要介绍安全文化的分类与发展情况、安全文化建设的意义、安全文化的要素与功能、安全文化建设方式等。通过对本模块的学习，学生对轨道交通企业安全文化有一个总体认识，了解安全文化的重要性和建设手段与措施。

单元 2.1　安全文化概述

学习导航

学习目标

1. 知识目标

(1)掌握安全文化的建设意义、层次和特征。

(2)理解安全文化的意义与特征。

2. 能力目标

通过对安全文化的学习,学生具备结合安全文化深入了解企业的能力。

3. 素质目标

通过对安全文化层次和特征的学习,培养学生的科学精神和态度。

学习指导

1. 学习重点

理解和掌握安全文化及其建设意义、特征。

2. 学习难点

区分广义与狭义的文化、安全文化制度层与精神层的异同。

学习探索

探索本地安全文化发展史,开展学习讨论。

◇ 知识点 2.1.1　安全文化

　　安全文化的概念最先由国际核安全咨询组(International Nuclear Safety Advisory Group, INSAG)提出,该组织于1986年针对切尔诺贝利事故,在INSAG-1(后更新为INSAG-7)报告中提到"苏联核安全体制存在重大的安全文化的问题"。1991年出版的(INSAG-4)报告中给出了安全文化的定义:安全文化是存在于单位和个人中的种种素质和态度的总和。文化是人类精神财富和物质财富的总称。安全文化和其他文化一样,是人类文明的产物。企业安全文化是企业安全生产的保证。

　　安全文化是在人类生存、繁衍和发展的历程中,在其从事生产、生活乃至实践的一切领域内,为保障人类身心安全(含健康)并使其能安全、舒适、高效地从事一切活动,预防、避免、控制和消除意外事故与灾害(自然的、人为的或天灾人祸的);建立起安全、可靠、和谐、协调的环境和匹配运行的安全体系;使人类变得更加安全、康乐、长寿,使世界变得友爱、和平、繁荣而创造的安全物质财富和精神财富的总和。

一 安全文化的发展

安全文化是在苏联的切尔诺贝利事故之后提出的,目的是解决核安全问题。所以,安全文化的发展史就是事故致因理论的发展史。

20世纪初期,随着工业革命的兴起,工业机械开始大规模推广、应用,早期的机械在设计中并不考虑操作的安全问题,所以伴随而来的是工业安全事故,在这种情况下产生了事故频发倾向论。事故频发倾向是指个别人容易发生事故的、稳定的、个人的内在倾向。根据这种理论,预防事故就是要找出这样的事故频发倾向者并去除。

其后,安全工程师海因里希(W. H. Heinrich)调查了大量的工业事故,统计得出,工业事故发生的直接原因98%可以归为人的不安全行为(88%)和物的不安全状态(10%),并提出事故因果连锁论。

第二次世界大战期间,高速飞机的出现推动了人机工程学在工业安全领域的研究,人们对事故致因提出了新的理论——轨迹交叉论和事故遭遇论,使预防事故的重点从人开始向物(设备)转移。

之后,更加复杂的设备、工艺和产品的诞生,在研制、使用和维护这些复杂系统的过程中,萌发了系统安全的基本思想;同一时期,本质安全的理念出现在工业安全领域。无论是在系统安全还是在本质安全方面都有一个共同的观点:预防事故的主要责任在于产品的设计者,而非操作者或设备本身。

随后,管理失误论开始兴起,无论是博德(F. Bird)、亚当斯(Edward Adams)还是伍兹(Woods),其理论的一个共同点在于:预防工业事故的主要责任在于管理层。

苏联的切尔诺贝利事故震惊全世界,纵然采取"纵深防护"策略,系统本质安全程度非常高的核电站仍然会发生事故。对此INSAG提出了以安全文化为基础的安全管理原则,随后安全文化理念的发展不再局限于核安全领域。

对于工业安全领域,在发展安全文化过程中,应意识到预防工业事故必须加强企业的安全文化建设。

二 安全文化的建设意义

安全文化建设是提升企业安全管理水平、实现企业本质安全的重要途径,是一项惠及职工生命与健康安全的工程。安全文化建设的重点内容是,推进安全文化示范单位创建,完善评价体系,发挥示范单位的引领作用。安全文化建设工作是企业班组安全的基础,企业应构建企业班组安全文化建设体系。

企业的安全文化建设,关键是要围绕"建设"做文章,依靠有力的组织领导、有序的工作机制、有效的推动措施来保障。其保障措施包括:根据不同企业的性质、特点,指导企业建立相应的安全文化建设模式,确立安全生产标准化创建体制,完善安全培训质量考核体系;加大安全文化建设的经费投入,建设安全文化组织队伍;发挥企业内部安全文化骨干单位和教育培训部门的引领作用,鼓励企业党政工团开展安全文化活动,形成多层次、全体员工参与的安全文化建设队伍。

安全文化建设培养的是一种社会公德。它最终的作用是:通过文化的长久浸润和积累,企业领导和全体职工形成"安全第一"的意识、"生命高于一切"的道德价值观、遵纪守法的思维定式、遵守规章制度的习惯方式和自觉行动;各单位形成预防为主的政治智慧,以人为本的责任意识,依靠科技支撑保障本质安全的科学眼光,沉着应变的应急指挥能力,以及素质积累、监管是为员工服务的行为操守;安全生产的单位和个人受到尊重,违法乱纪、制造事故者受到应有的惩罚,从而促进企业的持续、稳定、安全发展。

◇ 知识点2.1.2 安全文化的层次和特征

一 安全文化的层次

广义的安全文化的构成要素具有层次性,其由表及里表现为以下四个层次。

1. 安全物质文化——器物层

安全物质文化是为了保证人们的安全生活和安全生产而以物质形态存在的条件、环境的总和,或者是能够满足人们安全需求的各种物质要素或物质财富的总称。它们是安全文化的物质载体,居于安全文化的表层或最外层。安全物质文化是安全文化的根本保障和基础。

2. 安全行为文化——行为层

安全行为文化是在安全精神文化和安全制度文化的指导下,人们借助一定的安全物质文化,在生活和生产过程中的安全行为表现。安全行为文化既是安全精神文化和安全制度文化的反映,又反作用于安全精神文化和安全制度文化,居于安全文化的中间层。

3. 安全制度文化——制度层

安全文化中一切制度化的法规、法令、标准、社会组织形式都是重要的带有强制性的组成部分。安全制度文化是协调生产关系、规范组织和个体行为的各项法规和制度,居于安全物质文化和安全精神文化之间,是安全文化的中间层次,发挥着协调、保障、制约和促进作用。

4. 安全精神文化——精神层

安全精神文化居于安全文化的内层,是指为全体成员所共同遵守、用于指导和支配人们安全行为的、以价值为核心的意识观念的总称。作为安全文化的软件和核心,安全精神文化对安全制度文化、安全行为文化和安全物质文化起着主导和决定性的作用。

以上四个层次构成了安全文化的整体结构,它们相互联系、相互影响、相互渗透、相互制约。其中,安全物质文化是基础,安全精神文化是核心和精髓,作为中介的安全行为文化和安全制度文化是安全精神文化通向安全物质文化的桥梁和纽带。

二 安全文化的特征

安全文化具有以下五个特征。

1. 人本性

安全文化所要解决的问题是生产、生活领域中人们从事一切活动的安全和健康问题,突出了从事一切活动的人们的身心安全和健康,体现了尊重人权、关爱生命、珍惜人生、以人为本的思想。

2. 群体性

安全文化是组织内的共同性文化,是全体成员所认同的安全理念、安全目标、安全行为规范等,即全体成员对安全达成共识。安全的保障有赖于组织中全体成员而非某部分人员的积极参与。

3. 继承性

任何时代、任何地域的安全文化都是经过传播、继承、优化、融合、发展而成的,都具有历史继承性,能体现人们长期生活与生产的方式和痕迹。

4. 时代性

任何安全文化的内容都不是固定不变的,而是随着社会进步、经济发展和人们需求的变化而不断地增添新的内容,表现出强烈的时代性特征,反映了人们的最新安全需求。

5. 系统性

安全文化以辩证的观点系统地分析安全问题,把安全事故的发生看成自然和人为多种因素发生作用所致,所以安全事故的预防和安全问题的解决不仅仅依赖于科学的安全设施、设备、环节和方法,更取决于人们的态度和行为。

安全文化是安全生产的根本。安全文化最基本的内涵是人的安全意识。建设生产领域的安全文化,前提是加强安全宣传教育工作,普及安全常识,增强全社会的安全意识和公民的自我保护意识。

单元2.2 安全文化的建设

学习导航

学习目标

1. 知识目标

掌握安全文化的功能、安全文化建设的主要观点以及企业安全文化建设方式。

2. 能力目标

理解安全文化的功能、安全文化的作用、安全文化建设的观点、安全文化建设的内容、企业安全文化建设的方式、轨道交通企业安全文化建设的措施。

3. 素质目标

培养科学精神和态度。

学习指导

1. 学习重点

理解和掌握安全文化的功能、安全文化建设的观点、企业安全文化建设的方式。

2. 学习难点

理解和掌握安全文化的作用、企业安全文化建设的方式。

学习探索

收集轨道交通企业的安全文化，了解企业文化特色与企业文化建设。

◇ 知识点 2.2.1　安全文化的功能

安全文化的功能主要包括以下五个。

1. 凝聚功能

安全文化是大家的共识，体现着一种强烈的整体意识。安全文化的凝聚功能表现为：全体员工在安全的观念、目标和行为准则等方面保持一致，有利于形成强烈的心理认同力量，表现出强大的凝聚力和向心力。

2. 导向功能

安全文化具有巨大的感召力，通过教育培训和安全氛围的烘托，潜移默化地将员工的注意力逐步转向企业所提倡、崇尚的方向，接受共同的价值观念，从而将个人的目标引至企业目标上。

3. 激励功能

安全文化能发挥人的积极性、主动性、创造性，使员工从内心深处产生一种高昂、奋发进取的情绪。作为自然人，每个人都有力量，有基本的思维能力；作为社会人，每个人都有精神需要，蕴含着巨大的精神力量。一个人在未获得激励时，其发挥的只是物质力量；而在获得激励后，其精神力量就会得到启发。一个人获得的激励越大，所启发的精神力量就越大。

4. 约束功能

安全文化对企业每个员工的思想和行为具有约束与规范作用，这种作用与传统的管理理论所强调的制度约束不同。它虽有成文的硬制度约束，但更强调不成文的软制度约束；它通过文化的作用使信念在员工心理深层形成一种思维定式,构造出一种响应机制,只要有诱导信号发生,即可得到积极响应,并迅速转化为预期行为。这种约束机制能够有效缓解员工自治心理与被治现实形成的冲突,削弱由其引发的心理抵抗力,从而产生更强大、深刻、持久的约束效果。

5.协调功能

安全文化的形成使人们对安全有了共识,有了共同的价值观、态度和信念,既便于相互间的沟通,也便于团结协作。同时,安全文化可作为协调矛盾的尺度和准则。

◇ 知识点2.2.2　倡导安全文化的目的及作用

倡导安全文化的目的是在现有的技术和管理条件下,使人们的生活、工作更加安全和健康。安全和健康的实现离不开人们对安全、健康的珍惜与重视,并使自己的一举一动符合安全、健康的行为规范要求。在安全生产实践中,人们发现,对于预防事故的发生,仅有安全技术手段和安全管理手段是不够的。人的不安全行为是事故发生的重要原因,大量人的不安全行为的结果都是发生事故。安全文化手段的运用正是为了弥补安全管理手段不能彻底改变人的不安全行为的不足。

安全文化的作用是通过对人的观念、道德、伦理、态度、情感等深层次的人文因素的强化,利用领导、教育、宣传、奖惩、创建群体氛围等手段,不断提升人的安全素质,增强其安全意识和规范行为,从而使人们从被动地服从安全管理制度转变成自觉主动地按安全要求采取行动,即从"要我遵章守法"转变成"我要遵章守法"。

◇ 知识点2.2.3　安全文化建设的观点

安全文化建设活动需要正确的态度和观点予以指导,并且沿着正确的方向前进。现代社会需要的安全文化建设的基本观点包括如下。

一　"安全第一"的哲学观

"安全第一"是一个相对、辩证的概念,是在人类活动的方式上或生产技术的层次上,与其他方式或手段相比较而言,并在与之发生矛盾时,必须遵循的原则。只有建立起"安全第一"的哲学观,才能处理好安全与生产、安全与效益的关系,做好企业的安全工作。

二　重视生命的情感观

安全维系着人的生命安全与健康,而事故是对人类安全的毁灭,是对人类生存、康乐、幸福、美好的毁灭。充分认识人的生命与健康的价值,"善待生命、珍惜健康"是每一个人应建立的情感观,以人为本、尊重与爱护员工是企业法人代表或雇主应有的情感观。

三　安全效益的经济观

实现安全生产,保护员工的安全与健康,不仅是企业的工作责任和义务,而且是保障企业生产顺利进行、企业效益得以实现的基本条件。"安全是效益",安全既能"减损",也能"增值",这是简单而朴素的安全经济观。

四　预防为主的科学观

高效、高质地实现企业的安全生产,前提是必须走"预防为主"之路,采用"超前管理、预期型管理"的方法,这也是生产实践证实的科学真理。

五　人机系统观

保障安全生产要通过有效的事故预防来实现。安全系统的要素是人、物、能量和信息。其中,人——人的安全素质,物——设备与环境的安全可靠性,能量——生产过程的控制,信息——充分可靠的安全信息流。

◇ 知识点2.2.4　安全文化建设的内容

与安全文化的构成要素相对应,企业安全文化建设的内容包括以下四个方面。

一　建立稳定、可靠、规范的安全物质文化

安全物质文化需要依靠技术进步和技术改造来不断提高物质安全化程度,它主要包括以下三方面内容。

1. 作业环境安全

生产场所中有不同程度的噪声、高温、尘毒和辐射等有害因素,它们会直接影响作业人员的身心健康和生命安全,应将它们控制在规定的标准范围内。因此,企业应创造舒适、安全的工作条件,使环境条件符合人的心理和生理要求。

2. 工艺过程安全

工艺过程主要指对生产操作、质量等方面的控制过程。工艺过程安全要求操作者应做到了解物料的性质,正确控制好温度、压力和质量等参数。

3. 设备控制过程安全

通过对生产设备和安全防护设施的管理来实现设备控制过程安全,在具体实践中应做到三点:①在设备的设计、制造等方面全面地考虑其防护能力、可靠性和稳定性;②对设备要正确使用、精心养护和科学维修;③开发应用并推广安全新技术、新产品和新设施。

二 建立符合安全伦理道德、遵章守纪的安全行为文化

安全行为文化的建设包括以下两方面内容:

(1)多渠道、多手段地让员工在掌握安全知识的基础上,熟练地掌握各种安全操作技能。

(2)严格执行安全操作规程。

三 建立健全完善、切实可行的安全制度文化

安全制度文化是指与物态、心智、行为安全文化相适应的组织机构和规章制度的建立实施及控制管理的总和,它主要包括以下两方面内容:

(1)建立健全完善、切实可行的企业安全管理机制。它主要指建立起切实执行企业职责各方面、各层次责任落实,横向到边、纵向到底,高效运作的企业安全管理网络;建立起切实可行群众监督职责,奖惩严明、上下结合,对各层次进行有效监督的企业劳动保护监督体系。

(2)建立完善的企业安全管理规章制度和奖惩制度,使企业安全管理规章制度和奖惩制度规范化、科学化、适用化,并严格执行。

四 建立"安全第一、预防为主、综合治理"的安全精神文化

安全精神文化的建设包括以下两方面内容:

(1)通过多种形式的宣传教育增强员工的安全保护意识(包括应急安全保护意识、间接安全保护意识和超前的安全保护意识),并进行生产作业安全知识、生活安全知识等的教育培训。

(2)进行安全伦理道德教育与培训,能为他人和集体的安全考虑,自觉约束自己的行为,承担起应尽的责任和义务。这种教育不仅要面对普通员工,更应集中于各级管理人员和技术人员。

◇ 知识点2.2.5 企业安全文化建设的方式

企业安全文化建设的根本内涵是:将企业安全理念和安全价值观表现在决策者和管理者的态度和行动中,落实在企业的管理制度中;将安全管理融入企业的整个管理实践,将安全法规、制度落实在决策者、管理者和员工的行为方式中;将安全标准落实在生产的工艺、技术过程中,由此形成一种良好的安全生产气氛;通过安全文化建设,以文化熏陶的方式潜移默化地影响企业各级管理人员和员工的安全生产自觉性,保障企业安全生产和经济发展。

企业安全文化建设可通过如下方式进行。

一 班组及员工的安全文化建设

运用传统、有效的安全文化建设手段,如三级教育(333模式)、特殊教育、日常教育、全

员教育、持证上岗、班前安全活动、标准化岗位和班组建设、技能演练等,推行现代安全建设手段,包括"三群"(群策、群力、群观)对策、班组建小家活动、事故判定技术、危险预知活动、风险抵押制、"仿真"演习等,进行班组和员工的安全文化建设。

二 管理层及决策者的安全文化建设

运用传统、有效的安全文化建设手段,如全面安全管理责任制、"三同时""五同时""三同步"等监督制、定期检查制、有效的行政管理手段、常规的经济手段等,推行现代的安全文化建设手段,包括"三同步原则"[①]、"三负责制"[②]、意识及管理素质教育、目标管理法、无隐患管理法、系统科学管理、人机环境设计、系统安全评价、应急预案对策、事故保险对策、三因(人、物、环境)安全检查等,组织教育培训。

三 生产现场的安全文化建设

运用传统、有效的安全文化建设手段,如安全标语(旗)、安全标志(禁止标志、警告标志、指令标志)、事故警示标志牌等,推行现代的安全文化建设手段,包括技术及工艺的本质安全化、现场标"建设、三防"管理(尘、毒、烟)、"四查"工程(岗位、班组、车间、厂区)、"三点"控制(事故多发点、危险点、危害点)等,进行生产现场的安全文化建设。

四 企业人文环境的安全文化建设

运用传统、有效的安全文化建设手段,如安全宣传墙报、安全生产周(日、月)、安全竞赛活动、安全演讲比赛、事故报告会等,推行现代的安全文化建设手段,包括"安全文艺"(晚会电影、电视)活动、安全文化月(周、日)、事故祭日、"安全贺年"(个人)活动、安全宣传的"三个一"(一场晚会、一副新标语、一块墙报)工程、青年员工的"六个一"(查一个事故隐患、提一条安全建议、创一条安全警语、讲一件事故教训、当一周安全监督员、献一笔安全经费)工程等,进行企业人文环境的安全文化建设。

◇ 知识点 2.2.6 轨道交通企业的安全文化建设特点

轨道交通企业的安全文化建设具有以下特点。

一 安全文化应作为轨道交通企业的核心文化来建设

轨道交通企业的安全文化建设既有一般企业安全文化建设的共性,又有作为运输行业安全文化建设的特性。轨道交通系统的根本任务是将旅客安全、及时地运送到目的地。轨

---

① "三同步原则":企业在考虑自身的经济发展,进行机构改革和技术改造时,安全生产方面要相应地与之同步规划、同步组织实施、同步运作投产。

② "三负责制":企业各级生产领导在安全生产方面要"向上级负责,向职工负责,向自己负责"。

道交通系统的作用、性质和特点决定了轨道运输必须把安全生产摆在各项工作的首要位置，因此，轨道交通企业安全文化建设是企业文化建设的首要工作。

二 轨道交通企业应树立"大安全建设"的观念

轨道交通系统是由轨道交通设备设施、行车组织、员工、乘客和周边环境等众多因素组成的一个庞大"联动机"，运营过程中的各个环节和因素均会对其运营安全产生影响。因此，轨道交通企业应树立"大安全建设"的观念。

三 轨道交通企业安全文化建设应树立"以人为本"的观念

"以人为本"是科学发展观的本质和核心。轨道交通作为大众化交通工具，其服务的主体和对象主要是人，确保运输对象——人——的安全，是轨道交通企业最基本、最重要的要求。以"以人为本"、尊重人的生命、促进企业发展为内涵的安全文化在运营安全管理过程中发挥着重要的作用。首先，安全文化具有规范人的安全行为的作用，使人能意识到安全的含义、安全的责任和应有的道德品质，从而自觉地规范行为，避免不安全行为。其次，安全文化具有组织及协调安全管理机制的作用，使运营组织内部的各部门、各人员都为实现安全运营而协调一致地运作。最后，安全文化具有使生产进入安全高效的良性循环的作用。实践证明，轨道交通运营安全不仅要有可靠的安全生产设备，而且要有高水平的管理和高素质的员工。员工的安全素质必须靠企业的安全文化来进行培育。

四 轨道交通企业安全文化建设应树立"全员、全社会安全管理"的观念

轨道交通运营安全直接关系到乘客的人身安全和财产安全，与广大人民群众的切身利益息息相关。轨道交通企业要实现轨道交通运营安全有序，应在加强员工安全教育的基础上，必须对广大乘客进行宣传教育，大力向乘客宣传并督促其遵守轨道交通安全管理制度，增强全民的安全防范意识。

模块小结

本模块从广义与狭义两个方面对文化做了分析与介绍，重点介绍安全文化的定义、发展、层次与特征等内容，阐述了安全文化的功能与作用，介绍了安全文化建设的观念、内容、建设方式，并分析了轨道交通企业安全文化建设的特点。

素质拓展

通过网站、公众号、视频软件等资料查询与现场走访等方式，为轨道交通企业组织一场企业安全文化竞赛活动。

练习与思考

一、填空题

(1) 广义的安全文化包括＿＿＿＿＿＿、＿＿＿＿＿＿、＿＿＿＿＿＿和＿＿＿＿＿＿四个层次。

(2) 海因里希提出的事故因果连锁论中指出工业事故发生的直接原因可归为＿＿＿＿＿＿和＿＿＿＿＿＿两个方面。

(3) 采用＿＿＿＿＿＿的方法,这是生产实践证实的科学真理。

(4) "三群"对策指＿＿＿＿＿＿、＿＿＿＿＿＿和＿＿＿＿＿＿。

二、判断题

(1) 狭义的文化注重精神创造活动及其结果。 (　　)

(2) 预防事故的主要责任在操作者规范的作业。 (　　)

(3) 倡导安全文化的目的是使人们服从安全管理制度,遵章守法。 (　　)

(4) 以人为本、尊重与爱护员工是企业法人代表或雇主应有的情感观。 (　　)

(5) 轨道交通企业安全文化建设应树立"安全文化"的观念。 (　　)

三、问答题

(1) 简述安全文化的概念。

(2) 简述安全文化的四个层次。

(3) 简述安全文化的五个特征。

(4) 简述安全文化的功能与作用。

(5) 简述企业安全文化建设的方式。

模块3

轨道交通运营安全

‖‖ 模块概述 ‖‖

　　本模块主要介绍轨道交通运营安全管理机构，安全管理逐级负责制，班组安全管理内涵，以及铁路行车、客运、货运生产领域的主要安全作业规定。

单元3.1　铁路交通运营安全管理机制

学习导航

学习目标

1. 知识目标

(1)熟悉铁路交通运营企业安全管理机构。

(2)掌握安全管理逐级负责制。

(3)理解班组安全管理内涵。

2. 能力目标

通过对铁路交通运营安全管理机制的学习,能够正确运用铁路交通运营企业安全管理知识进行安全管理与卡控。

3. 素质目标

通过对本单元知识的学习,能够养成铁路交通运营生产安全管理系统性、联动性思维;树立"安全第一、预防为主、综合治理"思想;培养遵章守纪、标准作业、责任担当的职业素养。

学习指导

1. 学习重点

能够将铁路交通运营企业安全管理机构、逐级负责、班组安全管理内涵。

2. 学习难点

能够将铁路交通运营企业安全管理制度(逐级负责制、班组管理制度)与生产(行车、客运、货运)实际的结合。

学习探索

收集资料,了解世界主要国家铁路交通运营企业的管理机制,并分组讨论比较各自优劣。

案例导入

胶济铁路列车相撞事故

一、案例背景描述

1. 案例发生的时间、地点

时间:2008年4月28日4时41分。

地点:胶济铁路周村至王村区间。

2.案例简述

2008年4月28日4时41分,北京开往青岛的T195次旅客列车运行至山东胶济铁路周村至王村间脱线,第9~17节车厢在铁路弯道处脱轨,冲向上行线路基外侧。此时,正常运行的烟台至徐州的5034次旅客列车制动不及时,最终以70km/h的运行速度与脱轨车辆发生撞击,机车(内燃机车编号DF11-0400)和第1~5节车厢脱轨。

3.案例类型

胶济铁路列车相撞事故造成72人死亡,416人受伤,被认定为一起人为责任铁路特别重大交通事故。

二、案例经过描述

1.案例图例

案例图例如图3-1、图3-2所示。

图3-1 事故现场图1

图3-2 事故现场图2

2.案例经过

2008年4月27日22点50分许,T195次旅客列车开始驶出北京站。

据北京铁路局有关人士介绍,T195次旅客列车司机吃过午饭后,在北京机务段的行车公寓开始备班休息,21点,司机被叫班。司机醒来后,到调度所将行车的IC卡交给了调度员,调度员将最新的行车线路数据写入IC卡(行车时,司机将IC卡插入机车"黑匣子",它是整个列车的保护系统,时刻规范机车司机按照IC卡内的数据行车)。彼时,IC卡上并无调查组初步结论所称的事故地段限速80km/h的指令。

然而,据铁道部一份关于事故初步调查分析的内部通报称,4月23日,济南铁路局印发154号文件(《关于实行胶济线施工调整列车运行图的通知》),定于4天后的4月28日0时开始执行,这份文件要求事故发生地段限速80km/h。

济南铁路局调度所在4月23日下载电子公文"济铁运函[2008]154号文件"后,24日在调度所网站上下达了《关于学习和落实济铁运函154号文件的通知》,通知除了要求对文件进行学习,还要求各工种就相关情况进行内容碰头,相关工种汇报落实措施。

官方关于"4·28"事故调查的内部文件显示,根据"济铁运函[2008]154号文件",4月26日12:09由济南铁路局施工调度员郑某草拟,石某审核,发布了4158号调度命令——调度命令取消了胶济线上多处限速命令,其中包括王村至周村东间便线(出事地段)限速的4240号调度命令。据铁道部初步调查结论,"各相关单位在没有收到154号文件的情况下,根据4158号命令,盲目修改了运监器数据,取消了限速条件"。

事实证明,济南铁路局以154号文件代替调度令,而后发现新的调度令跟原来规定的不符后,又新发了几个临时调度令。导致调度令出现混乱。4月28日凌晨2时30分许,济南西调度派班室值班主任陆敏向值班调度员汇报说2557次机车司机运行至周村—王村下行线,LKJ(列车运行监控装置)运监器显示允许速度120km/h,而2557次机车司机却发现限速标志为80km/h,司机按80km/h的速度通过。

5分钟后,值班调度员蒲某立即通过电话向济南机务段派班室值班主任吴某询问有关上述限速地段的限速情况。吴某说2245客车司机也向机务段汇报了这个问题。

官方初步的调查结论显示,蒲某问运监器允许速度是多少,吴某说修改芯片的人不在机务段,属于电务段管理。吴某接着找济南电务段值班调度田某,向田某询问是否见到济铁运函〔2008〕154号文件,田某称不知道。吴某立即赶往调度台布置上、下行分别预告司机限速80km/h,并向值班领导于某汇报该情况,并把值班的有关工种行调主任、机调主任、电务调度召集到枢纽调度台共同处理。

凌晨2时40分许,调度员使用铁路数字移动通信系统(GSM-R)通知后续5025次列车司机运行至该地点,如线路允许速度与实际不符,按80km/h的速度运行,司机运行至该处发现确实与实际不符,按80km/h的速度通过。

2时48分许,调度所主任接到值班主任汇报后,立即打电话找机务处分管运输的副处长尹某,尹处长说LKJ划归电务处管理,又立即打电话找电务处长张某涛,张处长说核实一下,随后监控室来电话询问情况,了解完情况后说核实一下。打完电话后到调度台了解情况,了解到确实存在监控数据与154号文件附件4不符的情况。

3时许,值班调度蒲某通知周村东、王村站值班员分别通知上、下行司机,仍按4240号、4241号命令内容中的限速里程限速80km/h运行,并预告司机。

3时50分左右,值班调度员隋某再询问后续T25次列车司机,在王村—周村东下行线允许速度是多少,司机说未运行该地方不清楚,调度员要求司机在该区间按80km/h的速度运行。在列车按80km/h通过后,司机汇报说运监器允许速度为145km/h。

3时55分左右,值班调度员隋某询问:"你好T195次大车,周村东—王村下行线限速有没有?"司机回答:"王村—周村东站间有。"隋某问:"有这个限速是不是?"司机回答:"有,4241。"隋某问:"4241还是4240?"T195次司机回答:"4240。"因T195次晚点,隋某补充道:"你路上赶点运行。"司机回应。

4时左右,调度员通过共同商量,根据154号文件,4443号、4444号命令,要求限速关系两端站及济南东、济南、淄博站分别交上、下行各次列车,在上述不符地点限速80km/h。

铁道部《济南局胶济线"4·28"特别重大事故概况及初步原因分析》称,"该命令没有发给T195次机车乘务员,漏发了调度命令","王村站值班员对4444号临时限速命令没有与T195次司机进行确认,也未认真执行车机联控。"

然而,据最新的调查结论,值班调度员蒲某询问王村站值班员张某胜,限速的命令交没交司机,值班员说限速80km/h的命令交司机了。

无论是否收到调度令,T195次列车还有最有一根救命稻草——依靠司机瞭望,发现竖立在路边的限速牌。但事实证明,T195次列车依然以131km/h的速度行经限速路段。

三、定责与处理

2009年5月26日,国务院对此次安全事故的调查处理报告作出批复,共37名事故责任人受到追究。济南铁路局常务副局长、局党委常委郭某等6名事故责任人被依法追究刑事责任,另外31名相关责任人受到处分,给予时任济南铁路局局长陈某政撤职、撤销党内职务处分,给予时任济局党委书记柴某撤销党内职务处分,给予铁道部副部长胡某记大过处分,给予铁道部部长刘某记过处分。

2009年12月3日,法院做出宣判:原北京机务段机车司机李某、原王村站助理值班员崔某、原王村站值班员张某胜、原济南铁路局调度所值班调度员蒲某、原济南铁路局调度所施工调度员郑某、原济南铁路局副局长郭某身为铁路职工,违反铁路规章制度,导致发生特别重大交通事故,后果特别严重,均构成铁路运营安全事故罪。法院根据各被告人在事故中的责任,判处李某有期徒刑4年6个月;判处崔某有期徒刑4年;判处张某胜有期徒刑3年6个月;判处蒲某有期徒刑3年,缓刑5年;判处郑某有期徒刑3年;判处郭某有期徒刑3年,缓刑3年。

四、案例分析

1. 原因分析

(1)济南局对施工文件、调度命令管理混乱,用文件代替临时限速命令极不严肃、济南局《关于实行胶济线施工调整列车运行图的通知》,即154号文件,23日印发,距实施的时间28日0时仅有4天。如此重要的文件,却在局网上发布,对外局及相关单位以普通信件的方式车递,而且把北京机务段作为抄送单位。文件发布后在没有确认有关单位是否接到的情况下,4月26日又发布了4158号调度命令,取消了多处限速命令,其中包括王村至周村东间便线限速的4240号调度命令(154号文件对该地段限速80km/h的条件并未取消),导致各相关单位在没有收到154号文件的情况下,根据4158号命令盲目修改运器数据,取消了限速条件。

(2)济南局列车调度员在接到2245次机车反映现场临时限速与运行监控器数据不符时,济南局于4月28日4时2分补发了K293+780～K290+784处限速80km/h的4444号调度命令,但该命令没有发给T195次机车乘务员,漏发了调度命令。

(3)王村站值班员对4444号临时限速命令没有与T195次司机进行确认,也未认真执行车机联控。同时,北京铁路局在没有接到154号文件,也未确认限速条件的情况下,就盲目地修改运器芯片;机车乘务员没有认真瞭望,失去了防止事故的最后时机。

2. 事故调查依据与内容

"4·28"胶济铁路特别重大交通事故调查组组长、国家安监总局局长王君在开展调查前强调:要严格按照"四不放过"原则,依法依规严肃查处事故。将在查清原因的基础上,以事实为依据,以法律法规为准绳,认定事故的直接责任、主要责任、重要责任和领导责任,依据有关的法律规定,严肃追究事故相关责任人的责任。铁路事故调查专业性强,要从技术原因切入分析,综合分析管理上的原因,做到全面、科学、公正、客观。

此次事故调查主要集中在以下八个方面：一查路基情况，是否存在路基不稳定情况；二查线路运行状况，是否存在不符合标准情况；三查机车技术状况，是否存在带病运行情况；四查铁路运输调度指令下达情况，是否存在违章指挥、下达错误指令或漏下指令的情况；五查铁路信号显示情况，是否存在错误显示、信号失效的情况；六查机车司机操作互控、监控情况，是否存在违章操作、互控失效、疏于监控的情况；七查铁路安全规章制度建设情况，是否存在重大漏洞或规章制度不落实情况；八查职工安全培训情况，是否存在未经培训或培训不合格就上岗作业的情况。

五、案例总结

国务院"4·28"胶济铁路特大交通安全事故调查组认为，胶济铁路特大交通事故是一起典型的责任事故，济南铁路局在这次事故中暴露出两点突出问题：一是用文件代替限速调度指令；二是漏发临时限速指令，从而造成事发列车（北京开往青岛的T195次旅客列车）在限速80km/h的路段上实际速度居然达到了131km/h，超速51km/h。这充分暴露了部分铁路交通运营企业安全生产认识不到位、领导不到位、责任不到位、隐患排查治理不到位和监督管理不到位的严重问题，反映了基层安全意识薄弱，现场管理存在严重漏洞。

六、讨论与思考

(1)结合上述案例，查阅相关资料了解我国铁路运输安全监察与管理机构的设置情况。

---

(2)案例中提到的铁道部部长、济南铁路局局长、济南铁路局调度所列车调度员、王村站值班员、北京机务段机车司机，这些岗位分别属于铁路交通运营生产三级管理体制中的哪一级，它们的职责分别是什么？请结合案例谈谈你对逐级负责制的看法。

---

(3)结合案例分析，思考如何发挥班组管理在安全生产中的作用。

◇ 知识点 3.1.1　铁路交通运营安全管理概述

一　铁路交通运营安全管理机制

1. 铁路交通运输管理政企分开

为推动铁路建设和运营可持续发展,保障铁路运营秩序和安全,充分发挥铁路交通运输方式的整体优势和组合效率,我国实行铁路交通运输管理政企分开。政府职能部门负责铁路交通运营安全管理政策法规、技术标准制定及其实施的监督管理;铁路运输企业负责生产经营,落实法律法规及安全规章制度,接受安全监管,保证运输安全。

政府行政机构为国务院交通运输部,其主要职责是统筹规划铁路、公路、水路、民航发展,加快推进综合交通运输体系建设。

交通运输部下设国家铁路局开展铁路交通监督、检查和管理工作,其主要职责包括:履行铁路行业安全生产的政府监督管理职能,负责拟订铁路技术标准;监督管理铁路安全生产,制定铁路运输安全、工程质量安全和设备质量安全监督管理办法并组织实施;拟订规范铁路运输和工程建设市场秩序政策措施并组织实施;监督铁路运输服务质量和铁路企业承担国家规定的公益性运输任务情况等。

铁路交通运营企业为中国国家铁路集团有限公司(简称"国铁集团"),是中央管理的国有独资公司,以铁路客货运输为主业,多元经营。其主要职责包括:负责铁路运输统一调度指挥,统筹安排路网性运力资源配置,承担国家公益性运输任务;负责铁路行业运输收入清算和收入进款管理,自觉地接受行政监管和公众监督;负责国家铁路新线投产运营的安全评估,保证运输安全,提升服务质量,提高经济效益,增强市场竞争能力;承担铁路安全生产主体责任。

2. 铁路交通运营安全影响因素与运输作业过程

基于运输安全系统工程的视角,铁路交通运营安全影响因素包括以下四方面:

(1)铁路交通运营安全有关人员:包括铁路运输系统内人员、旅客、货主、铁路沿线群众、机动车司机。

(2)设备:包括铁路线路、机车车辆、通信信号、供电供水等铁路基础设备以及安全监测、监控、事故救援、自然灾害预报与防治等运输安全技术设备。

(3)环境:包括作业环境、自然环境和社会环境。

(4)管理:包括安全组织管理、安全法制管理、安全技术管理、安全教育管理、安全信息管理和安全资金管理。

为了确保列车运行、调车作业、客货运作业安全,必须深入分析铁路运输作业过程安全,包括行车调度指挥安全(图3-3)、接发列车作业安全、调车作业安全、铁路装卸作业安全、旅客运输安全、机务作业安全、车辆作业安全、工务作业安全、电务作业安全、非正常情况下(如恶劣天气、设备故障、电话通信中断等)的作业安全以及应急处理作业安全(如列车火灾、列车冒进信号应急处理等),结合运输生产过程分析铁路交通运营安全影响因素,发现其薄弱环节,进而提出预防和减少事故的有效措施。

目前,我国铁路交通运营安全管理主要涉及政府有关职能部门、铁路运输企业,包括铁路规划设计建设、铁路交通装备制造等企业,以及地方政府、沿线居民群众。

图3-3 铁路调度指挥中心

二 铁路运输安全监察与管理机构

1. 国家铁路局

国家铁路局内设安全监察与管理机构。各机构及其主要职责如下:

(1)安全监察司。主要职责:研究分析铁路安全形势、存在问题并提出完善制度机制建议;组织拟订铁路安全监督管理办法并监督实施;组织或参与铁路生产安全事故调查处理,指导、监督铁路行政执法工作。

(2)运输监督管理司。主要职责:组织监督铁路运输安全、铁路运输服务质量、铁路企业承担国家规定的公益性运输任务情况,严格按照法律法规规定的条件和程序办理铁路运输有关行政许可并承担相应责任;组织拟订规范铁路运输市场秩序政策措施并监督实施。

(3)工程监督管理司。主要职责:组织拟订规范铁路工程建设市场秩序政策措施并监督实施,组织监督铁路工程质量安全和工程建设招标投标工作。

(4)设备监督管理司。主要职责:组织监督铁路设备产品质量安全,严格按照法律法规规定的条件和程序办理铁路机车车辆设计生产维修进口许可、铁路运输安全设备生产企业认定等行政许可并承担相应责任。

地方铁路安全监督管理局国家铁路局分别在沈阳、上海、广州、成都、武汉、西安、兰州7个区域设地方铁路安全监督管理局,设安全监督、工程监督等处室,负责辖区内铁路运输企业的行业安全监督事宜。

2. 国铁集团

国铁集团内设安全监察与管理机构。各机构及其主要职责如下:

(1)安全监督管理局。主要职责:负责国铁集团安全宏观管理,承担国铁集团安全生产委员会日常工作;承担国铁集团各部门安全管理的监督工作,监督检查国铁集团所属单位的铁路运输安全、职工劳动安全、特种设备安全、劳动保护、职业健康、路外安全、运输安全环境保护等管理工作。安全监督管理局下设行车安全、安全分析等处室,并在北京、上海、沈阳、武汉、成都、兰州6个城市设立安全监督特派员办事处。在安全监督管理局的领导下,开展安全监督检查和管理工作。

(2)运输部(总调度长室)。主要职责:负责国铁集团铁路运输调度集中统一指挥;检查、指导运输安全专业管理工作,参与铁路交通事故调查,组织国铁集团相应的应急救援和指挥工作。具体由运输调度指挥中心、客运部、货运部、机辆部、工电部等分工负责。

（3）运输调度指挥中心负责铁路运输的调度和指挥工作,确保列车运行的安全和效率。

（4）客运部主要负责客运服务的管理和提升,包括票务、旅客服务、车站管理等。

（5）货运部专注于货物运输的管理和优化,确保货物运输的高效和安全。

（6）机辆部(原机务部和车辆部合并而来)负责机车车辆的管理和维护,确保机车车辆的良好运行状态。

（7）工电部(原工务部和电务部合并而来)负责铁路线路和电气化设备的维护和管理,保障铁路基础设施的安全和可靠。

全国铁路运输安全监察与管理机构结构如图3-4所示。

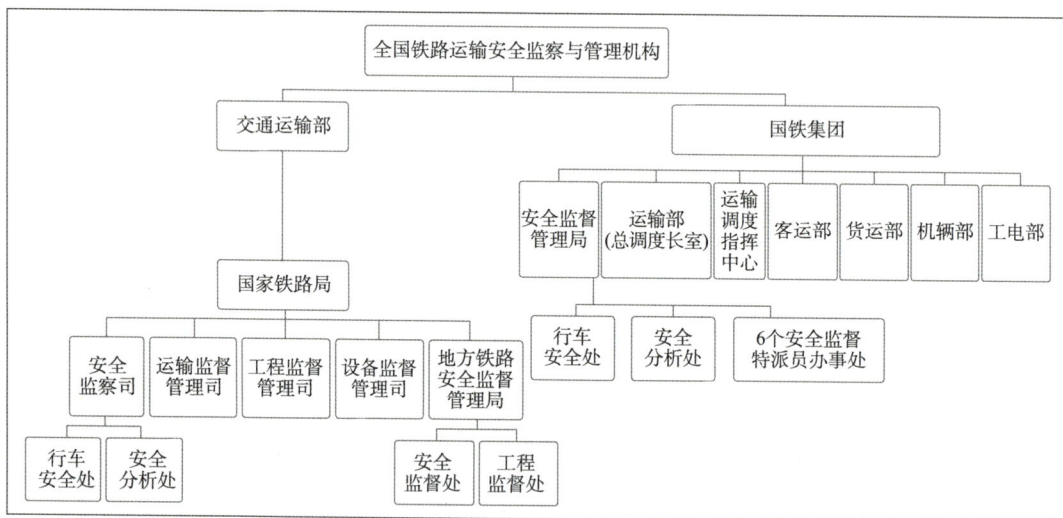

图3-4　全国铁路运输安全监察与管理机构结构

3.铁路运输企业安全管理机构

国铁集团下辖18个铁路局集团公司,均设安全监察室(简称"安监室"),对所属铁路运输企业的安全生产负有监督管理责任。铁路局集团公司设安全生产委员会,协调运输部、机务部、工务部等各业务部,负责铁路行车安全、客运安全、货运安全、路外安全、人身安全等工作。

各铁路局集团公司安全管理机构包括四个层级:

（1）管理层。管理层是指铁路局集团公司安全监察室。主要职责:监督检查铁路局集团公司管辖内所属部门(单位)执行上级机关颁发的安全生产方针政策、目标任务、规章制度、命令指示情况,监督检查铁路局集团公司发布的有关行车安全的规章制度、命令和措施贯彻执行情况,监督有关部门(单位)加强质量管理和安全管理情况,调查处理铁路局集团公司管辖内的较大以下事故,等等。

（2）决策层。决策层是指铁路局集团公司及其职能部门。主要职责:制定年度运输安全工作的指导思想、目标任务和计划安排,发布有关行车安全的规章制度、命令和规定,确定安全技术设备的安装、使用、管理和维修办法,监督检查站段安全基础建设工作成效,等等。

（3）执行层。执行层是指站段及其职能科室。主要职责:为完成铁路局集团公司安全目标任务而制定站段安全管理目标任务和实施方案、计划和措施;按照运输安全法规和铁路局集团公司有关要求,制定、修改、完善本站段安全规章制度并按规定报上级主管部门审批;加强安全基础建设,开展安全攻关和安全联控活动;调查、分析、处理行车设备故障和人身轻伤事故;等等。

（4）实施层。实施层主要指站段车间、班组和职工。主要职责:各车间根据站段安全目标管理的要求,制定车间具体安全目标和保证措施,下达到班组和个人执行;督促检查安全目标和保证措施执行情况,并进行分析、评价,找出薄弱环节,以便改进工作。

◇ 知识点3.1.2 铁路交通运营安全管理层级及职责

一 安全管理逐级负责制

1. 安全管理逐级负责制概述

安全管理逐级负责制是一项规定各级管理干部的安全管理责任制度。它是加强安全管理的核心和重点工作,是安全生产的可靠保证。目前,国铁集团对铁路交通运营生产实行三级管理体制,即国铁集团、各铁路局集团公司、车务段车站。在生产基层,主要是车间、班组管理。

落实安全管理逐级负责制是管理层、决策层贯彻安全管理思想、实施安全管理权力的重要手段,是执行层、实施层落实安全管理信息、指令的规范制度,是强化干部职工责任心的有效途径。铁路运输企业根据工作实践,提出了厘清管理层次、明确管理范围、制定考核标准、明确考核内容、坚持监督检查和工作评价制度等落实安全管理逐级负责制的措施,并从"明责、赋权、予利"等视角落实安全管理逐级负责制。

遵循"职责明确,权责统一,重点突出,明确具体"的原则,各铁路局集团公司均制定了各公司的《安全管理逐级负责制实施办法》。通过实践,安全生产取得了显著效果,对实现"规范管理,强基达标"和"有序可控,基本稳定"起到了积极作用。

2. 安全管理逐级负责制贯彻实施注意事项

贯彻实施安全管理逐级负责制的注意事项如下:

（1）贯彻"管生产必须管安全"的思想,突出主要领导对安全管理负全面责任,副职按照分工和权限对分管系统内的安全管理负责。

（2）做到"项项工作都有人负责,不出现管理上的空当"。

（3）做到从实际出发,让真正能负责的人负责安全管理。

（4）做到有实践基础,制定安全制度要能够实施,坚决执行。

二 铁路运输企业各级安全管理责任

1. 铁路局集团公司安全管理责任

各铁路局集团公司是铁路运输的法人,也是安全管理的主体,对各铁路局集团公司的安全工作负全责,对站段安全生产有领导、检查、监督的责任。铁路局集团公司制定和落实责任制的关键是科学地界定各部门的安全管理责任、权利和标准,对干部实行"五定""三率"的严格考核。

铁路局集团公司在界定安全责任管理时要做好以下两点:一是突出重点,不要把一些与安全行车没有直接关系的部门纳入其中;不要把一项工作规定为多头负责,结果谁都不负责;要分清哪个部门以及谁负主要责任、谁负次要责任、谁负相关责任。因为责任界定不清,难以考核;缺乏约束力,责任制的落实易流于形式。二是界定责任要明确具体,每一项工作都要有人负责,以免出现安全管理上的漏洞;确实需要几个部门共同抓的事情,要明确哪一个部门牵头,哪些部门配合;办不到的事情不要定,定了的事情就要坚决执行。

2. 站段安全管理责任

铁路交通运营安全管理是站段运输生产管理的重点。站段对安全生产负直接责任,负责行车安全、客运安全、货运安全管理。站段负责运营设备质量,管、修、用好运营设备;提升运营人员的素质,适应运输安全生产的需要;抓好班组建设,落实各项规章制度和标准,实施现场作业控制,确保运营安全。站段长对全站段运营安全管理负全责。

站段安全管理的主要职责:落实安全管理责任制,明确岗位职责和标准,细化管理办法,严格执行运营(行车、客运、货运)安全管理的规章制度和作业标准;抓好建标、贯标、达标的具体工作,细化人员素质、设备质量、安全管理的标准,建立安全的激励与约束机制;建立健全站段内部运营安全、设备检验制度,采取定期与日常、静态与动态检查相结合的方法,强化运营安全的现场监督与检查;对职工进行安全、技术、业务培训,组织岗位练兵,努力提升职工队伍素质。健全班组管理制度,加强班组长的教育与培训,铁路交通运营主要工种(如车站值班员、连结员、调车长、高铁应急值守人员、综控员、客运员、列车员、货运员、货运安全员等)必须持证上岗;严格作业纪律、劳动纪律,按作业标准严格考核,对安全生产有突出贡献者给予奖励,违章违纪和一般行车事故责任人给予惩处;建立运营安全台账,定期分析运营安全情况,不断总结运营安全的经验,吸取教训。

3. 车间安全管理责任

强化车间安全管理,必须以提高安全保障能力为抓手,以强化现场作用控制为重点,不断创新安全管理的新方法、新途径,科学管理、明确职能、常抓不懈。主要从以下三个方面落实车间的安全责任管理:

(1)思想政治与职业道德建设。

①全面加强职工思想政治理论学习,将毛泽东思想、邓小平理论、"三个代表"重要思想、

科学发展观、习近平新时代中国特色社会主义思想等融入铁路交通运营生产。

②提升职工职业道德素养,学习贯彻落实《中华人民共和国安全生产法》和《铁路安全管理条例》(国务院令第 639 号)以及铁路交通运营生产各项规章制度、作业标准。

③加强职工思想动态分析,把提升职工思想政治和职业道德素养的触角延伸到职工生产、生活各方面,充分激发职工爱国、爱党、爱企业、爱岗位的热诚,使其真诚地服务旅客和货主,充分地调动职工的积极性、主动性和创造性。

(2)人员管理与培训。

①科学配置干部和技术人员,在车间重要岗位选配安全员、工人技师等,充分发挥其解决安全技术难题和实际问题的作用。

②赋予车间管理人员相应的职能和权利,将车间的管理职能分解、细化到每个岗位,防止出现管理"空当"。

③强化培训与考核,提高业务技能。围绕"争做学习型职工,提高岗位技能"主题,大力宣传学习新技术、新知识与操作新设备的紧迫性,广泛开展学习竞赛和科技攻关,掀起人人争当知识型职工的热潮。

④强化车间安全管理考核力度,形成有效激励。明确日常工作重点和考核标准,每月对车间安全管理情况进行分析考评。

(3)制度落实。

①强化车间各项管理制度,促使车间党政正职实现三个转变:一是由被动型、执行型管理向主动型、创新型管理转变;二是由"等、靠、要"向"自我加压、敢于创新"转变;三是由单一型管理向综合型管理转变,以适应新形势的要求。

②因地制宜地结合自身实际,突出车间管理的特色,千方百计地为车间管理"松绑""减负"(如精简车间和班组台账等),努力优化,便于操作。

③加强现场作业控制,认真落实自控、互控、他控,抓好车间、班组、岗位的自控能力,严格落实岗位作业标准和卡控措施,发挥安全员现场盯控作用。

三　班组安全管理

1. 班组安全管理的地位和作用

班组的基本功能在于通过生产实践活动完成站段或车间下达的运输生产任务。生产班组既是落实安全生产管理制度的终端,又是检验安全管理制度合理与否的实际场所。铁路运输中的各项技术指标、作业过程、规章制度都要在班组实施,原始记录、统计台账等安全管理基础数据都要由班组提供。因此,班组最了解安全生产的关键所在,最清楚安全管理上存在的问题,最容易反映关键问题。班组安全管理的作用如下:

(1)班组是保证铁路交通运营安全生产最基本、最基层的活动单位,是铁路运输安全生产的落脚点。

(2)班组为制定安全生产管理制度提供了实际依据、实践场所和检验手段,是铁路交通运营安全管理的基础。

(3)班组安全管理对大局有重大影响。各个班组是铁路运输安全生产链条上不可缺少的环节,任何一个环节的断裂都会使一定范围乃至全局的正常运输秩序遭到破坏。

2. 充分发挥班组长和安全员的作用

为了保证班组的生产安全,班组长和安全员应充分发挥作用,具体体现在以下四个方面:

(1)班组长在安全生产中的作用。

班组长承担着三种角色,即安全管理的组织者、班组安全运输生产活动的指挥者和安全生产活动的践行者。

(2)班组长在安全生产中的职责。

①在车间主任的领导下,对本班组安全生产全面负责,直接指挥本班组的生产活动。

②搞好本班组的安全管理,正确填记本班组的各种原始记录和台账簿册。

③落实岗位责任制,将班组的安全生产和收益分配挂钩。

④及时处理生产中的各种问题,组织班组技术人员学习,提高班组成员素质。

⑤主持召开安全生产总结会、民主生活会等,加强政治思想工作,保持班组正常的生产和工作秩序。

(3)班组长在安全生产中的权限。

①班组长对班组的安全管理和安全生产有组织指挥权,对上级违反规章制度的指令有拒绝执行权。

②在有利于安全生产的前提下,班组长有合理分配工作和安全生产奖金权、表扬批评权、人事建议权。

(4)安全员在安全生产中的职责。

班组安全员的设立是组织班组职工参加安全生产方面的民主管理的一种好形式,它使安全生产有更为可靠的组织保障和更为广泛的群众基础。

安全员是职业素养过硬的业务骨干,其工作职责:在班组长的领导下开展工作,检查规章制度、作业标准的执行情况并指导,将安全生产相关信息进行记录、统计分析和反馈。安全员是遵章守纪的检查员,是提高业务技术水平的教练员,是提供安全生产情况的信息员。

3. 培养班组群体安全意识

为了保证安全生产,生产班组有很多工作需要去做,但根本在于培养一种氛围、一种共同信念、一种向心力和凝聚力,这就是群体安全意识。

(1)含义。

群体,也叫团体,是指2人以上为了实现共同的特定目标,相互依赖和相互作用。群体的特征:各成员互相依赖,在心理上彼此意识到对方,即意识到群体中的其他个体;各成员在行为上互相作用、直接接触、彼此影响;各成员具有团体意识和归属感,彼此有共同的目标和追求。

班组群体安全意识属于社会舆论和集体感受,是一个班组内所有成员共同感知、认同和遵守的信念及意识。

（2）作用。

班组群体安全意识往往比正式规定的规章制度更有约束力,它虽是无形的,但它在班组的整个安全生产实践中无时无处不在。它能够使班组规章制度、思想教育、组织建设等各种手段强力结合、凝聚、统一在一起,产生合力,从而提高班组全体成员统一奋斗目标,产生一种个人得失与集体成就休戚相关的心理。因此,培养班组群体安全意识将有力地促进班组安全生产。

（3）培养方法。

班组群体安全意识的形成是一件难度很大的工作,它不仅需要一定的时间,还需要采取正确的方法。具体来说,其培养方法主要有以下几种:

①开展正面教育。

正面教育就是用正面道理多鼓励、多引导受教育者,使其提高认识。铁路运输企业要经常、反复地向班组成员宣传"安全第一、预防为主、综合治理"的安全生产管理方针,明确安全生产与个人、企业、国家、社会的关系,从而调动班组成员的安全生产积极性。定期开展正面教育是我们常用的一种基本教育方法。

②进行强化激励。

强化就是对人的某种行为给予表扬、肯定和鼓励,使之以巩固与保持,或者对某种行为给予批评、否定和惩罚,使之改正、减弱与消退。激励,就是激发与鼓励。

强化激励是一种重要的激励方法。激励方法主要有两种:正强化和负强化。

正强化是指对于上级希望的和符合管理要求的思想和行为,予以肯定,并通过表扬、奖励、关心、支持、提升等方法,使员工保持、巩固和发展这些行为。

负强化是指针对员工不正确的、消极的、有害的思想和行为,予以否定,并通过批评、惩罚、教育、纪律处分、追究责任等方法,使员工纠正错误、放弃这些思想和行为。

③典型示范。

"榜样的力量是无穷的。"铁路运输企业的每个车间乃至最基层的生产班组都有安全生产方面的先进典型。班组长要善于调查研究、总结经验、树立典型,使班组全体成员都乐于比学榜样、赶超榜样,从而培养班组群体安全意识。

④利用从众心理。

从众心理是一种与模仿有紧密联系的心理学现象。人是在群体中生活的,自然会受群体的影响。无论是行为还是认识和观点都富有感染力。个体受群体影响而改变其行为的现象就是从众。从众起源于一种团体压力。只要团体存在,就存在着团体压力。团体压力是通过多数人一致的意见形成一种压力,去影响个人的行为。团体压力虽然没有强制人执行的性质,但是它在个体心理上所产生的影响有时反而比权威命令大,更能改变个体的行为。

在安全思想教育的过程中,我们要自觉地利用这种心理现象。对于班组中个别安全思想不牢固,尤其是刚刚补充到班组来的新职工,我们要充分发挥班组优良传统作用和利用历史荣誉等有利条件,形成团体压力,改变个别成员的不安全思想和行为,以促进班组群体安全意识的形成。

单元 3.2 铁路交通运营行车安全管理

学习导航

学习目标

1. 知识目标

(1)掌握铁路交通运营企业行车、客运、货运生产安全管理内容。

(2)掌握铁路车站行车作业人身安全规定。

(3)了解接发列车作业人身安全、调车作业人身安全以及电气化区段作业的安全规定。

2. 能力目标

通过对铁路交通运营行车安全管理的学习,能够理解铁路交通运营安全作业规定的内涵,并严格遵守铁路车站行车作业人身安全规定。

3. 素质目标

通过对本单元的学习,培养遵章守纪、标准作业、责任担当的职业素养。

学习指导

1. 学习重点

理解和掌握铁路交通运营在行车、客运、货运生产领域的主要安全管理内容,应掌握铁路车站行车作业人身安全规定。

2. 学习难点

理解和掌握理解铁路车站行车作业人身安全规定,并结合作业特点,领会接发列车作业、调车作业、电气化区段作业的人身安全规定。

学习探索

收集国内行车安全相关规章制度,了解行车安全。在国家铁路局网站(http://www.nra.gov.cn)搜索关键词"行车安全"。(图3-5)

图 3-5 "行车安全"搜索页面

📖 **案例导入** ▫▫▫▫▫▫▫

武威南车站"10·13"列尾人身重伤事故

一、案例背景描述

1.案例发生的时间、地点

时间：×年10月13日4时16分。

地点：武威南车站。

2.案例简述

×年10月13日4时16分,武威南车站运转丙班下行场列尾作业员胡某,从下行场去武威南上行场9道挂30005次货物列车列尾,横越武威南编组场2道时,被正在驼峰解体的41014次溜放车组第1位车辆撞轧,造成双小腿离断。

3.案例类型

构成铁路交通一般 B2 类事故。

二、案例经过描述

1.案例图例

案例图例如图3-6所示。

2.案例经过

×年10月13日凌晨,武威南车站运转丙班下行场列尾作业员胡某在屏蔽室对21852列尾主机进行置号后,于4时05分出任务。4时16分,胡某从下行场去武威南上行场9道挂30005次货物列车列尾,横越武威南编组场2轨道时,被正在驼峰解体的41014次溜放车组(一调12号计划解体41014次,DD05+48上峰解体,第5勾BZ02-10)第1位车辆撞轧,造成两小腿离断。

4时20分,车站值班员徐某立即通知站长周某,并拨打了武威市第二人民医院急救电话。4时35分,武威市第二人民医院救护车到达现场,立即将胡某送往医院救治。

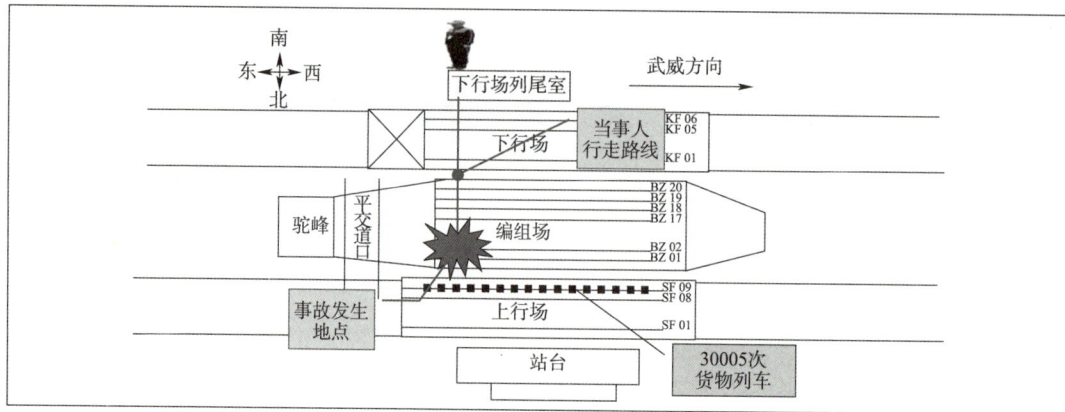

图 3-6　事故现场示意图

三、案例分析

1. 原因分析

(1)列尾作业员胡某横跨下行场、编组场去上发场安装列尾时,未按规定线路行走。对照《中国铁路南昌局集团有限公司车务系统劳动安全作业标准》,胡某违反该标准"列尾摘挂劳动安全作业标准:上道作业时,应按照规定路线行走;作业时站在安全地点,并随时注意邻线机车、车辆动态"的规定。

(2)列尾作业员胡某在横越BZ02道时,未严格执行一站、二看、三通过及手比眼看口呼制度。[违反《铁路车站行车作业人身安全标准》(TB 1699—1985),行车作业人身安全通用标准1.3 款"横越线路时,应一站、二看、三通过,注意左右机车、车辆的动态及脚下有无障碍物"和1.4 款"……严禁在运行中的机车、车辆前面抢越"的规定。]

2. 优化措施

(1)作业人员上线作业时必须严格按照安全固定走行线路行走,严禁贪图方便,擅自改变安全固定走行线路。

(2)横越线路时,应严格执行一站、二看、三通过及手比眼看口呼制度,注意左右机车车辆的动态及脚下有无障碍物。

(3)严禁在运行中的机车车辆前面抢越。

四、案例总结

本案例是一起典型的职工违反劳动安全作业标准导致的人身伤害事故。在铁路交通运营企业,各类安全作业标准是对已发生的众多血泪教训的经验总结,作业人员必须严格遵守,不折不扣地执行。

五、讨论与思考

(1)上述案例是车站员工在进行何种作业时发生的人身伤害事故?在进行该项作业时应该做好哪些安全工作?

（2）铁路交通运营安全主要包含哪些方面？你觉得哪一方面的安全管理最重要,试举例分析。

（3）结合案例分析,在运营生产中我们应如何做好劳动人身安全防护。

◇ 知识点3.2.1 铁路交通运营安全管理

一 铁路交通运营安全管理内容

1.概述

铁路交通运营系统是一个多部门、多工种、分散地点进行生产组织的复杂动态系统,加强安全管理能够切实地保证运输生产系统运行秩序正常、旅客生命财产安全、货物和运输设备完好无损。铁路交通运营安全管理按照铁路运输企业运营领域,其主要管理内容如下:

（1）行车安全与否是衡量铁路运输质量和管理水平的重要标志,对铁路运输生产具有特殊的、重要的意义。若行车发生任何差错和事故,将直接关系到旅客安全和货物安全,影响社会经济生产生活,影响铁路声誉和经济效益,影响国民经济正常发展。

（2）客运安全,即旅客运输安全,是指旅客在车站和列车(旅行途中)不发生人身伤亡和财产损失安全事故。

（3）货运安全,即货物运输安全,是指货物在车站和运输途中不发生火灾、被盗、丢失、损坏以及办理差错等货物损失。

（4）设备安全是保证铁路运输安全运营的物质基础,必须管好、用好、养护好设施设备,使铁路线路站场、机车车辆动车组、通信信号、牵引供电、运输信息系统等设备设施为铁路交通安全运营保驾护航。

（5）消防安全是指在车站、站场、列车场所内,要求不发生任何火灾事故。

（6）劳动安全是指严格执行国家法律法规,通过改善劳动条件和采取一系列措施,保证职工在作业过程中的健康和安全。

（7）施工安全是指在铁路交通运营中影响行车、客货运生产的施工维修作业,必须严格执行施工安全管理各项规章制度,不发生铁路交通事故。

2. 行车安全管理

铁路运输产品是旅客和货物的位移,实现其位移的必要手段为列车运行。行车工作是列车的组成工作和运行工作的统称,它涉及列车编组与解体、列车出发与到达、列车运行等作业,具体包括调车工作、接发列车工作、调度指挥以及有关的计划、作业与统计。

行车安全影响广泛,一旦发生事故,会直接影响旅客运输、货物运输安全;行车组织工作涉及人员和工序多,行车安全事故的发生也可能是施工协作、劳动安全、自然因素等造成的;行车安全风险大,按列车运行图行车,计划性、时效性强,受自然因素、社会环境影响大。因此,行车安全管理是铁路运输企业管理的重中之重。

(1)行车人员管理。

行车人员岗位责任重大、影响因素很多,稍有不慎,就可能引起行车事故,甚至造成重大事故。铁路事故由人员失误、设备故障、环境因素、管理因素和其他因素等多方面因素造成,其中人员失误排在第一位。

车站值班员(高速铁路为车站应急值守人员)、列车调度员、机车乘务员、调车长等是行车工作的主要工种,称为"三员一长"。对行车人员管理,尤其是"三员一长",应加强选拔和培训,要求掌握运输生产规律,做好事故预想和预防工作,以人为本,关心行车人员的工作与生活。

(2)行车安全管理。

行车安全管理的出发点和落脚点是现场作业控制。对现场作业重点控制的内容主要包括标准化作业控制、非正常情况下作业控制和接合部作业联控等。

①标准化作业控制。

标准化是指在经济、技术、科学及管理等实践活动中,通过制定、发布和实施标准,使重复性事物和概念达到统一,以获得最佳秩序和社会效益。行车标准化作业是对既有作业标准,从学习标准、对照标准到达到标准所进行的全部活动,如接发列车标准化作业是为保证车站接发列车安全,按照《铁路技术管理规程》的规定,结合设备特点,制定并实施包括作业对象、作业方法、作业过程、作业程序和时间、用语等标准的一切生产活动。标准化作业是个人行为、群体行为和管理行为的综合表现,只有在组织、制度、措施和监控等方面严格管理,才能使标准化作业得以实现并持之以恒。

标准化作业控制,主要通过实行站段、车间、班组三级联控,提高班组标准化作业自控能力,严格遵守作业标准和制度,增强职工执行"劳动纪律、作业纪律、作业标准化"的自觉性等途径实现。

②非正常情况下作业控制。

正常作业条件下的标准化作业能确保运输安全。非正常情况下,由于部分作业标准无法得到实施,不得不执行特殊规定,稍有不慎极易造成行车事故。行车事故大多数发生在调车作业和列车运行中,非正常情况对列车运行中的接发列车工作影响最大,因违章操作而发生的事故也较多。非正常情况下接发列车造成事故的比例相当高,性质和后果也比较严重,已成为安全行车工作中的顽症。

非正常情况下接发列车是指因站区停电、维修或施工、设备和自然原因及行车组织需要等,改变原作业方法所进行的接发列车工作。因作业失误而发生列车事故的主要表现形式有列车冲突、脱轨、向占用区间发出列车、向占用线接入列车、未准备好进路接发列车、错办闭塞发出列车和列车冒进信号等。从这个意义上说,非正常情况下作业控制,主要是研究解决非正常情况下接发列车的作业控制问题。

非正常情况下作业控制,主要通过严格遵守有关作业标准和原则,加强非正常情况下的作业培训与演练,采用科学合理、切实可行的办法,加强现场作业管理。全路将接发列车严把"三关"[闭塞、凭证(信号)、进路]列为接发列车"防错办"的关键环节,并制定了相应的硬性制度,对保证安全生产起到了积极作用。

③接合部作业联控。

接合部是指由几个单位(部门)共同参与工作或管理而形成的互相联系、互相制约的环节、区域或部位。就行车工作而言,接合部是在运输过程中,为了达到"安全生产"这一共同目的,不同部门和不同工种人员协调动作、联合作业,在生产和管理上发生交叉、重叠的环节和区域。例如,线路大修时的施工与运输部门间的密切配合;列车运行、接发列车和调车作业等生产环节必须由车务、机务等部门联合作业等,都是多个部门、多重作业的汇集之地。接合部是管理松散、矛盾集中、事故多发的系统薄弱环节,因此成为安全管理的重点和难点。

行车作业接合部具有多重作业、多元集合、多级传递、多方受控等特点,一定要防范工序脱节、失调,管理部门推诿、扯皮,信息传递延误、中断、错误等现象,服从大局、服从整体。因此,必须做好接合部作业联控。接合部管理实质上是一种横向管理,是协调不同部门和工种之间横向关系的一种手段——联合控制(联控)。行车系统联控是针对不同接合部的问题,采用有效方法,并积极付诸实践。其基本原理和方法是增加有效冗余,加强前馈控制及系统要素优势互补。例如,使用车机联控以及配套设备设施,有效防范车站错误办理接发列车工作。

行车案例

调车人员违反作业安全规定人身伤亡

1. 案例描述

×年×月×日18时02分,A车站调5号机车执行E16号计划编组×××××次第1钩316+60牵出时,一名学习制动员扒乘在机次第21位右侧车梯。18时42分,机车运行142.4m,在距离停1停车器东端61.4m处,速度为18km/h的情况下,该名学习制动员下车时身体侵限,被所扒乘的后部车辆中部车梯碰撞。19时29分,由120救护车送往医院进行抢救。20时30分,经抢救无效死亡。该事故构成铁路交通一般B类(B1)事故。扒乘演示图如图3-7所示。

图3-7 扒乘演示图

2. 原因分析

(1)学习制动员违反《铁路车站行车作业人身安全标准》(TB 1699—1985)第3.2.8条"上下车时要选好地点,注意地面障碍物"和《××局防止从业人员伤亡措施》规定,下车时身体侵限,被所扒乘的后部车辆中部车梯碰撞,造成身体多处骨折、器官损伤,是导致伤亡事故发生的直接原因。

(2)1号制动员未盯控徒弟作业,未起到师傅的监控作用,师徒2人相差3车以上,造成师徒分离,是事故发生的重要原因。

(3)1号制动员没有在规定地点执行车列复检作业,而是扒乘到停1停车器下车进行车列复检作业,而所带的学习制动员也跟随其后扒乘,违反《铁路调车作业》(TB/T 30002—2020)的规定,为事故的发生埋下严重的安全隐患。

3.客运安全管理

旅客运输的主要任务是将旅客安全、迅速、便利、经济、舒适地从始发站运抵终到站。客运组织工作的主要作业环节包括售票、进站、候车、站台乘降、途中运输、换乘、到达、出站等。

除了行车造成的安全影响,客运安全管理重点主要包括设备安全管理(如售取票设备、进站闸机、验票闸机、电扶梯、电子显示屏、动车组及客车、高铁综控等设备设施的安全运用),突发客伤安全管理(如他伤、自伤或疾病等),票务业务安全(如线上线下购取票、支付、退票改签、儿童票、团体票、电子客票等业务安全、资金安全等),进站、候车、站台乘降组织安全(防止错、漏、误),突发大客流、火灾、食品中毒、恐怖袭击的应急安全管理,等等。针对前述重点内容,国铁集团、铁路局集团公司、客运站客运段等制定了系统且规范的规章制度、应急预案、岗位作业指导书,加强安全培训教育、安全检查与考核,加大向社会人民群众宣传铁路客运安全的力度。

客运案例

旅客列车火灾事故

1.案例描述

×年×月×日×时×分,由M站至G站的L×××××次旅客列车,运行至×线DK781+406处,机后第2位(15号车,车号:Yw2×××2),广播室起火,车辆燃烧;造成客车报废1辆,4名旅客死亡,中断下行线4小时39分,影响本列5小时44分。构成旅客列车火灾重大事故。旅客列车火灾事故现场图如图3-8所示。

图3-8 旅客列车火灾事故现场图

2.原因分析

(1)该列车×号卧铺车休班列车员甲,向广播员借得广播室钥匙后,抱着一床被子和一个枕头进入广播室,在铺被子时,烟头掉落,经查找未果,列车员甲在未找到烟头的情况下返回宿营车聊天。后旅客发现广播室冒烟,当即向列车员乙报告,当找到列车员甲打开广播室门后,火势骤起、蔓延并且无法控制,造成旅客列车火灾事故。列车员甲携带火种(烟)擅自进入广播室,并遗留火种(烟头)引燃可燃物是造成这次事故的直接原因。

（2）班组管理不严，违章违纪，现场作业失控。当值列车员在宿营车聊天，劳动纪律松散，规章制度形同虚设，导致关键位、关键人员和现场作业失去控制是这次事故的主要原因。

（3）部分干部没有严格执行"安全第一、预防为主、综合治理"的安全生产方针。特别是在春运期间，问题集中、矛盾突出、工作繁忙，片面地追求多运多收，没有真正认识安全，特别是客车安全的重要性。

（4）形式主义、好人主义突出，干部作风不实。部分干部失职，缺乏工作责任感，最终导致管理不到位。作业人员对存在的违章、违纪等现象熟视无睹，没有在"解决问题"上下功夫。

注： 对事故责任者已追究刑事责任。

- -

4. 货运安全管理

货物运输的主要任务是将货物安全、迅速、经济、便利、准确地从始发地运抵目的地，交付给收货人（含物流过程）。进行货运组织的过程主要分为发送作业、途中作业、到达作业三个阶段；主要作业环节包括提出运输需求、受理需求、进货验收与保管、装车、核算运费、挂运、到达交接、发出领货通知、卸车作业、交付。

除了行车造成的安全影响，货运安全管理重点是结合货物特点的安全运输、货物装载与加固质量、装卸作业安全、途中运输监控等进行。

铁路运输的货物种类繁多，理化性质差别很大，因此，货物的装载方法、加固材料、运输过程中的安全要求等也各不相同。其中，难度最大的是阔大货物和危险货物运输。阔大货物具有长度长、体积大、质量重等特点，在货物运输过程中，即使货物端部或突出端部发生较小的偏移量，也有可能产生振动偏移量，从而导致事故的发生。危险货物自身就是危险源，其运输在客观上就存在一定的危险性，在运输时要加倍注意运输安全。

货物装载与加固质量直接关系到货物运输安全，是保障货物运输安全的基础性工作。《铁路货物装载加固规则》（铁总运〔2015〕296号）中明确规定了货物装载与加固的基本技术条件，并对加固材料等规定了具体要求。但在实际作业中，违章现象（如超载、加固材料质量及强度不符合要求、不按方案装车等）时有发生，均会在某种程度上影响货运安全。同时，货物装载与加固的难易程度对运输安全也有一定的影响：铁路运输的阔大货物外形结构复杂，有时会加大装载与加固的难度，致使装载与加固强度难以达到理论要求，运输过程存在一定风险。

装卸作业安全是货运安全管理重点，其具体要求有两点：一是密切影响货物装载与加固质量，保证货物安全；二是关联装卸作业人员、设备安全。进行装卸作业时，要求严格按照《铁路货物运输规程》及其引申规则、《铁路货物装卸安全技术要求》（TB/T 30009—2023）执行标准作业，正确运用叉车（图3-9）、起重机、正面吊运机、人力推车等装卸机械，规范操作棚车、敞车、平车，严格执行登高作业、带电区段货运作业安全规定以及作业车防护规定等。

图3-9　铁路货运叉车作业

当发生货运安全事件时,应立即启动应急预案。因此,站段应加强应急预案管理,加强学习与演练。图3-10所示为汽油泄漏应急演练。

图3-10　汽油泄漏应急演练

货运案例

M站汽油罐车泄漏事故

1. 案例描述

×年×月×日,从A站发往B站的两车汽油(一级易燃液体,铁危编号:31001),托运人为甲,收货人为乙。19日12时15分编挂62404次到达M站南信号10轨道,12时40分货检人员作业时发现机后26位和44位汽油罐车顶部发生外溢,并向车站报告。M站立即启动危险货物运输应急预案,并组织有关人员进行抢险救援,采取警戒和疏散人群等措施,通知消防部门,对接触网断电,停止邻线8道接发列车,用砂土掩埋洒漏汽油的线路,并会同专业技术人员携带工具进行处理。专业技术人员对呼吸阀进行压力泄放处理,使受压汽油液面回落,排除了汽油泄漏事故。当日16时15分,M站所属局集团公司采取监护措施将事故车挂62404次运行到站。

2. 原因分析

(1)泄漏位置:经对泄漏事故分析,两车汽油泄漏点均为罐体上部卸油口。

(2)主要问题:一是罐体上部呼吸阀失去泄放压力功能,二是罐车卸油口盲板密封垫失去密封性。

(3)泄漏分析:由于汽油在大气温度超过40℃时开始沸腾,产生的汽油蒸汽无法通过呼吸阀排放,汽油液面在汽油蒸汽的压力下,顺着卸油管升至罐体上部卸油口,由于卸油口处盲板密封垫不良,汽油溢出。

(4)作业分析:违反《铁路货物运输规程》《铁路危险货物运输包装》(TB/T 2687—2020)规定,装卸作业前未对车辆进行认真的检查;对危险货物汽油的危险性质掌握不够,对风险的预判不足。

二　铁路交通运营安全考核主要指标

铁路交通运营安全是铁路管理水平和各项工作质量的综合反映。铁路交通运营安全的内容包括行车安全、货运安全、客运安全、设备安全、人身安全、路外伤亡等。它们各有不同的考核指标,下面主要介绍行车安全、货运安全和客运安全的考核指标。

1.铁路交通运营行车安全考核主要指标

铁路行车安全是保证铁路正常运营的重要条件,各国铁路都把搞好铁路行车安全工作放在十分突出的重要地位。因此,行车安全指标是铁路运营质量的主要指标,也是衡量铁路运营工作的重要质量指标。

凡在行车工作中,因违反规章制度、违反劳动纪律、技术设备不良及其他原因,造成人员伤亡、设备损坏、影响正常行车或危及行车安全的,均构成行车事故。按照事故性质、损失及对行车造成的影响分类,事故可分为特别重大事故、重大事故、较大事故和一般事故。

铁路交通运营安全的好坏可用事故发生概率来反映。事故发生概率低,说明铁路交通运营安全情况好;事故发生概率高,尤其是特别重大、重大、较大事故频发,说明铁路交通运营安全情况不好。目前,全路行车安全考核指标有事故件数、无事故天数、事故率。

(1)行车特别重大事故、重大事故、较大事故件数。

行车特别重大事故、重大事故、较大事故件数是指各站段、铁路局集团公司或全路在一定时期内(一旬、一月、一季、半年、全年)所发生的行车特别重大事故、重大事故、较大事故的总件数。由铁路各级安全监察室负责统计。

由于该类事故性质严重,其后果除了带来大的经济损失之外,还会带来严重的社会影响,所以国家铁路局、国铁集团、各铁路局集团公司及其所属有关站段都要考核。

(2)行车安全无事故天数。

行车安全无事故天数是指站段、铁路局集团公司连续安全生产无事故天数。站段无事故天数是指无一般行车事故的连续天数。铁路局集团公司是以无特别重大事故、重大事故、较大事故来考核连续安全天数。

(3)事故率。

事故率是机务段、铁路局集团公司或全路在一定时期内每百万机车走行公里平均发生的行车事故件数。

$$事故率 = \frac{x}{y} \tag{3-1}$$

式中:x——一定时期发生的行车事故总件数,也可按照不同事故等级总件数分别计算事故率;

y——发生 x 件行车事故同时期完成的百万机车走行公里。

根据事故指标来衡量行车安全状况,属于"事后"安全评价的范畴,会导致行车安全管理处于被动状态,即把安全工作的重点放在事故后的追查处理上。"事前预防"是指防止已发生的事故的再次发生。

我国铁路现代化不断发展,不断采用新技术、新设备,行车速度也不断提高,一系列的安全问题随之生产。因此,在安全评价上应按照行车安全保障系统的结构和功能进行系统的分析,建立合理的评价体系,客观、全面地反映铁路交通运营安全状况,揭示运营安全的薄弱环节。

2. 铁路运营货运安全考核主要指标

铁路货物运输的任务是铁路运输企业按照铁路货物运输合同,将货物从始发地运到目的地,交付给收货人,提供安全、迅速、准确、经济、便利、文明的服务。

货运安全是铁路运营货运产品质量的重要表现。货物损失等级按照货物损失款额的不同,由高到低分为一级损失、二级损失、三级损失和轻微损失四个等级。通常,铁路运营货运安全考核的主要指标有责任货物损失件数、货物损失赔偿金额、责任货物损失赔偿金额和货物逾期运到率。

(1)责任货物损失件数。它是指站段、铁路局集团公司在一定时期内结案的、由于本单位责任所造成的货物损失的总件数。

责任货物损失件数可以用事故率来表示,即用平均每千车(整车)、每万批(零担)、每千箱(集装箱)货物损失件数来表示。事故率更能准确地反映一个站段、铁路局集团公司的货运工作质量。

(2)货物损失赔偿金额。凡因铁路责任造成的货物损失,铁路运输企业必须负责赔偿。货物损失赔偿金额是从经济方面反映铁路货运安全,是运营质量的一个重要指标。

(3)责任货物损失赔偿金额。责任货物损失赔偿金额是指站段、铁路局集团公司或全路在一定时期内结案的所支付的责任货物损失赔偿金额,其计算公式如下:

责任货损赔偿金额(元) = 每万元货运收入赔款金额(元) × 货运收入(万元)　(3-2)

(4)货物逾期运到率。在铁路货运合同中,要明确"货物运到期限",这是铁路承诺的将该批货物运抵目的地的最长时间限制。实际运到日数如果超过该期限,则铁路运输企业运到逾期,其后果可能会造成货物变质损坏、价值降低,扰乱货主正常生产经营。此时,铁路运输企业违反合同约定,按《铁路货物运输规程》规定支付违约金,货物逾期运到率是从时间方面反映铁路货运安全,是运营质量的另一个重要指标。

货物逾期运到率是指在一定时期内逾期运到货物批数与到达货物总批数之比。

3. 铁路运营客运安全考核主要指标

铁路运营客运安全考核指标主要包括:在运输中保证旅客的人身安全,不发生人身伤亡事故;要求对旅客造成心理和生理机能的影响程度尽可能少,使其愉快、舒适地旅行;保证行李、包裹的运输安全。

三 铁路交通运营安全管理主要法规

为了依法加强和规范铁路交通运营安全管理工作,提高安全管理水平,确保人民群众的生命财产安全,确保铁路运输安全畅通,国家和相关部门制定了一系列相关法规和标准,主要包括:

(1)《中华人民共和国安全生产法》。

(2)《中华人民共和国铁路法》。

(3)《中华人民共和国民法典》。

(4)《铁路安全管理条例》。

(5)《危险化学品安全管理条例》。

(6)《铁路交通事故应急救援和调查处理条例》。

(7)《铁路技术管理规程》。

(8)《铁路旅客运输规程》。

(9)《铁路货物运输规程》及其引申规则。

(10)《铁路货物装卸安全技术要求》(TB/T 30009—2023)。

(11)《铁路车站行车作业人身安全标准》(TB 1699—1985)。

(12)《铁路调车作业》(TB/T 30002—2020)。

(13)《铁路接发列车作业》(TB/T 30001—2020)。

(14)《电气化铁路有关人员电气安全规则》。

◇ 知识点 3.2.2 铁路交通运营行车作业安全规定

一 铁路行车作业人身安全规定

影响铁路交通运营安全的关键运营作业人员包括领导与监督人员(生产指挥人员)、一线操作职工(基层作业人员)、安全质量监督人员和应急处置人员等。如果运营一线和负有管理责任的作业人员的思想品质、技术业务水平、心理和生理素质等不符合运营工作要求,往往会引发事故。行车部门在办理接发列车和调车作业过程中,发生行车事故频率较高、件数较多。同时,作业人员违反规章制度、违反操作规程、违反劳动纪律及其他原因造成的人身伤亡、设备损坏、影响正常行车或危及行车安全等事件有时发生。

学习与领会铁路车站作业人员安全规定,并贯彻落实执行,采取切实可行的措施,最大限度地防止人身伤亡事故的发生,在轨道交通运输安全工作中具有十分重要的意义和作用。

1. 铁路车站行车作业人身安全规定

根据《铁路安全管理条例》《铁路技术管理规程》《铁路车站行车作业人身安全标准》(TB 1699—1985)的规定,车站有关人员应遵守以下人身安全基本要求:

（1）班前禁止饮酒。班中按规定着装,佩戴防护用品。

车站工作人员只有接班前充分休息,才能保持生理、心理健康、体力充沛、精神饱满、动作准确,严格执行作业标准。因此,班前充分休息是保证行车安全和人身安全的重要条件。各种酒类中分别含3%~65%的乙醇,摄入较大量的乙醇可使人手脚颤抖、行动笨拙、反应迟钝、自言自语、步履蹒跚。紧张繁忙的行车工作要求当班人员头脑清醒,因此,车站行车人员一定要严格执行《铁路技术管理规程》的规定,铁路行车有关人员,接班前须充分休息,严禁饮酒,如有违反,立即停止其所承担的任务。因全路范围关于"按规定着装及佩戴防护用品",尚未规定着装防护用品标准,目前暂按各铁路局集团公司的规定执行。行车作业人员在作业中要穿着铁路统一发放的服装,接发列车人员要佩戴易于识别的大檐帽和臂章,手制动人员须佩戴安全带,调车人员在作业中不得穿硬底鞋或拖鞋。

（2）在顺线路走时,应走两线路中间,作业人员及所携带的工具不得侵入机车车辆限界,并注意邻线的机车车辆和货物装载状态。严禁在道心、轨枕头上行走。不准脚踏钢轨面、道岔连接杆、尖轨、辙叉心等。

站内线路的线间距最小距离是4600mm(换装线除外)。扣除机车车辆限界,包括列车标志3600mm,剩1000mm。作业人员只能在这1000mm宽的空间顺线路行走,否则会被机车车辆碰撞。同时,作业人员应注意携带工具不要侵限,注意相邻两线的机车车辆和货物装载状态,防止被装载货物突出部分或其他突出物碰伤。在道心、轨枕头上行走时,因轨枕和道砟不平,要经常低头看脚下,很少看前方和留意后方,特别是后方溜放或推送车组,声音很小,道心和轨枕头均在机车车辆限界之内,可能直接被碰撞。钢轨面、道岔连接杆、尖轨等,踏上时不能保证人体重心稳定,静止时易滑倒或崴脚,在扳动道岔时更容易将人带倒或把脚夹住。

（3）横越线路时,应"一站、二看、三确认、四通过",注意左右机车车辆的动态及脚下有无障碍物。

"一站",指一定要站住,并要站在不侵入机车车辆限界的安全处。"二看",指要左右看、下看。"三确认",指确认左右有无机车车辆驶来,看脚下有无绊脚的障碍物,包括地沟等,看清确认后,再准备横越通过铁路线路。当作业不紧张时这些容易做到,但当作业紧张时,这些就容易被忽略。特别是边作业边行走时(如冬季扫雪、清扫道岔等),更要严格执行。"四通过",指在确认安全后,迅速通过线路,严禁在线路中停留。遇一次连续横越无存车的线路,且能在视线瞭望范围内确认安全的情况下,可以一次通过。横越多条线路时,在确认所横越线路无机车车辆运行或机车车辆运行不影响安全,脚下无障碍物的情况下,可一次横越。

（4）横越停有机车车辆的线路时,先确认机车车辆暂不移动,然后在该机车车辆较远处通过。严禁在运行中的机车车辆前面抢越。

横越停有机车车辆的线路时,首先要确认该机车车辆暂不移动。暂不移动是指要确认在人横越线路这一段时间内,机车车辆暂无移动可能,如机车起动前鸣笛、推送车辆试拉等动态。在"较远处通过",徒手通过时不少于3m,搬运物料时不少于5m。

（5）必须横越列车、车列(组)时,严禁钻车。先确认列车、车列(组)暂不移动,然后由通过台或两车车钩上方通过;越过时勿碰开钩销,上下车时要抓紧蹬稳,并注意邻线有无机车车辆运行;经车辆通过台越过应从车梯上下车。作业中要对该项严格、认真、一丝不苟地执行。

钻车在任何时候都是被严格禁止的。无论何种车辆,车底下部距地面的空间都很小,即使是车钩处,也有软管和手制动机等配件。钻车是很困难的,动作无法灵活,车辆配件还可能挂住衣服等,从而延缓横越时间,一旦列车、车列移动,将无法躲闪。在日常作业中,经常需要横越列车、车列(组)。横越前,必须先确认列车、车列(组)暂不移动。对有通过台的车辆(如罐车、客车等),由通过台上;对没有通过台的车辆须从两车钩上方通过,横越时要抓紧踏稳。抓什么,踏哪里,则根据车型不同、人的身材不同而选择牢固的把手和脚踏处,并且注意不要碰开钩销,否则列车、车列(组)移动时会拉断软管,使列车(车列)分离。横越时,注意相邻线路有无机车车辆运行。经车辆通过台越过应从车梯上下车,不要跳下。有时作业人员横越时向前一跳,继续向前走,不注意相邻线路动态而造成事故。此类事故时有发生,其后果不堪设想。

(6)严禁在机车车辆底下、钢轨上、轨枕头、道心里坐卧或站立。

规定地点从作业的人身安全角度看都是险地,均要在机车车辆限界之内。有些铁路局集团公司原规定包括车辆两端、两车连接器下等,本款均以车底下概括之。在这些地点乘凉,休息,躲避风、雨、雪,都是非常危险的。

(7)严禁扒乘运行中的机车车辆,以车代步。

这里的"扒乘",不是指正常作业需要登乘机车车辆,而是指非作业需要搭乘机车车辆。例如,扳道员扒乘至扳道地点、车号员扒乘至接车地点、铁鞋制动员扒乘溜放车组至下铁鞋地点等。以车代步时,机车车辆运行的终点一般不是扒乘人要去的地方,这就容易造成超速上下车。另外,作业时不按时出场、立岗,待机车车辆已经起动后再慌忙扒车随乘到岗位,以车代步,更难以保证安全。

2. 接发列车作业人身安全规定

接发列车作业是指为了保证列车运行的安全,列车接入车站和由车站出发,按照一定的程序办理接发列车的必要作业。

(1)在接发列车时需办理的作业包括:

①办理区间闭塞。

②准备接车或发车进路。

③开放和关闭进站信号或出站信号。

④接、交行车凭证(不使用自动闭塞、站间自动闭塞和半自动闭塞时)。

⑤迎送列车及指示发车。

(2)接发列车作业人身安全规定:

①应熟知站内作业区域、行走径路及两侧相关的设备设施,并随时注意使用情况,如遇设备设施、走行通道发生异状或变化,应及时通知有关人员并采取安全措施。

接发列车作业人员应熟知站内作业区域、行走径路及两侧相关一切行车设备,这是最基本的应知应会知识,也是保证人身安全的基础。当设备发生异状或变化时,一般是发生事故损坏行车设备、施工影响、电气化设备发生故障等对行车作业有影响时。接发列车作业人员在作业过程中应随时注意观察、瞭望,一旦发现问题,及时报告车站有关人员,并采取相应的安全措施。

②接发列车时,应站在规定地点,随时注意相邻线路机车车辆动态。

接发列车时,作业人员要站在《车站行车工作细则》(简称"《站细》")中规定的地点,以便和列车乘务员联系。《站细》中规定的地点应设在不侵入机车车辆限界,并便于瞭望的安全地点。作业人员在线路之间接发列车时,要随时注意相邻线路的机车车辆动态。否则,接发列车时,作业人员只顾监视本列车,却忽视相邻线路的调车作业、机车出入库等情况,易造成人身伤害。

③安装与摘解货车列尾主机、中继器,吊起列车尾部软管时,应确认车列暂不移动,方可进行作业。

在接发列车作业过程中,根据需要负责安装与摘解货车列尾主机、中继器,吊起列车尾部软管作业,此时须确认车列暂不移动方可安全进行。若接发列车作业中车列移动,将导致作业人员伤亡事故。

3. 调车作业人身安全规定

在铁路运输生产过程中,除列车在车站的到达、出发、通过以及在区间内运行,凡机车车辆进行一切有目的的移动统称为调车。调车作业是铁路行车工作的基本内容之一,调车作业是指以解体、编组列车,摘挂、转场、整场、调移、取送车辆及机车的对位、转线、出入段等为目的而使机车车辆在站线或其他线路上移动的作业。

调车作业时,应严格执行调车作业人身安全规定:

(1)必须熟知调车作业区的技术设备、作业环境和作业方法以及接近线路的一切建筑物的形态和距离。

作业人员在进行调车作业时,如不熟悉线路附近的设备、环境,随时可能发生危险。每个车站都应将让调车作业人员熟悉设备情况和了解发生变化的情况作为一项必不可少的作业任务抓好。调车作业人员熟悉车站的技术设备和作业方法是从事调车作业的基础。例如,线路有效长、容车数、坡度、弯道、道岔的定位与反位,以及接近线路的水鹤、信号机、仓库、煤台、房舍等,特别是遇有风、雨、雪、雾等不良天气时,更应注意。调车作业变化大、影响因素多,调车作业人员只有熟知调车作业方法,才能适应复杂多变的作业,才能与本组内其他人员配合默契,并在发生特殊情况时及时采取应变措施。

(2)上下车时必须遵守以下规定:

①上车时,车速不得超过15km/h;下车时,车速不得超过20km/h。

按照惯性运动原理,调车作业人员上车时,必须使自己顺车跑动的瞬时速度大于机车车辆当时的运行速度。一般人快步跑能使上车时的速度略高于15km/h,即4m/s。高于此车速时,人有可能跟不上而出现拖、拉。下车时要沿着机车车辆运行方向顺跑,车速超过20km/h时,落地后的人会因来不及加快自己的瞬时速度而摔伤。

②在高度不超过1.1m的站台上上下车时,车速不得超过10km/h。

在高度不超过1.1m的站台上上下车时,因站台面高,作业人员不能用脚蹬上下车,不好掌握平衡,因此要较平地时适当降低速度。有些铁路局集团公司原规定在站台上上下车时,车速不得超过3km/h,考虑实际作业需要的同时,根据多年的实践经验,统一规定车速为10km/h。

③在路肩窄、路基高的线路上和高度超过1.1m的站台上进行调车作业时,必须停车上下。

在路肩窄、路基高的线路上进行调车作业时,上下车根本无法助跑。在1.1m的高站台处,脚蹬在高站台下边,如利用扶手上下车极不安全,加上高站台货物堆放距离较近,所以应停车上下。

④登乘内燃、电力机车作业时,必须在机车停稳时再下车(设有便于上下车脚蹬的调车机除外)。

利用内燃、电力机车作业时,因没有便于调车作业的上下车脚蹬、扶手,必须在机车停稳后再上下车进行作业。

⑤上车前应注意脚蹬、车梯、扶手、平车、砂石车的侧板和机车脚踏板的牢固状态。尤其对杂型车辆更需注意,以免出现脚蹬、车梯、扶手脱焊或扭曲,平车、砂石车侧板搭扣未扣牢等情况,造成人员摔伤或压伤。

⑥上下车时要选好地点,注意地面障碍物。不准迎面上车,不准反面上下车(牵出时最后一辆及《站细》等规定的除外)。

上下车时必须注意地面状况是否平坦,有无障碍,如拉杆、导线、警冲标、制动铁鞋、弹簧握柄、道岔表示器、信号机柱等脚下障碍物以及北方冬季的冰雪,以防滑倒、绊倒、摔伤。

正确的上车方式应是调车作业人员顺车跑的瞬时速度大于车辆当时的运行速度,以保证安全;而迎面上车不能助跑,上车时,手脚一齐动作,这样的上车方法,只要手脚有一处失误,就有坠车的危险。

调车作业中,调车司机只凭调车长的信号显示行进或停车,调车作业人员应在调车长一边,正确、及时地显示信号。调车长还要负责调车作业人员的人身安全,如在反面上下车,万一发生问题,调车长无法照顾,也不便于显示。所以调车作业人员不准反面上下车,牵出时最后拿车提钩人员给牵出信号后,确认车辆全部起动,再跑一个车的距离远上车。如确有困难,允许牵出时最后一辆及《站细》等规定的除外。

(3)在车列、车辆走行中,禁止下列行为:

①在车钩上及平车、砂石车的边端或端板支架上坐立。

在车列、车辆走行中特别是牵出运行时,随时有加减速或停车的可能,人在车钩上及平车、砂石车的边端或端板支架上坐立,容易从车上摔下或挤伤。

②在棚车顶、装载超出车帮的货物上站立或走行。

在车列、车辆走行中经常出现加减速、停车或经过道岔、弯道时左右摇摆,在棚车顶、装载超出车帮的货物上站立或走行,随时有被摔下的可能以及被上部建筑刮下的危险。

③手抓篷布或捆绑货物的绳索,脚蹬平车鱼腹形侧梁。

在车列、车辆走行中手抓篷布或捆绑货物的绳索,一旦捆绑不牢或折断,人就会摔下致伤。鱼腹形侧梁边较窄,平车面上又无扶手,若脚蹬平车鱼腹形侧梁,人身安全无法保障。

④在车梯上探身过远或经站台时站在低于站台的车梯上。

在车梯上探身过远,经过信号机、水鹤、仓库、煤台等处,容易造成挤伤或被刮下;在经过站台时,因站台距线路中心线 1750 ~ 1850mm,而机车车辆限界一侧为 1600mm(不含列车标志),车轴与站台的间隙只有 150 ~ 250mm。如果作业时站在低于站台的车梯上,将被挤伤。

⑤在装载易于窜动货物的车辆间和货物空隙间站立或坐卧。

在装载易于窜动货物的车辆间和货物空隙间站立或坐卧,如加减速或连挂冲撞,容易造成货物窜动或倒塌,导致人被挤伤或被货物砸伤。

⑥骑坐车帮。

车辆术语中的侧墙和端墙,车站行车人员惯称车帮。一般在取送作业或牵出距离较远时,少数人偷闲,骑坐车帮,运行中,如有加减速、停车或经过道岔区摆动,因无扶手,极易摔下。

⑦跨越车辆。

在车列、车辆运行中,跨越车辆,一旦失足,人将会从两车钩间摔下。遇到司机撂闸或经过道岔处左右摇摆,人也容易摔下。

⑧两人及以上站在同一闸台、车梯及机车一侧脚踏板上。

闸台面积较小,两人同站一闸台拧闸时,既不好用力,又站立不稳。车梯及机车一侧踏板上,不能两人站立,应分散在脚踏板的两端,不要接近车钩,以防一旦发现前方有危及安全的情况时,下车不及。

⑨进入线路提钩,摘解制动软管或调整钩位。

作业中遇到车钩提不开、风管未摘或车钩钩位不正、钩销不良等情况时,应停车处理。在运行中,调车作业人员边走边进行上述作业是极危险的行为。调车作业人员一方面要处理车钩或风管,另一方面要注意脚下障碍物或冰雪,往往会顾此失彼,一旦失足,便有伤亡危险。

(4)手推调车时,必须在车辆两侧进行,并注意脚下有无障碍物。

手推调车时,推车人员应在车辆两侧进行,不得立于两钢轨之间。立于线路中间推车,道砟枕木高低不平,容易使人摔倒;在车辆两侧进行时,推车人员应注意脚下有无障碍物,以防绊倒。

(5)在电化区段,接触网未停电、未接地的情况下禁止到车顶上调车作业。在带电的接触网线路上调车时,调车作业人员及所携带的工具等须与接触网高压带电部分保持 2m 以上的距离。

接触网带电部分有 25kV 的高压电,为保证人身安全应保持 2m 以上的安全距离,以防触电。接触网导线有最大弛度时,距离的最低高度,编组站、区段站为 6.2m,区间和中间站只有 5.7m。根据我国铁路各种货车手制动机踏板台的高度,再加上要保持 2m 的安全距离,所以在带电接触网的线路上进行调车作业时,只有严格遵守规定才能保证调车作业人员的安全。

(6)去岔线、段管线或货物线调车作业,为保证作业安全,须事先指派专人检查线路大门开启状态及线路两侧货物堆放情况;若事先派人检查有困难时,应在《站细》中规定检查确认办法。例如,经过无人看守的道口、道岔要注意瞭望,提高警惕,检查有无障碍物;检查大门开启状态,装卸的货物是否侵入限界;若夜间作业没有照明、地形条件复杂等,更应特别注意;若事先派人检查有困难(专用线走行距离太远),应在《站细》中规定检查确认办法,如采取以遇到情况随时可以停车的速度运行、边走边检查等方法。

(7)带风作业时,必须执行"一关(关折角塞门)、二摘(摘制动软管)、三提钩、四提钩"的作业程序,以防因未关闭折角塞门而摘制动软管时,由于风压冲击,使风管剧烈摆动,将人打伤。

(8)摘解制动软管、调整钩位、处理钩销、采取或撤除防溜措施时,必须等列车、车列(组)停妥,并得到调车长的回示,昼间由调车长防护,夜间必须向调车长显示停车信号。

①调车作业人员须确认列车、车列(组)停妥,得到调车长同意,并使用无线调车灯显设备发出"紧急停车"指令后,方可进入车挡。调车长进入车挡作业时,由其本人向司机显示(发出)停车信号进行防护。

②使用手信号调车时,调车长须向司机显示停车信号进行防护后,方可同意调车作业人员进入车挡;调车长得到所有作业人员均已作业完毕的汇报后,方可撤除防护。

需要摘解制动软管(图3-11)、调整钩位、处理钩销、采取或撤除防溜措施时,都须进入两车间进行。作业时,危险性较大,运行中进行处理更容易出事,因此必须等车辆确已停妥,并向调车长显示停车信号,确认调车长已进行防护后方可处理,以免误动,危及作业人员人身安全。

图3-11　摘解制动软管

(9)调整钩位、处理钩销时,不要探身到两钩之间。对平车、砂石车、罐车、客车及特种车辆,应特别注意端板支架、缓冲器、风挡及货物装载状态。

调整钩位、处理钩销时,必须停车。调整后再进行连挂。连挂车辆时不准探身两车钩之间。对于平车、砂石车、罐车等车辆,连挂时更应注意端板支架、缓冲器及货物装载状态。对客车及特种用途车,连挂时应注意风挡、渡板等,以免被挤伤。

(10)溜放调车作业应站在车梯上,一只手抓牢车梯,另一只手提钩,不准用脚提钩或跟车边跑边提钩(驼峰调车作业除外),严禁在车列走行中抢越线路去反面提钩。

溜放调车作业时,起速快,要求提钩时机准确,所以要求一只手抓牢车梯,另一只手提钩,不准用脚提钩(脚下作用力不易提开车钩)或跟车边跑边提钩。遇到提不开时,严禁在车列走行中抢越线路去反面提钩,以防脚下障碍,将人绊倒。

(11)使用人力制动机时(在静止状态下,站在地面或低于车钩中心水平线的人力制动机闸台上使用时除外),必须使用安全带,要做到"上车先挂钩、下车先摘钩"。对于不能使用安全带的车辆,如平车、砂石车、罐车等,作业时必须选好站立地点。

使用人力制动机时,要系好安全带,做到"上车先挂钩、下车先摘钩"。闸盘上危险性大,松闸时,由于手闸回弹力较大,易将双手甩脱。运行中,司机撂闸或连挂时冲撞,如不系安全带容易将人摔下。平车、砂石车使用手制动机时,不能系安全带,因闸杆位置低,安全带不起作用,必须站在车内制动。如装载窜动货物必须有安全距离,要稳妥连挂或不得连挂,才能保证安全。罐车等车型虽有通过台,也要选好站立地点。

（12）严禁使用折角塞门放风制动。

运行中使用折角塞门放风制动,往往制动力大,产生冲动;使用放风阀时,调车作业人员无牢靠的站立地点,容易摔下,严重的还可能造成车轮擦伤及将车钩拉断等情况。停留车采用放风制动时,副风缸内的余风容易泄漏。停留时间稍长又起不到制动作用,容易造成车辆下溜。

（13）作业人员使用铁鞋制动时,应背向来车方向,严禁徒手使用铁鞋,并注意车辆、货物状态和邻线机车车辆的动态。严禁带铁鞋叉子上车。

作业人员使用铁鞋制动时,应背对来车方向,禁止反手持叉放置铁鞋,以免车辆撞击铁鞋叉的把手造成人身事故。严禁徒手使用铁鞋,以免挤伤手指或碰伤头部。注意车辆及货物的装载状态,留心邻线机车车辆的行动,以免发生危险。严禁带铁鞋叉上车,因为带铁鞋叉上车容易绊住人,另外铁鞋制动要求提前上岗,不准以车代步。

（14）严禁在运行中的机车前后端坐卧。

运行中,前方进路的确认由机车司机负责,调车作业人员严禁在机车前后端坐卧。主要原因有两个:一是夜间易昏昏欲睡,二是一旦遇到意外情况(如道口交通肇事等)来不及下车。

（15）使用折叠式人力制动机时,须在停车时竖起闸杆,确认方套落下,月牙板关好,插销插上后方可使用。

车辆运行中做准备工作困难较大,动作危险,时间短。因此,使用折叠式手闸应在停车中做好准备,将闸杆竖起固定,检查方套铁、月牙板、插销是否良好(如有异状,禁止使用),将方套落下,月牙板关好,插上插销方可试闸,以免使用时手闸歪倒,将手挤伤或使人从车上摔下。

（16）作业中严禁吸烟。

调车作业过程中吸烟不安全,易于造成火灾。调车作业中吸烟,风吹烟灰易迷眼、烧嘴,容易造成信号瞭望中断、错提、撞车等。对人身安全危害更大的是,看不清上、下车地点,选择位置不当等而被摔伤。

二　电气化区段作业的人身安全规定

在电气化线路上,接触网的各导线及其相连接的部件,经常带有高压电。为保证人身安全,车站值班员在工作中,要认真做好安全检查、教育和宣传工作,严格执行《电气化铁路有关人员电气安全规则》,防止触电事故发生。(相关资源见二维码2)

二维码2

电气安全

1. 在接触网带电情况下的规定

（1）禁止任何人员(专业人员按规定作业除外)携带长杆、导线等高长物件在与接触网带电部分2m以内作业。

（2）禁止直接或间接与接触网的各导线及相邻部件接触(专业人员按规定作业除外)。

（3）禁止乘坐在机车车辆的车顶或装载高于敞车侧板的货上,不准有临时部件(如插上树枝、铁线头翘起等)超出机车车辆限界。

（4）禁止用水管冲洗机车车辆(包括客车),往牲畜车上浇水,给敞车上第三层牲畜添喂饲料,在客车或棚车顶上作业(如打烟筒),开闭罐车的罐盖和冷藏车的冰箱盖。

（5）使用手制动机时,身体各部和所持信号及其他物件必须距接触网带电部分不少于

2m。禁止登上棚车,在中间站或区间禁止登上敞车行走或使用手制动机,也不能在高于手制动机踏板台的敞车或平车货物上拧闸。

(6)站内接触网带电检修时,车站值班员除应按有关规定办理外,还应做到以下三点:

①尽量不使列车通过带电检修接触网。

②配合接触网工区派往行车室的防护人员,做好安全防护。

③在检修作业时间内,如需使用该线路,要提前通知防护人员,待确认检修作业确已停止、有碍行车的人员和工具确已撤离方可使用。

2. 在接触网停电情况下的规定

(1)确认好接触网的停电范围和分段绝缘器的位置,按列车运行图及接触网停电检查的天窗时间,掌握好承认闭塞的时机。

(2)列车能够滑行进站时,机车要在接触网断电标志外方降下受电弓,以防将区间接触网上高压电带进站内危及接触网检修人员的安全。

(3)不能影响接触网检修人员的正常工作。

(4)采用补机推送列车出站时,将列车推送至有电区后,电力机车才能升起受电弓继续运行,站内不允许升弓。

3. 操作隔离开关时应遵守的规定

(1)须有两人在场,其中一人监护、一人操作。站内接触网隔离开关操作人员可由车站助理值班员、货运员或装卸工担任,监护人员应由车站值班员或助理值班员担任。

(2)操作隔离开关前,操作人员必须戴好安全帽,穿好绝缘靴,戴好绝缘手套,在确认隔离开关及其传动装置正常、接地线良好、线路上确无电力机车作业的情况下,方可按规定程序操作,如图3-12所示。

(3)发现隔离开关有不良状态时,既不准操作,也不准操作人员自行修理,应立即报告接触网工区或电力调度员派人前来修理。

(4)严禁接触网带负荷(货物线内有电力机车取流用电时)操作隔离开关。因为隔离开关没有消弧装置,也没有断流能力。带负荷操作会产生断路弧火,烧坏设备,电伤操作人员。

图3-12 操作人员扳动接地闸刀开关手把,确保隔离开关接地良好

(5)操作隔离开关要准确、迅速,一次开闭到底,中途不得停顿或发生冲击。操作过程中,人体未穿戴绝缘防护用品的部位不得与支柱及其机构接触,以防触电。

(6)雷电天气,禁止操作隔离开关。

(7)操作隔离开关使用的绝缘靴和绝缘手套要存放在阴凉干燥、不落灰尘的容器内,保持其绝缘性能的良好。每隔6个月送供电段检测绝缘性能一次。每次使用前要仔细检查有无破损,并进行漏气检测试验。禁止使用破损、绝缘性能不良的绝缘靴与绝缘手套。

(8)接触网隔离开关不得随意开闭,传动机构必须加锁,钥匙应指定专人保管。中间站货物线隔离开关钥匙要固定存放在车站运转室(行车室),由车站值班员负责保管。使用时,需经车站值班员准许,亲自或指派助理值班员前往监护,用后立即收回钥匙。

(9)站内行数台隔离开关时,每台隔离开关的钥匙要注明开关号码,相邻支柱隔离开关钥匙不得通用,以免错用钥匙,错开隔离开关,危及行车和作业人员安全。

单元3.3 城市轨道交通运营安全管理

学习导航

学习目标

1.知识目标

(1)熟悉城市轨道交通运营安全组织架构、管理制度及主要内容。

(2)掌握城市轨道交通行车安全、客运及票务安全、消防安全及突发事件应急处理等技术措施。

2.能力目标

通过对城市轨道交通运营安全管理的学习,能够运用运营安全管理技术做好城市轨道交通运营安全的预防工作及突发事件的应急处理工作。

3.素质目标

通过对本单元知识点的学习,能够树立"安全第一、预防为主、综合治理"的安全生产意识,培养遵章守纪、标准作业、责任担当的职业素养。

学习指导

1.学习重点

理解和掌握城市轨道交通运营安全管理的主要内容及制度,城市轨道交通行车、客运及票务、消防、应急处理等安全管理技术。

2.学习难点

理解和掌握城市轨道交通突发事件应急处理。

学习探索

自学修订后的《城市轨道交通运营突发事件应急演练管理办法》(交运规〔2024〕5号)及《城市轨道交通运营险性事件信息报告与分析管理办法》(交运规〔2024〕6号),找出修订的内容,试分析修订原因。

◇ 知识点 3.3.1　城市轨道交通运营安全管理概述

一　城市轨道交通运营安全管理组织机构

为了保证安全法规的贯彻执行,加强安全的监督管理,必须设立安全管理机构。一般情况下,城市轨道交通运营企业设立安全委员会,安全监察室委员由企业领导和各部经理担任,常设办公室在安全监察室。车务部、车辆部和维修工程部等三大部设立安全领导小组、专职安全监察员,各车间、班组设立兼职安全员。城市轨道交通运营安全管理组织架构如图 3-13 所示。

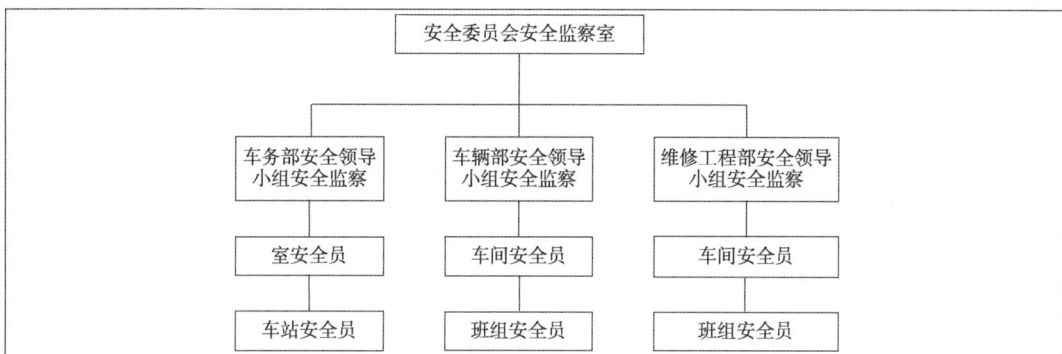

图 3-13　城市轨道交通运营安全管理组织架构

二　城市轨道交通运营安全管理制度

城市轨道交通运营企业必须建立以安全生产责任制为核心的安全管理制度,即安全生产责任制度、安全生产教育制度、安全生产检查制度、安全技术措施计划制度以及伤亡事故报告和处理制度,它构成了我国企业安全管理基本制度——"五项制度"。在此基础上,国家又制定了建设项目安全审查制度。

1. 安全生产责任制度

安全生产责任制是按照"安全第一、预防为主、综合治理"的安全生产方针和"管生产必须管安全"的原则,将各级负责人员、各职能部门及其工作人员和各岗位生产人员在安全生产方面的工作职责加以明确规定的一种制度。安全生产责任制是城市轨道交通运营企业岗位责任制和经济责任制的重要组成部分,是运营企业各项安全生产规章制度的核心,也是运营企业最基本的安全管理制度。

建立安全生产责任制的目的:一是增强运营企业各级负责人员、各职能部门及其工作人员和各岗位生产人员对安全生产的责任感;二是明确运营企业各级负责人员、各职能部门及其工作人员和各岗位生产人员在安全生产中应履行的职责,以充分调动各部门和各级人员在安全生产方面的积极性和主观能动性,确保安全生产。

建立安全生产责任制的总体要求是横向到边、纵向到底,并由城市轨道交通运营企业的主要负责人组织建立。

建立安全生产责任制的具体要求是:符合国家安全生产法律法规、政策的要求,与企业管理体制协调一致,依据公司实际情况具体明确制定,由专门的人员和机构制定、落实、修订,有配套的监督检查制度。

安全生产责任制的生产内容主要包括:在纵向方面,即从上到下所有人员的安全生产职责;在横向方面,即各职能部门(包括党、政、工、团)的安全生产职责。

2. 安全生产教育制度

安全生产教育是事故预防与控制的重要手段之一,是对企业保类人员进行安全生产培训教育。安全生产教育制度是为了增强职工的安全生产意识,提高职工的安全操作技术水平,而由企业对职工进行教育和培训的制度。安全生产教育的主要内容是思想政治教育、劳动保护方针政策教育、安全技术知识教育、典型经验和事故教训教育。安全生产教育的形式和方法如下:①三级教育,即对新职工和改变工种的职工进行有关劳动安全与卫生的入厂教育、车间教育和现场教育;②特殊工种的专门教育,包括电气、蒸汽锅炉、压力容器、起重、车辆、船舶、爆破、焊接等特殊工种;③经常性教育,如搞安全活动日、办安全教育陈列室等;④学校教育,如在大、中、小学内开设有关的课程;⑤负责人员教育,包括对行政管理人员、技术人员等进行定期的安全卫生、技术知识教育和考核。

3. 安全生产检查制度

安全生产检查是安全生产管理工作的一项重要内容,是多年来从生产实践中创造出来的一种好形式,是安全生产工作中运用群众路线的方法、发现不安全状态和不安全行为的有效途径,是消除不安全因素、落实整改措施、改善劳动条件、防止事故的重要手段。

针对运营生产过程中突出的各种安全隐患、安全管理缺陷等问题,城市轨道交通运营企业根据其可能造成后果的严重程度,实行三级管理制度,督促责任单位整改,并跟踪整改情况。例如,成都地铁运营有限公司实行"安全隐患告知书"(白色整改通知单)、"安全隐患处理整改书"(黄色整改通知单)和"安全隐患限期整改书"(红色整改通知单)三级管理制度,督促整改并跟踪整改。

4. 安全技术措施计划制度

安全技术措施计划是企业计划的重要组成部分,是有计划地改善劳动条件的重要手段;也是做好安全生产工作,防止伤亡事故和职业病的重要措施。安全技术措施计划的范围包括以改善劳动条件、防止伤亡事故和职业病为目的的一切技术措施。

编制安全技术措施计划主要依据国家安全生产政策、法规,安全检查中发现的问题,职工提出的安全生产方面的建议,针对事故发生的主要原因所采取的主要措施,以及采用新技术、新工艺、新设备等应采取的安全措施。

5. 伤亡事故报告和处理制度

根据《生产安全事故报告和调查处理条例》(国务院令第493号),事故发生后,事故现场有关人员应当立即向本单位负责人报告。发生死亡、重大伤亡事故的企业应当保护事故现场,并迅速采取必要措施抢救人员和财产,防止事故扩大。在处理伤亡事故时,运营企业要坚持"四不放过"原则,即事故原因没有查清不放过,事故责任者没有严肃处理不放过,防范措施没有落实不放过,广大员工没有受到教育不放过(相关资源见二维码3)。事故处理结束后,应将事故资料归档。

三　城市轨道交通运营安全管理内容

城市轨道交通运营安全管理涉及面很广,内容非常丰富,主要包括安全组织管理、安全法规管理、安全信息管理、安全技术管理、安全教育管理和安全资金管理。

1. 安全组织管理

安全组织管理是安全管理的实施主体,负责安全地组织领导、协调平衡、监督检查工作,使运输企业安全管理体制有效地正常运转,保证安全目标的实现。其主要内容有安全计划管理和安全行政管理。其中,安全计划管理是负责城市轨道交通运营安全的中、长期规划和近期计划的编制和组织实施,以及方针、目标和政策的制定和落实;安全行政管理是指各级安全管理机构的设置和职责划分,安全工作组织领导的原则和方法的确定。

2. 安全法规管理

安全法规管理的任务是严格遵守国家有关城市轨道交通运营安全的法律、法规等条文规定,对各种运输规章制度和作业标准进行研究、制订、修改、完善、贯彻和落实,使城市轨道交通运营安全管理工作做到有法可依、有法必依、违法必究,有章可循、违章必查。

3. 安全信息管理

安全信息管理(Security Information Management,SIM)是一种收集、监测和分析电脑记录中与安全有关的数据的方法。安全信息是指运营生产过程中,对一切有利于安全生产的指令和系统安全状态的描述或反映。安全信息既是安全管理的对象,又是安全管理的重要支持。

4. 安全技术管理

安全技术管理的任务是正确执行国家有关技术政策、标准、规程,为城市轨道交通运营安全提供可靠的技术依据和技术措施,是安全管理的重要内容。运营安全技术管理的内容包括行车安全管理技术、客运及票务安全管理技术、消防安全管理技术、突发事件应急管理技术、调试和试验安全管理技术等,具体见本模块后续内容。

5. 安全教育管理

为了实现城市轨道交通运营安全,必须通过各种形式和方法对广大干部职工进行经常性的安全教育。实际上,安全教育管理包括安全教育和安全培训两部分。

安全教育通过各种形式,包括学校的教育、媒体宣传、政策导向等,来增强人的意识和提高人员素质,是一种意识的培养,是长期的甚至贯穿人一生的、在人的所有行为中体现出来的,使人能够用安全的观点解释和处理自己遇到的问题。

安全培训虽然包含有关教育的内容,但是其内容对于安全教育要具体得多,范围要小得多。安全培训主要是一种技能的培训,其主要目的是使人掌握在某种特定的作业或环境下能正确、安全地完成任务,所以有人称在生产领域内的安全培训为安全生产教育。

安全教育的内容可概括为安全态度教育、安全知识教育和安全技能教育三个方面。安全态度教育是指增强员工的安全意识,主要进行思想教育和态度教育。安全知识教育包括安全管理知识教育和安全技术知识教育。其中,安全管理知识教育的内容包括安全管理组织结构、管理体制基本安全管理方法及安全心理学、安全人机工程学、系统安全工程等方面的知识。安全技术知识教育的内容主要包括企业内危险设备所在的区域及其安全防护的基本知识和注意事项、有关电气设备的基本知识、安全防护基本知识以及专业安全技术知识。安全技能教育包括正常作业的安全技能培训和异常情况的处理技能培训。安全技能培训应按照标准化作业要求来进行,预先制定作业标准或异常情况时的处理标准,有计划、有步骤地进行培训。

安全教育应利用各种教育形式和教育手段,以生动活泼的方式来实现"安全生产"这一课题,一般运用多媒体、网站、板报、实物、图片展览以及安全知识考试、演讲、竞赛等多种形式宣传普及安全常识和安全技术,开展有针对性、形象化的安全培训教育活动,增强员工的安全意识和提高员工的自我防护能力。

6. 安全资金管理

做好城市轨道交通运营安全工作,必须有相应的安全资金保证。安全资金管理是指对保证城市轨道交通运营安全所需资金的筹集、调拨、使用、结算、分配等进行安全投资的经济评价与经济分析以及实行财务监督等。

四　城市轨道交通运营安全控制目标

城市轨道交通作为城市的一种重要客运交通工具,城市轨道交通的运营安全显得非常重要。城市轨道交通运营安全控制目标是使城市轨道交通的安全生产与管理达到预先设定的目标,使事故等级和事故频率控制在预先规定的范围内,同时通过安全预防、纠正措施的落实,达到运营安全工作持续改进、不断提高运营安全质量的目的。城市轨道交通运营安全控制目标具体包括如下:

(1)不发生职工(包括劳务人员)因工死亡及重伤事故。

(2)不发生运营重大事故、大事故和有责乘客死亡事故。

(3)不发生重大火灾事故。

(4)不发生有责交通死亡及重伤事故。

(5)不发生在一定数额内的有责物损的事故。

(6)严重晚点率低。

(7)险性事故及一般事故发生率低。

为了达成以上控制目标,城市轨道交通运营安全管理的重点工作是运用科学的方法保证列车运行安全和乘客人身财产安全,在发生突发事件时能迅速开展应急救援行动,尽可能降低事故的损失。

◇ 知识点 3.3.2　城市轨道交通行车作业安全

　　列车行车工作是城市轨道交通系统的主要工作(相关资源见二维码4),也是最容易产生不安全因素的工作环节。行车安全一般指在城市轨道交通运营过程中行车员工、乘客、设备和环境未发生任何损失或发生的损失在人们可接受的范围之内。行车安全包括车站作业安全、行车调度安全、调车作业安全、列车驾驶作业安全。(相关资源见二维码5)

二维码4
列车行车工作

一　车站作业安全

　　车站是乘客上、下车的场所。车站内乘客聚集度高,若管理不当,将造成乘客拥堵、踩踏等事故,对行车造成很大的影响。车站的行车组织工作是在调度统一的指挥下合理运用车站的各项技术设备,负责车站行车控制指挥、施工及其他作业。车站行车作业安全管理的内容包括列车运行控制安全管理、施工作业安全管理、接发列车作业安全及客流控制安全管理等。

二维码5
行车安全无小事

　　1. 列车运行控制安全管理

　　城市轨道交通行车组织工作是依据"行车调度员—列车司机"二级管理模式,车站行车值班员(综控员)辅助行车工作。根据行车组织控制方式的不同,车站行车安全工作也会发生相应的改变,见表3-1。

不同行车组织控制方式下的车站行车安全工作　　　　表3-1

行车组织控制方式	车站行车安全工作
调度集中控制	监护行车状态
自动控制	监护行车状态,人工作业列车折返、进路排列
半自动控制	列车运行控制,按照指令调整列车运行,人工接发列车作业
非正常情况	按照指令,人工接发列车、调车作业

　　2. 施工作业安全管理

　　车站不仅是乘客聚集区,也是行车设备安置的聚集区。在车站内有供电、信号、通信、监控及线路等行车设备,设备的维护、维修需要有专门的人员在特定的时间段进站施工。为了保证行车安全,车站有必要对施工作业进行安全管理,其内容包括施工计划制订、施工人员进站核查、施工作业时段的确定、施工作业人员及设备的撤除核查、进站施工人员的安全教育、作业评估、效果检验等。以承包商人员进站施工为例,车站对承包商人员进站施工作业安全管理的请、销点作业程序见表3-2,车站施工作业请点如图3-14所示。

车站对承包商人员进站施工作业安全管理的请、销点作业程序   表 3-2

阶段	顺序	作业内容
承包商开始作业前(请点)	1	检查施工作业人员有效证件
	2	检查作业申请人是否为合格人员
	3	向承包商了解施工作业详情,包括作业种类、作业所需设备、作业位置、作业时段、作业会产生的影响
	4	做好防护措施,确保施工作业不会影响安全及最低程度影响车站的正常运营
	5	记录承包商的姓名和身份证号码、承包商公司名称、作业地点、作业描述,并明确注意事项及作业的时段
	6	请施工作业人员确认签字
承包商作业完成后(销点)	7	检查受影响的设备是否正常作业,同时确保施工地点人员撤离,没有遗留的物料及垃圾等
	8	检查作业地点,确保作业地点干净整洁,且能安全地正常运营
	9	记录施工作业人员姓名及承包商公司名称、作业完成的时间
	10	要求施工作业人员再次签字确认

3. 接发列车作业安全

(1)接发列车作业安全基本知识。

接发列车作业是城市轨道交通行车工作中重要的环节之一。接发列车作业的安全直接关系到城市轨道交通的行车安全。车站在办理接发列车作业时,车站值班员及站台岗站务员要清楚列车车次、列车运行方向及列车运行指挥系统,这三个方面是行车安全保证体系中的重要条件。图 3-15 为车站站台岗站务员进行接车作业。

图 3-14　车站施工作业请点

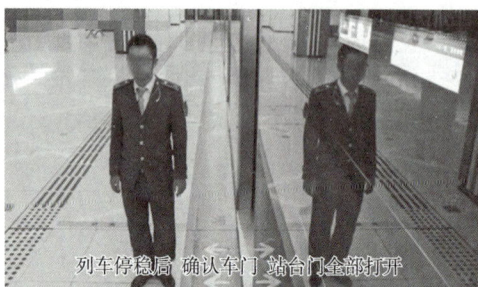

列车停稳后 确认车门 站台门全部打开

图 3-15　车站站台岗站务员进行接车作业

①列车运行指挥系统与行车安全。

在日常行车工作中,行车调度员错发、漏发调度命令,盲目指挥列车运行或车站值班员错发、漏发列车命令,盲目指挥及错误操纵控制台等,往往都是造成列车事故的重要原因。

②列车车次与行车安全。

在接发列车作业中,列车车次的误听、误抄、误填往往是造成行车事故的直接原因。在接发列车作业时,当遇到车次不清楚时,必须立即询问,严禁臆测行车。

③列车运行方向与行车安全。

列车运行方向是保证接发列车及行车安全的重要条件之一,尤其是一端有两个及以上列车运行方向的车站更须注意,在办理列车闭塞及下达接发列车进路命令等作业事项时,均应冠以邻站方向或线路名称,以确保列车运行安全。

车站值班中,在指挥及办理接发列车作业时,必须遵守行车有关规章要求,严格执行接发列车作业规定,正确下达接发列车的有关命令,确保列车运行安全。

(2)接发列车作业惯性事故的种类及主要原因。

接发列车作业惯性事故的种类有向占用区间发出列车、向占用线路接入列车、未准备好进路就接发列车、未办或错办闭塞就发出列车、列车冒进信号(相关资源见二维码6)或越过警冲标、错误办理行车凭证发车或耽误列车。

发生接发列车惯性事故的主要原因包括:①当班人员离岗、打盹或做与接发列车作业无关的事情;②办理闭塞时没有确认区间处于空闲状态;③不按规定检查确认接发列车进路;④不认真核对行车凭证;⑤错办事未及时办理信号;⑥取消、变更接发列车进路时不联络、不彻底。

(3)接发列车作业安全要求。

接发列车作业,从办理闭塞、准备进路到开放信号、交递凭证到列车由车站发出或通过,其间任何一个环节的错、漏都可能埋下事故隐患,任何一项作业的差错都可能危及列车安全。因此,日常办理一趟列车的接发,均须高度重视,认真作业。

①办理列车闭塞作业的安全要求。

办理列车闭塞是接发列车的首要作业环节,是列车取得区间占用权的重要环节,也是较易发生列车事故的关键环节。因此,办理闭塞作业前必须确认区间已空闲,办理闭塞作业时车次必须清晰。

②准备进路作业的安全要求。

准备进路是指将列车经由车站所运行的线路安全开通,是接发列车作业中一个极为重要的作业环节。因此,首先要求车站值班员和现场工作人员检查接车进路,从而确认接车线路空闲;其次,车站要通过信号设备显示或对进路上道岔确认的方式来确认接发列车进路正确无误,以保证影响进路的其他作业已经停止。

③办理交付凭证的安全要求。

行车凭证是列车占用区间的依据,包括信号显示、路票、调度命令等。车站在办理接发列车,车站值班员、信号员在操作信号设备时,必须全神贯注,注意力集中,遵章守纪,严格坚持"眼看、手指、口呼"一致的确认操纵制度,确保信号指示准确无误。当使用路票、调度命令等书面凭证办理行车时,对其使用日期、区间、车次、地点、电话记录号码或调度命令号码等信息应特别注意;填写书面凭证后,必须逐字逐项地复诵,认真进行核对,经确认无误后,方可交付使用。

④接送列车及指示发车作业的安全要求。

在信号正常情况下,车站原则上不办理接发列车作业。遇特殊情况(指信号联锁故障需要人工排列进路组织列车运行,或者列车开到区间因故障退回车站等情况)时须接发列车进路,车站接发列车人员应确认列车整列到达、严密监视列车运行安全状态、确认列车发车条件无误后方可指示发车。

4.客流控制安全管理

大客流的出现会对行车工作造成一定的影响,如站台上聚集大量乘客时,会对站台门产

图 3-16　车站运用铁马进行客流控制

生挤压,造成站台门发生故障,从而影响正常行车。因此,当车站出现或预感可能出现大客流时,应采取相应措施对客流进行控制,将大客流对行车安全的影响降至最低。

当大客流发生时,若临时疏导措施不能缓解车站的压力,可采取三级客流控制措施来进行客流控制。图 3-16 为车站运用铁马进行客流控制。三级客流控制的方法如下:

(1)第一级为控制站台客流,控制点在站厅与站台的楼梯(自动扶梯)口处。

车站应将站厅与站台之间向下方向的自动扶梯改为向上方向,避免客流交叉,也可在向下方向的自动扶梯前摆放隔离带,分批放行乘客进入站台,放缓乘客进入站台的速度。同时,站务人员应分散在站台的各部维持候车、出站秩序,协助司机开关车门,确保乘客安全上下车。

(2)第二级为控制付费区客流,控制点在进站闸机处。

车站可根据实际情况关停部分 TVM、进站闸机或将部分双向闸机设为只出不进,紧急情况下可以采用隔离带、铁马隔离进站闸机,以减缓乘客进入付费区的速度,防止付费区压力过大。

(3)第三级为控制非付费区客流,控制点在车站出入口处。

车站可在站外设置迂回的限流隔离栏杆,延长进站时间,人为地控制出入口的乘客进站速度。必要时,可关闭部分出入口,缓解车站内客流压力。

二　行车调度安全

城市轨道交通系统是一个大联运系统,具有高度集中、各个工作环节紧密联系和协同动作的特点。在整个行车组织工作中,调度工作由控制中心行车调度集中统一指挥,可见,行车调度安全是整个行车安全的核心,若管理不当,势必会影响行车安全工作。

为了实现安全指挥,行车调度作业应达到的基本要求如下:

(1)严格执行各岗位职责,严禁串岗执行他人或他岗的职责,防止出现多级领导下达命令的状况,保证调度指挥的安全性和权威性。

(2)坚持"安全第一、预防为主、综合治理"的方针。

(3)调度人员要重视技术业务的训练和提高,掌握处理各种行车意外情况和行车事故的方法。

(4)科学发布调度命令。图 3-17 为线路封锁时发布的调度命令。

三　调车作业安全

调车作业是城市轨道交通行车组织工作中的一个重要组成部分,包括列车编组、摘挂、取送以及出入段等。由于调车作业条件不同、工作对象不固定以及参加调车作业人员较多,调车作业是行车组织工作中比较复杂、技术性较强的工作,也是城市轨道交通行车组织工作

的基本环节。

调车作业安全要求如下：

（1）坚持"统一领导、单一指挥"的原则，即统一制订车辆段内调车作业计划、统一安排站内调车、调车指挥人单一指挥。

（2）编制合理、安全的调车作业计划，即分门别类地编制调车作业计划，有序地变更调车计划。

（3）调车作业前做好准备，如核对调车计划、对车辆进行技术检查、对其他调车设备和备品进行检查、确认线路空闲等。

图 3-17　线路封锁时发布的调度命令

（4）严格按照显示信号调车，即连接车辆时，注重显示信号；司机要与调车指挥人密切配合，安全迅速地进行调车作业。

（5）严格控制调车速度，即调车作业必须准确地掌握速度，严格遵守调车规定的速度。

调车作业中发生的事故均为调车事故，分为撞（冲突）、脱（脱轨）、挤（挤岔）、溜（溜逸）四种。图 3-18 所示为客车脱轨现场救援。（相关资源见二维码7）

二维码7

列车脱轨事故

四　列车驾驶作业安全

列车操控是安全管理工作的最后一道防线，是行车安全管理的关键点之一，是列车运行安全的决定性因素，只有合格的司机才能操控列车进行安全驾驶，如图 3-19 所示。

图 3-18　客车脱轨现场救援

图 3-19　司机安全驾驶

列车驾驶安全的基本要求如下：

（1）驾驶列车时做到"三严格"，即严格遵守各种规章制度，严格按照运营时刻表及信号显示行车，严格遵守动车前认真确认进路、信号和道岔。

（2）列车司机必须掌握设备设施情况，即列车司机必须掌握列车（车辆）的基本构造、性能，熟悉城市轨道交通线路和站场等基本设施情况，明确驾驶区段、站场线路纵断面等情况。

（3）列车司机必须掌握其他相关的业务知识并具备一定的应变能力，即一名职业素质较好的司机必须掌握有关事件初期的处理方法，使事件能够在初期阶段得到控制和处置，以减小损失，稳定现场局面。

（4）列车司机必须持证上岗，即司机必须经考试合格并且由相关管理部门对其身体状况及心理状况做出鉴定，取得列车驾驶证后方准独立驾驶列车。

◇ 知识点3.3.3　城市轨道交通客运及票务作业安全

🔍 **案例分析**

扶梯发生的客伤

1.事件经过

×年11月2日13时45分，一位70岁左右的阿婆在其家人的陪同下，在XM站站厅B端乘坐4号自动扶梯下站台（靠上行站台）候车，在自动扶梯上被其后的一位男乘客碰了一下，从十多级的自动扶梯上滚下（连同随行的小孩），上行站台岗林某、下行站台岗何某（均在站台B口）听到动静，马上跑过去，见老人倒在扶梯上，额头在流血，小孩在哭，上行站台岗林某立即报车控室，下行站台岗何某立即将扶梯紧停，站长欧某在站长室通过对讲机听到"有人摔伤"的报告，到车控室让当班人员通知在点钞室的值班站长汤某下站台后，立即跑到上行站台，向林某、何某简单了解情况，安排林某寻找目击证人。一名目击证人已上车，林某则跟随其上车并要求该乘客留下了书面材料；另一名目击证人（为老人的家人，在扶梯上站于男乘客后）也留下了书面材料。行车值班员罗某接到站台"一乘客摔伤"的报告后，马上拨打120急救电话，请求将救护车开到B口接送伤者，并通知了警务站公安人员。站长欧某跑到站厅药店买了大块纱布为老人止血。公安人员赶到现场，将碰倒老人的乘客予以扣留，并带回警务站进行处理。厅巡胡某向车控室汇报后，也赶到站台协助处理，值班站长汤某和站台岗何某用担架将老人抬到B口等救护车。14时00分左右，120救护车赶到，将老人送往省中医院治疗。事发后，车站立即同人保市公司联系，反映了老人的伤情。

2.原因分析

此次事件为外因所引起，在整个事件过程中，车站处理得较为妥当，具体表现在以下四个方面：

（1）反应灵敏，处理迅速。站台岗人员在听到异响后，立即前去查看，并向车控室汇报。

（2）把握住了寻找目击证人这一关键环节，当目击证人上车后，站台岗人员跟随其上车，并留下了书面材料。

（3）车站当班值班员除了通知有关岗位前去处理外，还向站务室做了汇报，分别通知了120救护、驻站公安，向行车调度员进行了汇报，真正发挥了车站指挥中心的作用。

（4）车站各岗位人员，积极主动参与处理，并充分保护好现场，进行拍照，向现场的乘客进行了解，将碰倒老人的乘客留住，交由公安进行处理。

一 客运安全

城市轨道交通客运安全管理是指在运营过程中进行客流组织及为乘客服务时,尽量避免事故造成的乘客人身伤害(客伤)及财产损失。

1. 客伤及其处理原则

客伤是指在城市轨道交通系统范围内发生的城市轨道交通外部人员及非在岗作业的城市轨道交通职工的人身伤害及伤亡事件的总称。例如,电梯困人、自动扶梯故障、站台门及车门夹人及大客流、行车事故、火灾等突发事件造成城市轨道交通客伤事故的发生。

城市轨道交通车站在处理客伤事故时,要以维护企业形象、保护企业最大利益为原则,以人为本,给予乘客必要的帮助;同时在第一时间进行取证,尽可能取得旁证及当事人的签字确认,以事实为依据,客观记录,充分留下原始资料。

2. 客伤处理流程

车站现场工作人员发现或接到乘客求救时,须立即汇报当班值班站长或站长,并疏散围观群众,安抚和救助受伤乘客,保护事故现场,寻找目击证人,劝留证人或留下证人的联系方式。当班值班站长或站长担任临时应急处理负责人,应立即安排其他员工携带急救医药箱赶赴现场。

值班站长或站长在对伤者进行必要的现场急救时,应尽可能对现场进行取证,询问当事人、证人,了解事情经过,填写有关调查表,并由当事人、证人签字确认。

若受伤乘客伤势较轻,可以行走,可陪受伤乘客到车站会议室休息,对其进行安抚或包扎上药。若受伤乘客需要,可协助拨打120急救电话。

若初步判断乘客受伤属于地铁责任,车站应立即向有关部门、单位汇报。若受伤乘客提出要去医院检查,车站可安排车站员工陪同受伤乘客前往医院;受伤乘客在医院所花费用,经请示同意后,由车站在有关处理经费中垫付。

3. 地铁承担责任的客伤

自乘客验票进入闸机起至出闸机时止(付费区范围内的乘客),对运输期间发生的乘客人身伤害,地铁承担运输责任,包括(但不限于)以下情况:

(1)地铁设备设施损坏未及时修复且未设置警示、防护标志造成的。

(2)地铁施工作业造成的。

(3)列车紧急制动造成的。

(4)地铁系统范围内的垂直电梯、自动扶梯突然停止运行或启动造成的。

(5)站台门、车门夹人造成的(属乘客强行上、下列车的情况除外)。

(6)地铁设备设施突然发生故障造成的。

(7)闸机夹人造成的(乘客强行出闸、无票尾随出闸的情况除外)。

对于无票人员在地铁付费区范围内由于以上情况造成的人身伤亡比照乘客办理;对于无票人员和已购票的乘客在地铁非付费区范围内发生的人身伤亡,因城市轨道交通设备设施或管理所致的,比照乘客办理。但有下列原因之一造成的人员伤害,城市轨道交通不承担运输责任:

（1）违反《城市轨道交通运营管理规定》造成的乘客本人或他人伤害。

（2）因不可抗力造成的乘客人身伤害。

（3）自身健康原因造成的乘客本人或他人伤害。

（4）能证明是故意、重大过失造成的乘客本人或他人伤害。

（5）因第三者责任(包括斗殴或制止斗殴)造成乘客人身伤害时,受害者直接向施害的第三者索赔,城市轨道交通原则上不予承担责任。

（6）利用城市轨道交通站通道穿行或在车站逗留、休息等无票人员因自身原因造成的伤亡,城市轨道交通车站只提供基本援助,原则上不予承担责任。

4. 客伤事故(件)调查

处理客伤事故(件)要以事实为依据,以规章为准绳,按照"四不放过"原则认真调查分析,查明原因,分清责任,吸取教训,制定对策,防止同类事故(件)再次发生。

城市轨道交通运营企业根据客伤事故(件)造成的人员伤亡、经济损失等后果将事故(件)分为特别重大事故、重大事故、较大事故、一般事故、险性事件、一般事件、事故苗子。一般事故以上的事故按照《生产安全事故报告和调查处理条例》(国务院令第493号)和企业的相关规定进行等级划分和调查处理,发生的险性事件及以下的事故(件)则由运营单位根据相关法律法规和规章制度开展技术分析。

客伤事故(件)调查的流程如下:

（1）成立调查组。

客伤事故(件)发生后,事故(件)现场调查组自然成立。事故(件)调查组的组成应遵循精简、效能的原则,根据具体情况,安全生产部门负责组织相应人员参加,调查组成员应当具有事故(件)调查所需的知识和专长,并与所调查的事故(件)没有直接的利害关系。

（2）现场调查。

调查组在组长的领导下到现场进行事故(件)调查。当事故(件)调查组到达事故现场前,车站值班站长、列车司机、行车值班员要保护现场、挽留事故(件)见证人、保存可疑物证、查找事故(件)线索及原因,做好记录,积极协助事故(件)调查组做好事故(件)调查工作。

（3）召开事故(件)分析会。

事故(件)调查组接到书面报告后,召开事故(件)分析会。安全部门根据事故(件)分析会的有关情况起草险性事件、一般事件调查报告,报运营企业安全生产委员会审核。

（4）撰写调查报告。

事故(件)调查组应当在事故(件)发生之日起30个工作日内形成分析报告,事件复杂、技术分析难度大的,形成分析报告的期限可以适当延长,但延长期限原则上最多不超过30个工作日。

5. 客伤责任判定及处罚

（1）判定客伤事故(件)责任。

客伤事故(件)的责任可分为全部责任、主要责任、同等责任、次要责任和一定责任、无责任。全部责任是指负有事故(件)损失及其不良影响100%的责任;主要责任是指负有事故(件)损失及其不良影响60%～90%的责任;同等责任是指各方均负有事故(件)损失及其不良影响的相同份额的责任;次要责任是指负有事故(件)损失及其不良影响30%～40%的责任;一定责任是指负有事故(件)损失及其不良影响10%～20%的责任。如果造成事故(件)的全部原因为运营企业外部单位或人员,则运营企业相关中心或部门定为无责任,该事故(件)统计为其他事故(件)。

事故(件)责任判定的依据是各种规章制度、办法及规定等。

(2)客伤事故(件)的处罚与赔偿。

为教育广大干部职工,避免或减少事故(件)的发生,对于造成各类事故(件)的责任部门的主管,直接、相关负责人,以及事故(件)直接、主要责任人,均应按有关规定给予经济处罚或行政处分。对导致事故(件)的有关责任人,给予警告、记过或记大过处分。对于情节较重的,给予降级、撤职或者留用察看处分;对于情节严重的,给予开除处分。

客伤事故(件)发生后,车站应积极处理,如现场处理结果乘客不满意,则乘客可能向运营企业索赔,要求以经济补偿的方式赔偿乘客的损失。对于乘客提出的索赔要求,城市轨道交通运营企业要依据《中华人民共和国民法典》《中华人民共和国消费者权益保护法》等法律法规来确定是否进行赔偿,同时要在保护城市轨道交通运营企业利益最大化的基础上,以人为本,与乘客协商赔偿标准。

二 票务安全

城市轨道交通票务安全管理是指在运营过程中进行票务工作时应尽量避免违章等行为而造成的票款收益损失及其他损失。

1. 票务违章

在城市轨道交通运营企业的日常票务运作中,违反票务管理规章制度、违规操作的行为统称为票务违章。根据违章行为造成的票务工作影响、票务收益损失的大小以及违规人员的主观意识不同,票务违章可分为票务差错和票务事故两大类。

(1)票务差错。票务差错是指与票务有关的各岗位人员在日常票务运作过程中,因工作疏忽违反票务管理规章制度、违规操作而造成轻微损失和影响的票务违规行为。根据票务差错行为对公司票务运作的影响程度,可由低到高分为一、二、三类票务差错。

(2)票务事故。票务事故是指与票务有关的各岗位人员在日常票务运作过程中,因违反票务管理规章制度、违规操作而造成城市轨道交通运营企业票务收益损失或严重危及城市轨道交通运营企业票务收益安全的票务违规行为,以及损失轻微但违规人员带有恶意企图的票务违规行为。根据票务事故所导致的直接或间接损失大小,由此造成对票务收益安全的危害程度或当事人的行为动机,由低至高分为一、二、三、四类票务事故。

2. 票务违章处理的原则

票务违章处理时应坚持以下五项原则:

(1)"四不放过"原则。

"四不放过"的原则是指票务差错、事故原因分析不清不放过,责任者和员工未受到教育不放过,未制定防范措施不放过,责任者未受到处理不放过。

(2)实事求是原则。

实事求是原则是指票务差错及事故处理应以规章为准绳、以事实为依据,力求客观、公正。

(3)逐级考核、落实到人原则。

在处理票务违章时应实行层级管理,制定考核指标及办法,部门考核到室,室考核到班组,再由班组考核到人。

(4)有责赔偿原则。

针对不同的票务违章而造成的票务差错或事故,使得城市轨道交通运营企业受到相应损失时,责任人负全部赔偿责任。

(5)尽职尽责原则。

与票务工作相关人员必须认真履行本岗位工作职责。对发现问题隐瞒不报、不如实地反映情况,或者对票务差错与事故分析处理拖延、推脱责任、姑息纵容、不配合调查的各级人员,要追究其经济与管理责任。

在日常票务运作中,因各城市轨道交通运营企业的票务管理制度不同,对票务违章的处理,不同运营企业会有不同的规定和管理办法。但最终目的都是规范票务工作,减少不必要的差错,杜绝票务事故,确保票务收益安全。

3. 票务违章的定性原则

(1)票务差错的定性原则。

①违反票务规章制度,但未给票务工作造成较大影响或损失。

②违反票务规章制度,其行为非当事人主观故意,且未构成个人或集体获取利益。

(2)票务事故的定性原则。

违反票务规章制度,且符合以下任意一项的,定性为票务事故:

①给票务工作造成较大影响或损失。

②其行为是当事人主观故意造成。

③获取个人或集体利益。

4. 票务违章的处理

(1)票务差错的处理。

一、二、三类票务差错原则上由当事部门负责调查处理,根据本部门相关的考核细则对当事人进行考核,制定规范和整改措施,处理结果报票务稽查部门备案。

(2)票务事故的处理。

票务事故原则上由车站管理部门处理。车站管理部门负有对车站票务事故进行检查、统计、分析以及制定控制措施的职责。对事故的处理视情节的严重程度分级别处理。

①一、二类票务事故处理:

a.事发部门自查发现的一、二类票务事故,原则上由当事部门自行调查处理,制定规范和整改措施,处理结果报相关部门备案。

　　b.对票务稽查在日常检查和票务稽查中发现(收到举报、上报)的,稽查部审核为一、二类票务事故的,需移交当事部门调查处理,票务稽查部跟踪处理进度。

　　②三、四类票务事故处理:

　　a.对发现(收到举报、上报)的三、四类票务事故,安全质量部票务稽查立案调查。

　　b.立案后,安全质量部应成立两名或两名以上人员组成的调查组,对案件进行全面、客观、公正的调查,收集有关证据。必要时,可组织相关部门的相关人员共同参与调查。

◇ 知识点3.3.4　城市轨道交通消防安全管理

　　城市轨道交通事故种类繁多,但最大的危险是火灾,火灾是威胁城市轨道交通安全的主要因素。因此,城市轨道交通消防安全管理是安全工作中的重中之重。(相关资源见二维码8)

二维码8
城市轨道交通
消防安全

一　城市轨道交通火灾的特点

　　城市轨道交通大部分运行于由车站和隧道构成的相对封闭的空间内,人和设备设施高度密集。由于相对封闭的环境特点,城市轨道交通发生火灾比地面建筑物发生火灾更具有危险性。城市轨道交通火灾的重要特点如下。

　　1.疏散困难

　　当城市轨道交通系统发生火灾时,易产生浓烟和热气浪,同时产生大量的有毒气体,并且积聚不散,这给人员疏散造成了很大困难。

　　2.救援难度大

　　由于地下空间限制,加上浓烟、高温、缺氧、视线不清、通信中断等原因,救援人员很难了解现场情况,而且大型的灭火设备无法进入现场,救人、灭火难度高,救护工作十分困难。

　　3.通信系统容易瘫痪

　　当城市轨道交通系统发生火灾时,由于水流和高温对通信器材的影响,消防员携带的普通无线电对讲机不能正常工作,甚至整个通信系统都会处于瘫痪状态。

二　防火及灭火的基本知识

　　1.燃烧和火灾

　　燃烧是指可燃物与氧化剂作用发生的放热反应,通常伴有火焰、发光或发烟现象。火灾是指在时间和空间上失去控制的燃烧所造成的灾害。

　　燃烧和火灾发生的必要条件是同时具备可燃物(指能与空气中的氧或其他氧化剂发生燃烧化学反应的物质,如汽油、木材等)、助燃物(指能帮助和支持燃烧的物质,如空气、氧气)、引火源(指供给可燃物与助燃物发生燃烧反应的能量来源,除烟火外,电火花、摩擦、撞击产生的火花及发热,造成自然起火的氧化热等许多物理或化学现象都能成为引火源)这三个要素,我们称其为燃烧的三要素。这三个要素只有同时存在时才能发生燃烧,缺少任何一个要素都不能引起燃烧。

2.火灾的分类

火灾根据可燃物的类型和燃烧特性,分为 A、B、C、D、E、F 六大类。

A 类火灾,指固体物质火灾。这类物质通常具有有机物质性质,一般在燃烧时能产生灼热的余烬,如木材、干草、煤炭、棉、毛、麻、纸张等。

B 类火灾,指液体或可熔化的固体物质火灾,如煤油、柴油、原油、甲醇、乙醇、沥青、石蜡、塑料等引起的火灾。

C 类火灾,指气体火灾,如煤气、天然气、甲烷、乙烷、丙烷、氢气等引起的火灾。

D 类火灾,指金属火灾,如钾、钠、镁、钛、锆、锂、铝镁合金等引起的火灾。

E 类火灾,指带电火灾,是物体带电燃烧引起的火灾。

F 类火灾,指烹饪器具内的烹饪物(如动植物油脂)燃烧引起的火灾。

3.灭火的基本方法

(1)隔离法。

隔离法是指将着火的地方或物体与其周围的可燃物隔离或将可燃物移开,燃烧就会因为缺少可燃物而停止。实际运用:①将靠近火源的可燃、易燃、助燃的物品搬走;②将着火的物件转移到安全的地方;③关闭电源、可燃气体、液体管道阀门,中止和减少可燃物质进入燃烧区域;④拆除与燃烧着火物毗邻的易燃建筑物等。

(2)窒息法。

窒息法是指阻止空气流入燃烧区或用不燃烧的物质冲淡空气,使燃烧物得不到足够的氧气而熄灭。实际运用:①用石棉毯、湿麻袋、湿棉被、湿毛巾被、黄沙、泡沫等不燃物质或难燃物质覆盖在燃烧物上;②用水蒸气或二氧化碳等惰性气体灌注容器设备;③封闭起火的建筑和设备门窗、孔洞等。

(3)冷却法。

冷却法是指将灭火剂直接喷射到燃烧物上,以降低燃烧物的温度,当燃烧物的湿度降低到该物的燃点以下时,燃烧就停止了;或者将灭火剂喷洒在火源附近的可燃物上,使其温度降低,防止辐射热影响而起火。冷却法是灭火的主要方法,主要用水和二氧化碳来冷却降温。

(4)抑制法。

抑制法是指用含氟、溴的化学灭火剂(1211)喷向火焰,让灭火剂参与燃烧反应,使游离基链锁(俗称"燃烧链")反应中断,从而达到灭火的目的。

4.防火的基本方法

为了防止燃烧基本条件的产生,避免燃烧基本条件的相互作用,防火的基本方法归纳起来主要有控制可燃物、隔绝空气、消防着火源和阻止火灾蔓延四种。防火的基本方法、原理与措施举例见表3-3。

防火的基本方法、原理与措施举例　　　　　　　　　　　　表 3-3

基本方法	原理	措施举例
控制可燃物	破坏燃烧爆炸的基础	限制可燃物储运量;用难燃或阻燃材料代替可燃材料;加强通风,降低可燃气体或粉尘在空间的浓度;及时清除洒漏地面的易燃物质、可燃物质等
隔绝空气	破坏燃烧条件	对储运爆炸危险物品的容器、设备等灌注惰性气体;密闭有可燃介质的容器、设备
消除着火源	破坏燃烧的激发能源	具有火灾、爆炸的场所禁止一切烟火;经常润滑机械轴承,防止摩擦生热;安装避雷、接地装置,防止雷击、静电;铁制工具套上胶皮
防止火势蔓延	不使新的燃烧条件形成	在建筑物之间留有足够的防火距离、构筑防火墙等;在气体管道上安装阻火器、安全水封等

三　城市轨道交通消防系统简介

城市轨道交通涉及消防方面的系统有火灾自动报警系统(Fire Alarm System,FAS)、自动气体灭火系统、机电设备控制系统、排烟系统及消防水系统等。当城市轨道交通车站发生火灾时,FAS 系统能够及时检测到火灾的发生及发生地点,将信息传送给机电设备控制系统,由该系统向自动气体灭火装置、排烟系统和消防水系统发出控制指令,使这些系统协调工作,迅速、有效地进行灭火工作。(相关资源见二维码9)

二维码9　消防安全设备设施

1. FAS 系统

FAS 系统主要是为了实现城市轨道交通的火灾探测及报警功能,控制相应防火卷帘的下降,控制消防泵、喷淋泵、专用排烟风机等的启动并接收其反馈信号,将信息上传至城市轨道交通全线的指挥调度中心。

(1)工作原理。

在火灾发生初期,FAS 系统通过设置在现场的感烟探测器、感温探测器和感光火灾探测器等火灾触发器件自动接收火灾燃烧所产生的烟雾、温度变化和热辐射等物理量信号,并将其变换成电信号输入火灾报警控制器;也可以通过手动报警按钮以手动的方式向火灾报警控制器通报火警。火灾报警控制器对输入的报警信号进行处理、分析,经判断为火灾时,立即以声、光信号等火灾警报装置发出火灾警报,并记录、显示火灾发生的时间和位置,同时联动各种防烟排烟系统、气体灭火系统以及防火门、防火卷帘等防烟防火设施,指挥人员疏散、控制火灾蔓延、发展。

(2)结构组成。

FAS 系统由控制器、检测器和执行装置三大部分组成。一般情况下,一套 FAS 系统的控制器包括一台集中火灾报警控制器和多台区域火灾报警控制器;检测器包括火灾探测器、手动火灾报警按钮及报警开关信号等装置;执行装置包括火灾报警装置、排烟阀等装置。FAS系统构成示意图如图 3-20 所示。

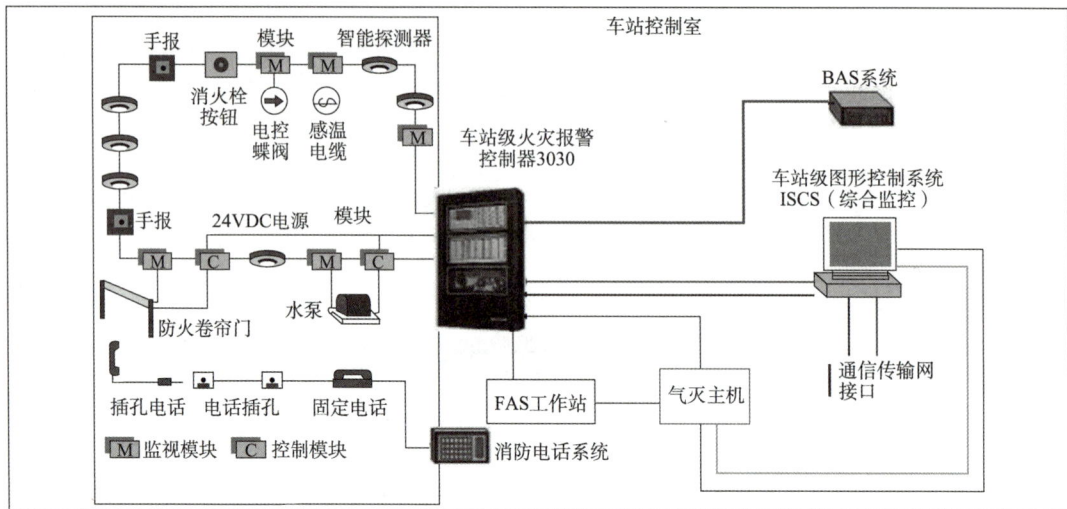

图 3-20　FAS 系统构成示意图

2. 与 FAS 系统的互联系统

(1)气体灭火系统。

FAS 系统主机和气灭主机之间采用光纤跳线连接于主机的网卡上,气体灭火系统向FAS 系统发送系统内故障及报警状态,FAS 系统负责将气体灭火系统的故障及报警信息发送到 FAS 系统图形工作站,利用图形软件显示出来,方便值班及维护人员查看。FAS 互联系统如图 3-21 所示。

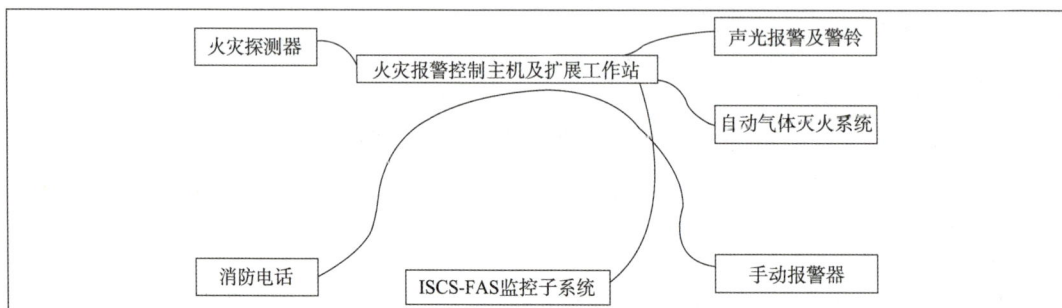

图 3-21　FAS 互联系统

(2)门禁系统。

当车站确认火灾发生时,FAS 系统将通过门禁系统打开全站所有门禁,方便人员疏散逃生。FAS 系统与门禁系统的接口在综合后备盘(IBP)上接线端子处,且 IBP 盘面有联动与非联动转换开关,方便检修作业。

(3)自动售检票系统。

当车站确认火灾发生时,FAS 系统将通过自动售检票(Automatic Fare Collection,AFC)系统打开全站所有闸机,方便人员疏散逃生。FAS 系统与 AFC 系统的接口在 IBP 上接线端子处,且 IBP 盘面有联动与非联动转换开关,方便检修作业。

(4)垂直电梯。

当车站确认火灾发生时,乘客禁止乘坐垂直电梯,FAS 系统将通过模块控制车站所有垂直电梯归于首层,且处于开门状态。

(5)卷帘门。

车站卷帘门分为用于疏散通道的卷帘门和用于防火隔断的卷帘门两种。安装在疏散通道上的防火卷帘门的控制要求是:当感烟探测器报警后,防火卷帘下降至距离地面1.8m;当感温探测器报警后,防火卷帘下降到底。仅作为防火隔断的防火卷帘,在感烟探测器报警后,防火卷帘应一次下降到底。

(6)非消防电源。

当车站确认火灾发生时,FAS 系统将通过模块控制车站所有非消防电源切断,防止电气火灾的发生。

3. 自动气体灭火系统

自动气体灭火系统是指根据 FAS 系统或机电设备控制系统的指令,自动控制相关的消防设备和固定式灭火装置进行联运灭火的一套自动化系统。自动气体灭火系统布置在重要的设备房,如高低压室、通信设备室、环控电控室、信号设备室,能实现火警信号采集、系统信息处理、声光报警控制、信息报告、相关环控设备联动控制和气体释放全过程自动控制。

(1)自动气体灭火系统的组成。

自动气体灭火系统由管网子系统和控制子系统两大部分组成,其示意图如图 3-22 所示。

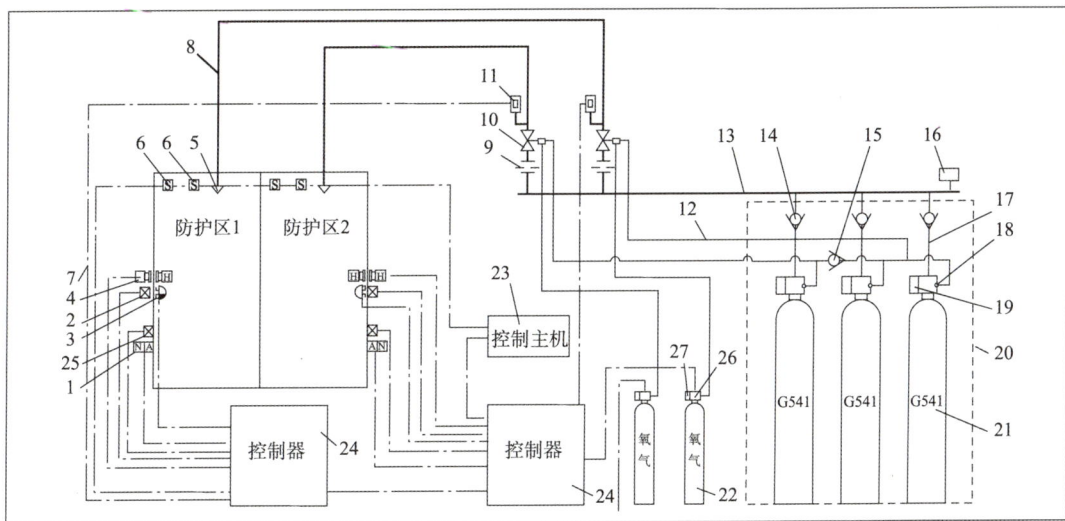

图 3-22 自动气体灭火系统示意图

1-"紧急启动"和"紧急停止"按钮;2-放气指示灯;3-警铃;4-闪灯及蜂鸣器;5-喷嘴;6-智能光电感烟探测器、智能定温感温探测器;7-电气控制线路;8-灭火剂输送管道;9-减压装置;10-选择阀;11-压力信号器;12-启动管路;13-集流管;14-灭火剂管路单向阀;15-启动管路单向阀;16-安全泄压阀;17-高压软管;18-气启动器;19-灭火剂容器阀;20-瓶组架;21-灭火剂容器;22-启动装置;23-系统控制主机;24-区域灭火控制器;25-手动/自动转换开关;26-驱动瓶上的电启动器;27-启动瓶容器阀管网子系统由储存容器、容器阀、机械应急启动操作器、电磁阀启动器、压力讯号器、连接管、单向阀、集流管、安全阀、选择阀、喷嘴和气体输送管道等部件组成。控制子系统由灭火控制器、感烟探测器和感温探测器、监控模块、备用蓄电池、警铃、声光报警器(蜂鸣器及闪灯)、气体释放指示灯、"紧急止喷"按钮、"紧急释放"按钮、手动/自动转换开关、24 VDC 辅助联动电源等部件组成。

(2)自动气体灭火系统的控制方式。

自动气体灭火系统对其覆盖的各个防护区可以独立实现自动控制方式、手动控制方式和人工应急机械控制方式三种控制方式。

每个气体防护区设置有两路不同类型的火灾探测器。当安装于防护区内的任意一路火灾探测器探测到火险信号时,该探测回路即将信号传送灭火控制器;灭火控制器对应该回路的火灾信号灯点亮,发出火灾报警声响,同时联动启动安装于该防护区内的警铃动作,向防护区内的人员发出火灾警报。这是系统具备的火灾自动探测与报警功能,无论系统处于何种操作控制方式或状态下,这种功能都是独立存在的。

四　城市轨道交通消防安全日常管理

城市轨道交通运营企业消防安全管理工作应秉持"以防为主、防消结合"的工作原则。一般来说,车站站长为车站消防责任人,车站带有气体灭火保护的房间均为车站消防重点部位,如车站控制室、信号设备室等。城市轨道交通运营企业应不定期地组织消防检查,根据属地划分属地单位,负责消防设施的防火检查(包括各类日常巡查、消防每月检查及其他形式的综合检查),所有检查必须有原始记录,对于巡查及检查过程中发现的消防安全隐患应及时上报并整改,同时设立消防值班及消防设备故障报修制度。(相关资源见二维码10)

[二维码10 消防安全工作]

1.日巡查

车辆段、停车场及控制中心的消防巡查每日 1 次,车站在运营期间的消防巡查 2h/次,运营结束后进行检查,消除遗留火种。日巡查内容包括用火、用电有无违章情况,安全出口、疏散通道是否畅通,安全疏散指示标志、应急照明是否完好,消防设施、器材和消防安全标志是否在位、完整,常闭式防火门是否处于关闭状态,防火卷帘是否被遮挡,消防安全重点部位的人员在岗情况及其他火灾隐患。日巡查应当填写"每日防火巡查表",巡查人员须在"每日防火巡查表"上签名。

2.月检查

月检查每月 1 次,由消防维保单位与属地单位一起进行,其中消防维保单位为检查主体。属地单位开箱检查消火栓、灭火器,并通过操作就地控制按钮检查防火卷帘起降的情况,在与消防维保单位共同确认设备完好无误后贴上属地单位的消防封条,消防维保单位在封条上签字确认。月检查应当填写"每月防火检查表",检查人员须在"每月防火检查表"上签名。

在消防巡查及检查过程中发现的问题、隐患等,由发现人或属地单位按本制度及公司规定的流程上报,做好隐患跟踪、整改消缺等记录。

3. 故障报修

位于车站的消防设施故障,由车站按照企业相关制度报维修调度、自动化调度或机电调度处理。属于消防维保合同的,由自动化调度或机电调度通知消防委外维保单位处理。

过期、失效或使用过的灭火器由各部门用同类型数量的灭火器备品及时更换,安全技术部按季度统一对失效的灭火器进行送检维修。

4. 消防值班

集中设置的消防控制室,如车辆段、控制中心、停车场消防控制室,必须安排人员24h双人值班,填写"消防(控制室)值班记录表";车站控制室由车站值班员消防值班,将消防值班记录填写于值班日志上。所有消防值班人员须遵守国家相应法律法规,取得经市级消防主管部门颁发或认可的消防培训合格证后持证上岗。

值班内容包括消防设备的监控、故障报修、火情确认、启动火灾联动、复位消防设备等工作,并将这些情况如实反映在值班日志上。对于在消防值班过程中发现的消防信息、消防隐患,要记录在案,存档备检。

5. 消防安全隐患整改

各部门对存在的消防安全隐患,应当及时予以消除。消防安全隐患整改要求如下:

(1)对发现违反消防安全规定的行为,检查人员应当责成有关人员当场改正并督促落实,记录并存档备查。

(2)对不能当场改正的消防安全隐患,检查人员应当责成有关人员限期改正并督促落实,在整改期限结束时复查整改情况。在隐患未消除之前,责任部门应当落实防范措施,保障消防安全。

(3)属本部门检查发现,且根据职责分工应由本部门负责整改的,本部门应当制定整改的措施,限期整改完毕,必要时报安全技术部备案。

(4)属本部门检查发现,但根据职责分工应由其他部门负责整改的,本部门应当按照公司相关信息报送流程,将安全隐患情况和整改意见通知相关整改部门,必要时报安全技术部备案。

(5)由安全技术部或其他部门检查发现的,则以"消防安全隐患整改通知书"或"安全检查通知单"的形式将安全隐患情况和整改意见发送给相关部门,责令责任部门进行整改。整改责任部门应当按通知书上的要求及期限进行整改,并将整改情况按时回复检查部门,检查部门于整改期限结束时复查。对于逾期不回复或整改不到位的,将对整改责任部门进行考核、处罚。

五 消防人员组织

城市轨道交通运营企业的消防主管部门设立专职的消防安全管理人员,各部门必须明确一名兼职消防安全管理人员,负责日常消防安全管理工作。(相关资源见二维码11)

二维码11

消防员工作范围

各部门、车站需按20%的比例成立一支兼职消防队伍(义务消防队),并在专职消防安全管理人员的带领下开展消防工作,定期进行培训、演练。

各部门、车站应建立义务消防队档案,档案内容包括义务消防队成员名单、培训情况、演练情况,每季度更新一次档案。车站义务消防队以联锁集中站建立,队员应包括"三保"人员(保安人员、安检人员和保洁人员)。义务消防队每季度至少开展一次培训及演练。各中心、车站应对义务消防队队员进行考评,对不能胜任义务消防队工作的员工应及时予以替换。

◇ 知识点3.3.5　施工作业安全

二维码12

施工安全不可忽视

城市轨道交通系统是一个"大联动"系统。在运营过程中,需要对城市轨道交通系统中的设备及物料进行更新、维护、维修、更换等施工作业,只有做好施工组织工作、确保施工安全,才能保证系统内的各环节紧密配合,为乘客提供安全、迅速、准确、便利、文明的客运服务。(相关资源见二维码12)

🔍 案例分析 ┈┈┈┈┈┈┈┈┈┈┈┈┈┈┈┈┈┈┈┈┈┈┈┈┈┈┈┈

施工作业完成后未撤除红闪灯事件

1. 事件经过

×年5月22日,某地铁D站发生"施工作业完成后未撤除红闪灯事件"。该事件经过见表3-4。

施工作业完成后未撤除红闪灯事件经过　　　　　　　　　　　表3-4

时间	事件描述
3时40分	夜班行车值班员钟某分别接到巡道人员通知:"上行线路巡检施工登记表"[上行表(3)]和"下行线路巡检施工登记表"[下行表(4)]施工作业内容施工已经结束,申请办理车站销点。于是,行车值班员钟某用对讲机通知当班值班站长吴某撤除上行表(3)和下行表(4)的施工作业防护,即撤除在施工作业区段上行尾端和下行头端放置的防护红闪灯。 当班值班站长吴某由于在对讲机中没听清楚,以为只是撤除上行表(3)的施工作业防护,于是就到车站上行站台尾端撤除了红闪灯的防护,将下行表(4),即车站下行头端放置的防护红闪灯遗留在线路上
3时43分	值班站长吴某通知行车值班员钟某已撤除防护。值班站长吴某当时询问行车值班员钟某另一施工3A2-21-7("3A2-21-7"是施工作业代码,"3"代表3号线,"A2"代表施工作业项目类型,"21"代表在21日,"7"代表当日的第7项施工作业)是否也快要销点,行车值班员钟某回复说差不多可以销点了,于是值班站长吴某在站台上等待
4时11分	行车值班员钟某通知在站台等候的值班站长吴某3A2-21-7施工可撤除防护
4时14分	值班站长吴某回复行车值班员钟某下行尾端3A2-21-7防护已撤除[此时下行头端,即下行表(4)放置的红闪灯防护仍未撤除]
4时35分	行车调度员询问行车值班员钟某下行线是否出清,值班站长吴某忘记了下行头端还有一盏红闪灯未撤除,也未进行现场确认,便马上答复行车值班员下行线出清,行车值班员钟某便报告行车调度员"下行线出清"

续上表

时间	事件描述
4时40分	工程车3572次在D站下行进站150m处发现D站下行头端轨道有红闪灯,司机在距离红闪灯100m外停稳后报行车调度员
4时43分	行车调度员电话询问D站行车值班员"为什么下行头端还有红闪灯",同时值班站长吴某也发现下行线站外有一列工程车停车,并发现还有一盏红闪灯在站台头端。值班站长吴某立刻通知车站控制室行车值班员钟某
4时45分	值班站长吴某将下行头端红闪灯撤除

2. 原因分析

(1)当班值班站长吴某工作责任心不强,没有认真与行车值班员钟某复诵、确认需要撤除的防护导致漏接命令;简化作业程序,撤防护未逐个报行车值班员和签字确认;在A类施工多防护设置多的情况下,不到现场确认线路出清,是本次事件的主要原因。

(2)当班行车值班员钟某对防护撤除跟进不到位,未对具体情况做好联控,未在闭路电视监控系统(Closed-Circuit Television,CCTV)上对值站撤除防护过程进行监控,是本次事件的次要原因。

(3)D站安全教育不到位,施工管理工作力度不够,没有认真吸取有关安全事件的教训和有效整改,是造成本次事件的原因之一。

3. 定责与处理

(1)当班值班站长吴某工作责任心不强,漏接命令,简化作业程序,对本次事件负主要责任,根据员工奖惩实施细则的规定,违反规章制度,给安全行车、安全工作和设备操作带来安全隐患,未构成一般事故的,给予其部级诫勉。

(2)当班行车值班员钟某对撤除防护工作联控不到位,对防护撤除情况未掌握,对本次事件负次要责任,予以在其部门通报批评。

(3)D站分管安全站长谢某对中心站内的施工安全工作管理不到位,对车站以往施工管理存在的问题的整改不到位,对此次事件负管理责任,经部门考评领导小组研究决定,扣其考评分20分。

4. 整改措施

(1)各站组织值班员及以上岗位人员学习本通报,教育员工在作业过程中必须加强责任心,严格按作业流程、作业标准进行,严禁简化程序。

(2)值班站长设置/撤除施工作业防护必须到车控室与行车值班员当面接收指令,复诵清楚,不得采用广播、对讲机、旁人传达等非当面的通知方式。同时值班站长须在该"施工登记表"上阅签,确保指令传达正确。

(3)值班站长进入端墙(设置/撤除防护、带施工人员下线路等)时须用对讲机或无线手持台与行车值班员再次确认无误,方可开门进入,此时行车值班员须在CCTV上对值班站长的作业进行监控,防护设置/撤除后及时报行车值班员,行车值班员立即做好IBP盘标志牌的揭挂,值班站长随即回车控室在"施工登记表"上签认。

(4)车站行车岗位人员要加强工作责任心,对行车类指示必须认真布置、认真复诵,同时要及时、如实地填写相关记录。

○○○○○○○ --

一 与施工作业相关的基本概念

1. 施工作业参与部门解释

从在城市轨道交通范围内针对施工作业承担不同责任的角度划分,有以下部门参与施工作业:

(1)主办部门:城市轨道交通运营部门下属施工主体部门,包括委外维修的部门或单位。

(2)主配合部门:城市轨道交通运营部门以外单位在城市轨道交通运营线范围内施工时,城市轨道交通运营部门内对应的设备主管部门。

(3)外单位:城市轨道交通运营部门以外的单位(不含运营部门实施委外维修的单位)。

(4)计划审批部门:受理、编制施工计划的部门。

(5)现场受理单位:施工计划请销点的具体受理单位。其中,现场受理单位又可细分为主站和辅站。同一施工项目安排主站和辅站总数原则上不超过4个。

①主站:施工作业登记请点的车站称为主站。当同一施工项目多站进行,且其作业区域含设备集中站时,主站原则上设在设备集中站。

②辅站:当同一施工项目多站进行时,施工作业区域内除主站外,作业人员需要登记进入的车站称为辅站。

2. 施工作业管理人员及作业区域解释

在具体的施工办理过程当中,施工作业部门在保证安全的同时,为保质保量地完成施工作业,应在施工作业中配备相关管理人员并明确对应作业区域。

(1)施工负责人:施工单位在主站需配备施工负责人,负责在主站办理进场作业请、销点及该项作业的组织、安全管理。

(2)施工责任人:当同一施工项目在多个作业点进行时,该施工项目除在主站配备施工负责人外,各辅站的施工需配备施工责任人。施工责任人在辅站办理进场作业登记及负责该作业点施工的组织、安全管理。

(3)作业区域:施工计划规定的施工检修区域范围,其中正线原则上以区间或站线为单位,车辆段线原则上以线路、道岔、信号机和供电分区等为分界。

(4)施工地点:施工检修作业在作业区域内的具体作业地点。

(5)施工区域出清:施工结束后,施工负责人或施工责任人确认施工区域内该作业所有人员、工器具、物料等已撤离,全部设备、设施已恢复正常。

综上所述,在施工作业的申报、审批、办理上,应使用现代化、信息化的手段,以提高效率,节省人力、物力,所以应配备相关的信息管理系统,即施工调度信息管理系统。该系统是进行施工计划申报、实施及车站、调度信息化管理的平台,而施工纸质台账只作为办理施工作业的备用手续存在。

二 施工作业的分类

城市轨道交通系统作为一个系统性的工程,涉及设备众多,从设备检修、施工、改造的角度来看,其种类繁多。为了更科学、更合理地对城市轨道交通系统进行管理,有必要针对施工作业进行有计划的、符合地铁运营特点的分类。

1. 按施工作业地点和性质分类

(1)A类施工作业。影响正线、辅助线行车及行车设备设施使用的作业为 A 类。其中,使用电客车、工程车的作业为 A1 类;在轨行区范围内,不使用电客车、工程车的作业为 A2 类;在车站、主变电所、控制中心等生产区域范围内影响行车设备设施使用的作业为 A3 类。

(2)B类施工作业。车辆段或停车场范围内的作业(不含车辆中心对电客车、工程车的检修作业)为 B 类。其中,开行电客车、工程车的作业为 B1 类;不开行电客车、工程车,但影响车辆段或停车场行车且不能即时恢复行车及行车设备状态、影响接触网供电、在车辆段或停车场线路限界外 3m 内种植乔木、搭建相关设施的作业为 B2 类;车辆段或停车场内除 B1 类、B2 类以外的作业为 B3 类。

(3)C类施工作业。车站、主变电所、控制中心等生产区域范围内不影响行车及行车设备设施使用的作业为 C 类。其中,大面积影响客运组织、消防及环控设备正常使用、需动火的作业为 C1 类;其他或局部影响客运组织、消防及环控设备正常使用,但经采取措施影响不大且仅动用简单设备设施的作业为 C2 类。

2. 按纳入施工计划的时间分类

(1)月计划:以自然月为周期编制的工程车、调试电客车开行及设备设施施工、检修、维护的计划。

(2)周计划:以自然周为周期编制的计划。周计划可作为对月计划的补充。

(3)日补充计划:因特殊原因未列入月、周计划,但本周内必须实施的,可申报日补充计划。

(4)临时补修计划:当日运营时间内出现的设备设施故障,经临时处理后,必须在当日运营结束后继续对设备设施进行维修的计划。

三 施工凭证

施工凭证是城市轨道交通运营企业有关部门颁发的具有唯一性、时效性等特点的施工文件。施工单位需持施工凭证到相应作业单位请点后方可施工。一般来说,施工凭证有施工进场作业令和施工作业通知书两种形式。

1. 施工进场作业令

(1)定义及其内容。

"施工进场作业令"是对在运营线范围内的 A 类、B1 类、B2 类、C1 类施工作业计划现场施工信息的确认凭证。

"施工进场作业令"的内容包括该项施工计划的主要信息、施工负责人(责任人)、主辅站、作业人数等,现场受理单位须确认作业令、施工负责人(责任人)等内容统一方可受理。

"施工进场作业令"示例图如图 3-23 所示。

施工进场作业令						
						A201401 第 01 号
作业代码			施工负责人及电话			
作业单位			作业人数			
作业时间			主站			
作业区域						
作业内容						
动火安排						
安全防护措施						
影响范围						
接触网供电安排						
配合要求						
辅站及责任人						
发放单位			签发单位			
请点	时间		销点	时间	销令	时间
	批准人			批准人		批准人
备注						
注:若作业临时取消,施工单位需到作业令签发部门办理销令						

图 3-23 "施工进场作业令"示例图

(2)使用要求。

①已发布的"施工进场作业令"原则上不予变更,如因特殊情况必须变更,城市轨道交通运营企业各部门的施工由计划申报部门、外单位的施工由主配合部门提出申请,经计划审批部门同意后,计划申报人填报后发布。

②当施工负责人或施工责任人到达车站后,车站值班员有义务核对"施工进场作业令"填写是否完整、是否有涂改。如发现上述情况,车站有权拒绝其进行施工作业。

2.施工作业通知书

(1)定义。

"施工作业通知书"是在运营线范围内进行 B3 类、C2 类施工作业的凭证,由主办或主配合部门与现场受理单位联系确认该施工检修可实施后签发。"施工作业通知书"示例图如图 3-24 所示。

(2)使用要求。

①"施工作业通知书"原则上按照"一站一令"的方式执行,即一张"施工作业通知书"只能用于单个车站、控制中心或车辆段范围内的一个施工检修作业。

②"施工作业通知书"由系统自动加盖签发人姓名及发布部门施工管理印章。

③现场受理单位须核对施工负责人、施工负责人证及"施工作业通知书"等信息统一、正确后方可受理。

④"施工作业通知书"由签发部门统一备份。

（3）填写注意事项。

施工负责人可在系统中选择，施工负责人的电话默认为系统登记电话；若无，填写其手机号码。

施工作业通知书				
作业类别		施工负责人及电话		
作业单位		作业人数		
作业时间				
作业区域				
作业内容				
影响范围				
安全防护措施				
配合要求				
请点时间		销点时间		
签发人		签发部门		（签章）
备注				
注：若作业临时取消，施工单位需到作业通知书签发部门办理注销				

图 3-24　"施工作业通知书"示例图

3. 临时动火作业审批表

对于必须动火的施工作业，施工单位申报计划时须在备注中注明"动火作业"，按照消防安全管理制度办理"临时动火作业审批表"，并作为入场动火作业的凭证。

四　施工作业安全管理

1. 施工作业安全的基本要求

（1）在设备上施工时，所有作业人员必须获得特定的认可资格，并在获批准的地点工作。

（2）在站内或站间线路施工时，作业人员须在施工区域两端处设置红闪灯防护。

（3）施工工程中必须妥善摆放设备，以免发生意外。

（4）任何情况下，不得在供电设备房或其他电气设备用房存放未获批准的物品。

（5）除非获得特许，否则不得在轨道交通运营范围内存放易燃、易爆危险物品。

（6）在轨道上或在其附近工作的员工必须穿着荧光服，并确保随身的衣物不会被任何设备勾到。

（7）当发现设备或工具有损伤时，所有施工作业人员必须将其移离工作区域。

（8）施工作业过程中如需进行动火作业，必须事前办理有关动火手续，并在动火过程中，注意乘客的安全，最大限度地减少对乘客的影响。

2. 现场施工安全管理规定

（1）施工作业人员应严格按施工计划限定的时间、区间进行作业。

（2）遇特殊情况需延长时间时，施工负责人应提前 30min 向相关专业调度请示，相关专业调度员得到总调度员批准后方可延长施工时间。

(3)施工作业人员应按规定做好施工防护,确保安全。

(4)施工作业人员须严格履行施工登记,确保安全。

(5)施工结束后,施工作业人员须清理好现场,将所动用的设备恢复到正常行车条件并清点人员后,方准撤离施工现场。

3. 施工作业组织原则

施工作业是否能按时、保质、安全地完成,关系到城市轨道交通能否正常运营,相关施工作业人员应遵循"九不准"原则。

(1)施工计划未经审批,不准施工。

(2)未按规定签订施工安全协议书的,不准施工。

(3)没有合格的施工负责人不准施工。

(4)没有经过培训并考试合格的人员不准施工。

(5)没有按规定召开施工准备会、施工交底会的,施工必需的人员、工机具等准备不足的,不准施工。

(6)没有"施工进场作业令""施工作业通知书"的,不准施工。

(7)未登记请点的,不准施工。

(8)配合单位人员不到位的,不准施工。

(9)没有制定安全应急措施的,不准施工。

4. 施工作业人员进出站的规定

(1)运营部门内部及委外维修单位的施工作业人员按各站指定的紧急出入口进出车站。(所有施工,施工负责人、施工责任人须持施工负责人证,其余人员必须按要求佩戴相应证件或标志方可施工。)

(2)外单位施工作业人员进出车站须提前与车站车控室联系,并于关站前10min内进站。因特殊情况,外单位施工作业人员确需关站后进入的,应事先与车站联系,车站根据商定的地点、时间,查验手续后方可允许进站。

(3)施工负责人须在计划施工开始时间前30min到达主站,施工责任人须在计划施工开始时间前20min到达辅站,按规定程序办理施工作业手续。

5. 施工作业时间的规定

为了保证施工作业安全开展,不同类型的施工作业在时间上有所规定,具体规定如下:

(1)A类、C1类施工作业原则上应在非运营时间内进行。

(2)当最后一列电客车出清计划施工的作业区域满足条件后,方可安排A类施工作业。

(3)所有施工作业原则上应于首列车出段前45min结束;动车作业以及在有施工列车或调试列车返回的线路上施工时,施工作业须预留列车回段时间。

(4)工程车过线作业完毕后需返回本线时,原则上应于首列车出段前90min到达指定地点待令。

(5)需停电挂地线配合作业时,原则上请点前预留30min作业准备时间,作业结束时间须在上述作业时间的基础上提前30min结束。

◇ 知识点3.3.6 调试和试验安全

在城市轨道交通系统运营过程中会引进部分新设备、新技术、新科技。如果新设备、新技术、新科技运用得好，城市轨道交通系统的运营安全工作将提高一个台阶；反之，则会给城市轨道交通系统运营带来安全隐患，甚至会导致严重的事故。

因此，凡需投入使用的新设备、新技术、新科技都需要进行一定的安全调试与检查，再进行规范的安装、使用。从设备购进到使用这一过程中安全管理的重点是，保证设备安装符合有关的安全技术规范，检查、审核设备及生产；要求整个安装、调试过程都在受控状态下进行，对每一项施工工序进行安全验收并签署验收凭证，认定安全合格、手续完备扣，方可投入正式使用。

🔍 **案例分析** ┈┈┈┈┈┈┈┈┈┈┈┈┈┈┈┈┈┈┈┈┈┈┈┈┈┈┈┈┈┈

信号调试引发接触网跳闸事件

1. 事件经过

×年8月23日运营结束后，司机黄某、赖某驾驶35101次(03002车)在LH站—KC站上下行正线及辅助线运行配合信号调试，次日2时05分左右，司机赖某按调试人员王某的要求以5km/h的速度进入KC站折返线，并在"停车位置标"对标停车，调试人员王某同控制中心联系，随后要求司机"尽量往尽头线靠近"，并要求司机动车。司机以低于3km/h的速度运行并尽量靠近折返线尽头，在距车挡5m左右停车，停车时突然听到有异响并且接触网有火花，司机马上降弓，施加停车制动，报告行车调度员(T048)，行车调度员要求司机原地待令。司机执行行车调度员命令，并下车用电筒查看接触网状态，发现在03A002车2号车门上方刚性接触网支架上有一拳头大小的黑色痕迹，司机随即把上述情况报告行车调度员。

2时55分，行车调度员通知司机KC站—LH站上下行正线及辅助线解封，司机原地待令。3时00分供电人员到现场确认接触网状态。3时30分，行车调度员接受司机升单弓动车的建议，通知司机等待供电人员确认接触网状态良好安全后，升03C002端弓(单弓)并确认进路安全、X607信号机开放后限速3km/h运行到达KC站下行站台。站场线路示意图如图3-25所示。

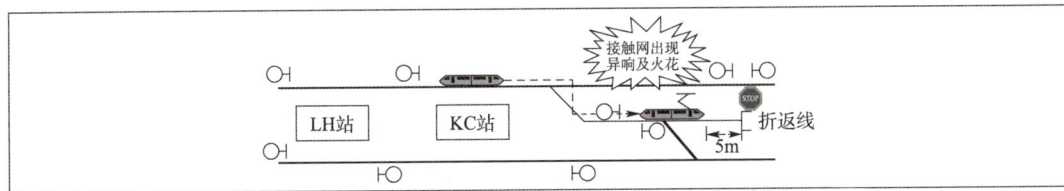

图3-25 站场线路示意图

2. 原因分析

(1)调试司机赖某、黄某没有严格执行《调试试验安全规则》的规定，在外单位调试人员王某提出动车要求,且动车指令不明确、不具体时,没有拒绝和指出问题,盲目动车,是本次事件发生的主要原因。

(2)调试司机赖某、黄某在驾驶客车越过S605信号机开往车挡方向时,注意力集中在控制运行速度上,没有留意接触网终点标,赖某、黄某在列车运行过程中瞭望不彻底,是本次事件发生的次要原因。

(3)司机赖某、黄某针对调试客车需进入KC站折返线末端没有足够的安全预想,安全意识不强,是本次事件发生的次要原因。

3.事件定性

根据《××违章分类管理办法》安全四类违章相关条款规定,"现场设备操作错误,造成较大影响的(如列车晚点较多,总部交班会批评的)",将本次事件定性为严重安全事件(四类违章)。

4.事件定责与处理

调试司机赖某与黄某对本次事件负同等责任,根据"考评管理办法",分别扣当月月度考评40分。

5.整改措施

(1)组织全体员工学习本次事件,吸取事件教训:①要求调试司机在调试中坚持原则,只能听从总部调试负责人指挥;②调试过程中司机不仅要注意瞭望信号、道岔、进路,还要注意接触网的状态;③要求各岗位举一反三,严格执行规章制度,确保作业安全。

(2)组织参与调试的司机对调试工作中存在的问题、调试工作的经验、现场的情况进行交流,相互学习,共同提高,严格按照调试相关规定执行,遇到问题及时向调试负责人提出,及时采取措施,确保调试工作安全。

(3)跟进普查各正线及车场接触网终点标的位置、高度,拆除悬挂在接触网上侵入设备限界的各类标志,同时在车场、正线线路的该类标志的轨旁安装醒目的地面标志,方便司机瞭望,提醒司机注意,避免发生类似事件;在KC站存3道、存2道尽头与二段分界处轨旁加装接触网终点标。

(4)组织参加设备调试和试验前,质量安全室、乘务分部、中心站对配合过程加强安全预想,提前制定安全措施并培训到人,避免发生类似事件。

一 设备安装调试实施过程

1.开箱验收

新设备到货后,由设备管理部门会同购置单位、使用单位或接收单位进行开箱验收,检查设备在运输过程中有无损失,附件、随机备件、专用工具、技术资料等是否与合同、装箱单相符,并填写设备开箱验收单,存入设备档案。若设备有缺损或不合格问题,应立即向有关单位交涉处理,索换或索赔。

2.设备安装施工

按照工艺技术部门绘制的设备工艺平面布置图、安装施工图、基础图、设备轮廓尺寸以

及相互间距等要求画线定位,组织基础施工及设备搬运就位。在设计设备工艺平面布置图时,对设备定位要考虑以下因素:

(1)应适应工艺流程的需要。

(2)应便于工件的存放、运输和现场的清理。

(3)应确保设备及其附属装置的外尺寸、运动部件的极限位置及安全距离。

(4)应保证设备安装、维修、操作安全的要求。

在安装过程中,对基础的制作、装配链接、电气线路等项目的施工,要严格按照施工规范执行。安装工序中如果有恒温、防震、防尘、防潮、防火等特殊要求时,应采取相应措施,只有条件具备后才能进行该项目工程的施工。

3. 设备试运转

设备试运转一般分为空转试验、负荷试验和精度试验三种。

(1)空转试验:为了考核设备安装精度的保持性、设备的稳固性等有关各项参数和性能,在无压力运转状态下进行的试验。一定时间的空负荷运转是新设备投入使用前进行磨合的一个不可缺少的步骤。

(2)负荷试验:试验设备在数个标准负荷工况下进行的试验。

(3)精度试验:一般,在负荷试验后按说明书的规定进行,既要检查设备本身的几何精度,也要检查工作(加工产品)的精度。

4. 设备运行后的工作

首先断开设备的总电路和动力源,然后做好下列设备检查、记录工作:

(1)磨合后对设备进行清洗、润滑、坚固,更换或检修故障零部件并进行调试,使设备处于最佳使用状态。

(2)整理设备几何精度、加工精度的检查记录和其他机能的试验记录。

(3)整理设备试运转中的情况(包括故障排除)记录。

(4)对于无法调整的问题,分析原因,从设备设计、制造、运输、保管、安装等方面进行归纳。

(5)对设备运转给出评定结论、处理意见,办理移交手续,并注明参加试运转的人员和日期。

5. 设备工程的验收与移交使用

(1)设备基础的施工由质量检查员会同施工员进行验收、填写验收单。

(2)设备安装工作的最后验收,在设备调试合格后进行。

(3)设备验收合格后办理移交手续。

(4)设备移交完毕后,设备管理部门签署"设备投产通知书",并将副本分别交设备管理部门、使用单位、账务部门、运管管理部门。

二　调试、试验的安全

设备安装调试中的安全包括设备安装施工安全、设备试运行安全和设备自身的安全状况。设备安装施工和试运行的安全应按有关作业和运行操作安全要求进行。

设备安装好后,应逐项检查设备的安全状态及性能是否符合要求,检查的安全项目包括静态检查项目和动态检查项目两类。其中,静态检查项目在设备不运行的条件下进行,如设备表面安全性、安全防护装置的工作性能与可靠性、设备运行中的粉尘和毒物、易燃等物体的产生情况等。设备安装调试的安全检查除了参照上述设备购置的各项要求外,还应检查下列各项安全要求。

1. 控制系统

当动力源发生异常(偶然或人为地切断、变化)时,控制装置应保证不会造成危险,即使系统发生故障或损坏,也不会造成危害。必要时,控制装置应能自动切换到备用动力源和备用设备系统,自动控制系统或半自动控制系统应设有必要的保护装置,以防止控制指令紊乱。同时,在每台设备上辅以能单独操纵的手动控制装置。

2. 安全防护装置性能

安全防护装置应符合产品标准规定的可靠性指标要求,应便于调节、检查或维修,并不得成为危险源;同时,避免在安全防护装置和可动零部件之间产生接触危险,所有安全显示与报警装置都应灵敏、可靠;电气设备接地和防雷接地必须牢固可靠,接地电阻符合规范标准要求。

3. 尘毒产生情况

凡工艺过程中能产生粉尘、有害气体和其他毒物的生产设备,都应尽可能采用自动加料、自动卸料和密闭的装置,吸收、净化、排放的有害物浓度应符合国家标准的规定。对于有毒、有害物质的密闭系统,应避免发生"跑、冒、滴、漏"现象。必要时,应配置监测、报警装置。对生产过程中尘、毒、危害严重的生产设备,必须安装可靠事故处理装置并采取应急防护措施。

4. 产生噪声和振动的设备

对于会产生噪声和振动的设备,必须在产品标准中明确规定噪声、振动指标限值,并采取有效防治措施。对固有强噪声、强振动的设备,宜设置隔离装置或遥控装置。设备的噪声、振动指标限值应符合标准限值的规定。

5. 防火与防爆性能

对于生产、使用、储存和运输易燃、易爆物质和可燃物质的生产设备,应根据其燃点、闪点、爆炸极限等不同性质采取相应的预防措施,包括:实行密闭,严禁"跑、冒、滴、漏"现象;配置监测报警装置、防爆及消防安全设施;避免摩擦撞击,消除接近燃点、闪点的高温因素,消除电火花和静电积聚;设置阻燃气体(如氮气、二氧化碳、水蒸气等)置换及保护系统;设置水封阻火器等安全装置。

6. 人员操作的安全性

生产设备上供施工作业人员操作的位置应安全可靠,其工作空间应保证施工作业人员的头、臂、手、腿、足在正常作业中有充足的活动余地,危险作业点应留有足够的退避空间。作业空间应满足以下要求:

(1)保证施工作业人员操作的安全、方便和舒适。

(2)作业空间应采用防火材料,其门窗透光部分应采用易清洗的安全材料制造,并应保证施工作业人员在作业空间就能擦拭。

（3）作业空间应具有防御外界有害作用（如噪声、振动、粉尘、毒物、热辐射和落物等）的良好性能。

（4）作业空间应保证施工作业人员在事故状态下能安全地撤出。

◇ 知识点3.3.7　突发事件应急处理

在城市轨道交通系统运营过程中，可能会发生因设施、设备发生故障，外来突发因素而造成或可能造成人身伤亡、财产损失和社会影响的事故（件）以及危及公共安全的事故（件）。为了及时处理在车站、列车上、区间线路等处发生的突发事故（件），防止事故（件）扩大，减少人员伤亡和财产损失，应规范城市轨道交通突发事故（件）应急处理工作。

一　突发事件的定义及分类分级

1. 突发事件的定义

广义的突发事件是指在组织（个人）限定计划之外或认识范围外突然发生的，对其意义具有潜在危险性的一切事件。狭义的突发事件是指在城市轨道交通系统的一定区域内突然发生的、规模较大的，且对整个运营系统及社会产生广泛负面影响的、对乘客生命及财产构成严重威胁的事件和灾难。

2. 突发事件的分类及分级

一般情况下，城市轨道交通系统的突发事件分为运营生产类、消防治安类和自然灾害类三类。不同类型的突发事件根据其影响的程度又分为重大级和一般级两级。

运营生产类重大级突发事件包括行车大事故及以上事故；运营生产类一般级突发事件包括行车危险性及以下事故或严重影响运营的设备设施故障。

消防治安类重大级突发事件包括在城市轨道交通运营范围内发生的爆炸、毒气、恐怖袭击、火势较大需要公安消防灭火、5人以上聚众闹事严重影响城市轨道交通运营的事件；消防治安类一般级突发事件包括在城市轨道交通运营范围内收到爆炸、毒气、恐怖袭击等恐吓信息、火势较小依靠自身力量可灭火、5人以下聚众闹事对城市轨道交通运营影响较小的事件。

自然灾害类重大级突发事件包括发生地震、水灾及气象台发布的黑色气候信号等严重影响城市轨道交通运营的事件；自然灾害类一般级突发事件包括气象台发布的白色、红色、黄色气候信号影响城市轨道交通运营的事件。

二　突发事件应急管理

1. 应急管理体系

（1）应急管理的概念。

应急管理是指在应对突发事件的过程中，为了降低突发事件的危害，达到优化决策的目的,对突发事件的原因、过程及后果进行分析,有效集成社会各方面的相关资源,对突发事件进行有效预警、控制和处理的过程。城市轨道交通应急管理是指在突发事件的事前预防、事发应对、事中处理和善后管理过程中,通过建立必要的应对机制,采取一系列必要措施,保障乘客的生命和财产安全。

（2）应急管理的主要内容。

应急管理的主要内容包括应急组织管理、应急预案管理、应急资源管理和突发事件应急处理等。

①应急组织管理。

应急组织机构是应急体系的中枢,是日常应急体系建设和应急规章制度监督的主体机构。同时,在城市轨道交通突发事件发生时,应急组织机构也是应急指挥的决策和执行机构。

城市轨道交通运营部门应急组织机构由决策层、指挥层和执行层三个层级组成,如图3-26所示。

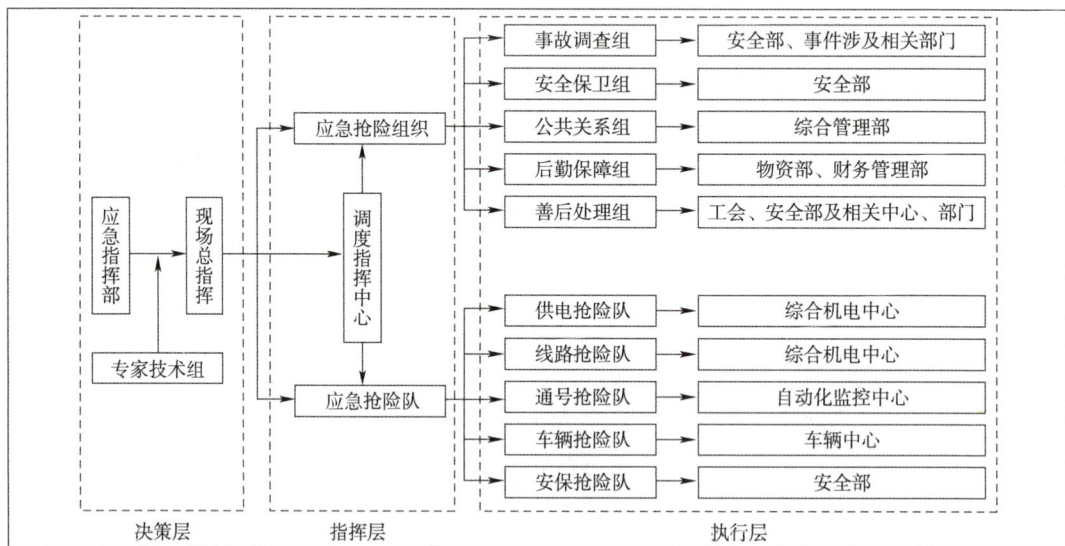

图3-26 城市轨道交通运营部门应急组织机构

应急组织机构由初期现场处置人员和专业抢险队伍构成。初期现场处置人员是指车站、司机及其他涉及突发事件初期现场处置的相关中心、部门的成员,在发现突发事件后,他们会按相关应急处置程序开展现场的初期处置和事件上报工作。

②应急预案管理。

应急预案为突发事件应急处理行为规程,是指导性应急救援的规范性文件,必须具备较强的可操作性;它明确了在突发事件发生前、发生过程中以及刚刚结束之后,谁负责做什么、何时做,以及相应的策略和资源准备等;它在内容组成上应包括危害因素、事件类型、事发场所或部位、事件等级、处理目标、工作组织、岗位职责、处理流程、预案仿真及培训演练等。

a.预案的分类。

根据预案体系划分,预案可分为总体预案、现场预案、专项预案三种。总体预案是指城市轨道交通运营企业针对突发事件的指导性预案,包含突发事件的等级、事件处理的原则和城市轨道交通运营企业应急组织等内容;现场预案是指突发事件产生时,规定现场救援人员应急救援的操作规程,现场预案的内容应尽可能详细,如某线控制中心应急处理程序中应包含在线路某个区段应急状况下的行车方案、客流组织方案等内容;专项预案是指各级应急组织针对某一突发事件类型而制定的应急处理操作规程,如恶劣天气应急预案、防台风应急预案、大客流应急预案等。

b. 应急预案的演练和评价。

应急预案的演练是检验、评价和保持应急能力的一个重要手段。其作用体现在:可在事故真正发生前发现预案存在的问题和缺陷,发现应急资源的不足,从而改善应急部门、机构和人员之间的协调,增强相关人员应对突发事件开展救援的信心和应急意识,提高应急人员的熟练程度和应急能力,增强各级预案之间的协调性和整体的应急反应能力。应急预案的演练可分为桌面演练、功能演练和全面演练。

应急预案演练结束后,应对应急预案演练的效果给出评价,并提交演练报告,详细说明演练中存在的问题,并进行改进与完善,避免因应急预案不完善而导致事故的扩大化。

③应急资源管理。

应急资源管理是对突发事件应急救援所需要的专业救援人员、应急物资、历史资料、法律法规、专家资源的管理。

④突发事件应急处理。

突发事件应急处理是应急管理的核心,应急管理的各项内容都是围绕着应急处理这一核心开展的。突发事件发生后,决策者应对突发事件所表现出来的特征、发展趋势以及可能产生的影响做出分析、判断和相应的决策;应急人员则通过预先准备的预案和反复演练中所获得的应对能力及经验,熟练地应对和处理突发事件。

(3)应急管理阶段。

城市轨道交通应急管理正在由分类管理向综合管理、由分阶段管理向全过程管理发展,形成预防、准备、响应和恢复四个阶段应急管理。这四个阶段的应急管理不是相互割裂的,而是一体、连续、动态反馈的系统过程。

①预防。

预防是城市轨道交通突发事件应急管理的重要环节,对导致突发事件发生的各种可能性都要予以排除。预防工作主要针对运营危险源,制定相关安全生产风险的管理办法,保障运营监控。运营监控主要是通过车站机电设备监控系统(Building Automatic System, BAS)、FAS 系统等自动化系统来实现对车站运营设备的实时监控。

②准备。

准备阶段包括制定应急预案、建立应急组织机构和危机预警机制,然后根据预案的需要做好组织、人力资源、资金、应急物资和设备等方面的准备。

③响应。

一旦发生紧急事件,应立即启动应急响应程序。应急响应程序为:接警—应急响应级别确定—应急启动—救援行动—应急恢复—应急结束。

④恢复。

突发事件处理完成后,需要对恢复或重建进行管理。应急抢险结束后,应对应急处理过程进行总结,对应急救援能力做出评估,就事故应急救援过程中暴露出来的问题,及时调整、完善,制定改进措施,并将结果反馈给预防阶段,作为制定或修改安全措施和技术手段的依据。

(4)应急管理遵循的原则。

①遵循综合协调、分类管理、分级负责、属地为主的原则。

②遵循预防与应急并重、常态与非常态相合的原则。

③遵循高度集中、统一指挥、快速反应、动作协调的原则。

2. 应急设备

为了应对突发状况,保护乘客的安全,城市轨道交通运营企业一般在列车或车站安装一定的应急设备,当出现突发状况时,乘客可以通过应急设备报警或自救。

(1)列车应急设备。

一般情况下,城市轨道交通列车上应配备的应急设备有应急疏散门、紧急开门装置、紧急报警装置、灭火器。

①应急疏散门。

应急疏散门安装于驾驶室左侧顶部。它手动解锁后通过气簧执行机构机械动作后,可推下专门的接近轨道的紧急梯。应急疏散门配有接风玻璃、雨刮器和清洗器,其中雨刮器和清洗器是与司机的雨刮器和清洗器共同控制的。

当运营区间发生故障时,司机可以通过前后的应急疏散门疏散乘客,乘客可以快速、有序地通过隧道逃生。

②紧急开门装置。

在列车的每列车门上均安装有紧急开门装置,它在列车发生故障或紧急情况,需要人工手动开门时使用。

③紧急报警装置。

紧急报警装置安装于列车的车厢内。一般情况下,列车的每节车厢至少安装两个紧急报警装置,包括"紧急报警"按钮和"紧急对讲"按钮。当车厢发生乘客冲突、有人昏厥、火灾等紧急情况时,乘客可以立即使用紧急报警装置通知司机,以便司机根据现场情况采取相关措施进行处理。

④灭火器。

城市轨道交通列车是运送乘客的封闭大型载客工具,一旦发生火灾,后果不堪设想。因此,在每节车厢均配备有灭火器。一般情况下,车厢内配备的灭火器型号均为6kg,放置于车厢乘客座椅底座下或车辆前后两端的专门设备内。当列车发生火灾初期或较小火灾时,乘客可自行利用灭火器进行灭火,防止出现较大火情。

(2)车站应急设备。

车站应急设备分为事故救援应急设备和车站机电设备应急装置。

①事故救援应急设备。

事故救援应急设备包括呼吸器、逃生面具、湿毛巾、应急灯、担架、存尸袋、便携式扶梯、抢险锤、防汛铁锹、挡水板、草垫子、编织袋等。车站应急抢险器材应由专人保管，不得随意挪作他用，当出现故障、损坏或数量不足时，应立即上报有关部门，如因人为因素导致器材出现故障、损坏或丢失等情况，必须追究当事人责任。

②车站机电设备应急装置。

车站机电设备应急装置主要有火灾紧急报警器、自动扶梯紧急停止装置(图3-27)、"紧急停车"按钮、站台门紧急开关装置、站台应急门等。其安装位置和数量均根据不同的城市轨道交通系统建设的要求而有所不同，但各类应急装置的启用时机不同，即必须在发生危及列车运行安全或危及人身安全的紧急情况下使用。

3.突发事件应急救援

图3-27 自动扶梯紧急停止装置

(1)基本任务。

突发事件应急救援的总目标是通过有效的应急救援行动，尽可能降低事故的损失和后果，包括人员伤亡、财产损失及社会影响等。因此，突发事件应急救援的基本任务如下：

①及时疏散，抢救伤员。

城市轨道交通运营企业在突发事件应急救援中应确保乘客安全，快速、有序、高效地疏散乘客，安全地转送伤员，是降低伤亡率、减少事故损失的关键。同时，在疏散过程中应及时指导和组织乘客进行自身防护，开展自救和互救工作。

②现场监控，控制事态。

在组织乘客疏散时，城市轨道交通运营企业要采取有效措施，对现场事态进行控制，防止事态扩大，造成更大事件。当事件无法控制时，应及时向有关部门报告。

③救援结束，恢复现场，准备运营。

突发事件应急救援结束后，城市轨道交通运营企业应本着"尽快恢复运营"的原则，做好现场的清理工作，特别是对涉及运营线上的物品的清理，防止救援设备侵入限界。同时，各岗位人员做好运营恢复前的准备工作。

④事故调查，总结救援经验。

突发事件应急救援结束后，要及时调查事故发生的原因和事故的性质，评估危险程度，并总结救援工作中的经验和教训。

(2)突发事件的信息通报。

城市轨道交通运营过程中，发生突发事件时及时请示和汇报是降低各类损失、减少事故影响、缩短救援时间的重要环节。

①应急信息报告原则。

突发事件发生后应迅速、准确、简单、明了地逐级上报，同时遵循企业内部及协作单位并举的原则，控制中心负责应急信息的收集和传递工作。在区间发生突发事件时，司机立即报告行车调度员；在车站或基地发生突发事件时，车站值班员或信号楼调度员立即报告行车调度员。当发生人员伤亡、火灾、爆炸、毒气袭击等事故，需要报告119火警、120急救中心或地铁公安分局时,现场负责人或目击者应在第一时间内直接报告;如果无法直接报告,则应遵循尽快报告的原则,向就近的车站或控制中心(信号楼)调度等上级报告。

②应急信息报告的主要内容。

应急信息报告包括:发生时间(月、日、时、分),发生地点(区间百米标和上、下行正线),列车车次、车组号,关系人员姓名、职务,事故概况及原因,人员伤亡情况及车辆、线路等设备损坏情况,是否需要救援,是否影响邻线运行,其他必须说明的内容及要求。

模块小结

本模块对铁路交通运营安全,城市轨道交通运营安全的管理体制、制度、内容以及主要安全规定进行介绍,帮助学生牢固地树立"安全生产、预防为主、综合治理"的科学安全观,具有铁路交通运营生产安全管理意识,掌握知识,运用系统性、联动性理念进行生产实践,发现、分析并解决安全管理问题。

素质拓展

(1)学习"安全管理逐级负责制",结合案例、铁路交通运营工作分析如果该项制度落空、执行不到位,会出现什么后果。

(2)你如果是某铁路客站客运班组或者列车客运乘务班组的一员,会采取哪些安全管理的措施? 请查阅文献资料,进行补充、完善、拓展。

(3)请查阅资料并自学《铁路装卸作业技术安全管理规则》,理解叉车、起重机作业如何保障装卸安全。

(4)作为一名车站值班站长,当车站公共区发生火灾时,请从大局角度出发,分析如何组织车站的站务人员及非站务人员共同完成客流疏散工作。

(5)根据突发事件应急处理原则,分析作为一名城市轨道交通站务人员应从哪些方面体现"服从领导,统一指挥"的真正内涵。

练习与思考

一、填空题

(1)我国国有独资公司_____承担铁路安全生产主体责任。

(2)国铁集团下辖_____个铁路局集团公司。你所在学校在_____省_____市,区域内铁路归中国铁路_____局集团有限公司管理。

(3)国铁集团对铁路交通运营生产实行_____级管理体制,即_____、_____和_____。

(4)安全管理_____制是一项规定各级管理干部的安全管理责任制度。它是加强安全管理的核心和重点工作,是安全生产的可靠保证。

(5)班组长承担着三种角色,即_____的组织者、班组安全运输_____的指挥者和安全生产活动的_____。

(6)_____(高铁为车站应急值守人员)、_____、机车乘务员、_____等是行车工作的主要工种,称为"三员一长"。

(7)行车安全管理的出发点和落脚点是_____,内容主要包括标准化作业控制、_____和系统_____等。

(8)班前_____。班中按规定_____,佩戴_____。

(9)横越线路时,应做到_____、_____、_____、_____,注意左右机车车辆的_____及脚下有无_____。

(10)操作隔离开关前,操作人员必须戴好_____,穿好_____,戴好_____,确认隔离开关及其传动装置正常、_____良好、线路上确无电力机车作业的情况下,方可按规定程序操作。

二、判断题

(1)铁路车务段、工务段等站段车间、班组和职工属于铁路局集团公司安全管理机构的决策层。   (   )

(2)铁路交通运营安全管理按照铁路运输企业运营领域,其内容主要包括行车安全管理、客运安全管理、货运安全管理以及相关的设备安全、劳动安全、消防安全、施工安全等管理内容。   (   )

(3)货物装载与加固质量直接关系到货物运输安全,是保障货物运输安全的基础性工作。   (   )

(4)顺线路走时,应走线路中间,施工作业人员及所携带的工具不得侵入机车车辆限界,并注意邻线的机车车辆和货物装载状态。   (   )

(5)只要确认列车暂时不会开过来,可以在运行中的机车车辆前面抢越。(   )

(6)禁止任何人员(专业人员按规定作业除外)携带长杆、导线等高长物件在与接触网带电部分2m以内作业。   (   )

三、问答题

(1)我国铁路交通运输管理政府部门、主要企业的名称是什么?

(2)铁路交通运营安全影响因素有哪些?

(3)铁路交通运营主要运输作业过程有哪些?

(4)铁路运输企业安全管理机构的层级是什么?由高到低最后两级的主要职责分别是什么?

(5)简述安全管理逐级负责制的原则。

(6)站段安全管理责任制要求有哪些?

(7)如何理解班组长在班组安全管理中的作用?

(8)如何培养班组群体安全意识?

(9)铁路交通运营安全管理的内容有哪些?

(10)铁路行车、客运、货运安全重点内容有哪些?

模块4

轨道交通企业维修安全

▌▌▌模块概述▌▌▌

　　维修作业是轨道交通企业安全运营的重要保障措施，维修作业需要严格按照相关规章制度执行。本模块重点学习轨道交通企业维修安全相关的工务、电务、供电、机车车辆维修工作及其规章制度。

单元4.1　工务维修作业人身安全

学习导航

学习目标

1.知识目标

(1)掌握工务维修作业基本要求、避车作业内容、线桥作业内容。

(2)具备工务维修作业过程中的避车能力和安全使用机具的能力。

2.能力目标

通过对工务维修作业人身安全的学习,具备完成线桥作业、搬运与装卸作业时确保自身安全的能力。

3.素质目标

通过对本单元知识点的学习,培养吃苦耐劳、团队协作、爱岗敬业的精神。

学习指导

1.学习重点

理解和掌握工务维修作业基本要求,线路作业、桥隧/路基作业、电气化铁路作业基本要求。

2.学习难点

理解和掌握桥梁作业、爆破作业基本要求,机具使用要求。

学习探索

关注微信公众号"1435工厂",学习工务标准作业。

案例导入

盲目上道,被撞身亡

一、案例背景描述

1.案例发生的时间、地点

时间:×年1月13日12时48分。

地点:兰州西工务段。

2. 案例简述

×年1月13日12时48分,乌鲁木齐开往上海的T54次旅客列车运行至兰新线龙泉寺——大路间上行K66+940处,将正在检查线路的兰州西工务段河口南线路车间华家山线路工区工长许××碰撞致死。

3. 案例类型

根据《铁路交通事故调查处理规则》第十三条规定"B1. 造成1人死亡",本案例属于铁路交通一般B1事故。

二、案例定责

(1)本次事故根据《铁路交通事故调查处理规则》第十三条规定"B1. 造成1人死亡",构成铁路交通一般B1事故。兰州西工务段负全部责任。

(2)兰州西工务段河口南线路车间华家山线路工区工长许××违反《普速铁路工务安全规划》(简称"《安规》")第2.2.18条规定,"在线路允许速度 V_{max} >120km/h 区段进行设备检查时,应避开速度大于120km/h的列车;无法避开时必须增设驻站联络员,及时通报列车运行情况,并保持每3min联系一次。在长大桥梁、隧道及瞭望条件不良地段作业时,应增设防护员"。在组织进行瞭望条件不良的曲线地段作业时,既未按规定避开速度大于120km/h的列车运行时段,也未增设防护员,同时,许××本人在上道作业前未对本线来车情况进行确认,即盲目上道作业。

(3)现场防护员陈××,违反《工务部门劳动安全卡控措施》(企业规定)第4.2条"防护人员除用对讲机监听列车运行情况外,应加强瞭望,在本线或邻线来车时,应及时通知检查人员按规定距离下道避车至安全位置"的规定,未认真瞭望,未及时地发现接近作业地点的T54次旅客列车,一系列的违章最终导致事故发生。

三、案例分析

1. 原因分析

(1)作业人员违反《安规》第2.2.18条,作业时未有效避开瞭望条件不良的曲线地段。

(2)现场工长未履行防护职责按规定增设现场防护员,间断瞭望与联控。

(3)作业人员自控不到位,在未确认本线来车的情况下,盲目上道作业,安全防范意识弱。

2. 优化措施

(1)工务段组织安全教育学习,针对事故原因进行分析,制定整改措施,防止类似事件再次发生。

(2)加强对《安规》的学习,规范线路维修作业规范,制定完善的工作流程体系,并进行全员培训考核,确保每一位作业人员都能严格按照规定的流程进行作业。

(3)强化领导责任,深入了解工作细节和实际情况,积极推动工作流程、安全管理等各项工作的落实和完善。

四、案例总结

本案例中,线路工区工长许××安全意识薄弱,业务不熟,对《安规》《工务部门劳动安全卡控措施》等相关管理规章制度掌握不到位,是导致此次事件的直接原因。作业工长未严格执行规定,存在侥幸心理,违规上道作业;现场防护员没有认真履行职责,防护不到位,导致事故发生。

该事故充分暴露出事故责任单位在安全管理和职工管理方面存在的突出问题,班组管理松懈,安全意识薄弱、违章上道作业,班前安全教育针对性不强,现场作业卡控不到位,"自控、互控、他控"措施不落实。铁路安全是影响国家发展和人民生命财产安全的重中之重,应高度重视铁路工务安全工作,切实加强安全管理,提高工人安全保障能力。

五、讨论与思考

(1)工务维修作业安全主要涉及哪些内容?它们分别涉及哪些岗位和工种?

------

(2)你认为上述案例属于哪类作业安全事件?应如何进行卡控?

------

(3)你认为工务维修作业人身安全哪方面工作最重要?请阐述理由。

◇ 知识点4.1.1 基本要求

城市轨道交通运营企业各单位应经常对从业人员进行人身安全教育,组织学习安全规章及有关操作技术。从业人员在任职、提职、改职前,必须经过段或段以上单位进行安全技术教育培训,考试合格后,持铁路岗位培训合格证书上岗。

防护员(驻站联络员、现场防护员)必须由经培训考试合格的人员担任并持铁路岗位培训合格证书上岗。铁路岗位培训合格证书如图4-1所示。

从事工务机械车驾驶和操作、钢轨探伤、钢轨焊(熔)接工作及特种设备操作人员,必须经过专业培训、考试或鉴定合格,取得铁路岗位培训合格证书及相应资格后,方可上岗。持有国家铁路局颁发的理论

图4-1 铁路岗位培训合格证书

考试合格证明的工务机械车驾驶证申请人,在司机指导下方能驾驶相应申请考试机型,进行实际操作训练。

作业人员接触职业病危害因素的,应按照国家规定开展职业病防治工作。进行接触粉尘、有毒物品、易燃物品、易爆物品作业,使用电器、机械,以及高空作业等,必须按规定采取相应措施和使用劳动防护用品,以保证健康及人身安全。

易燃、易爆及有毒物品必须有专人保管,储藏时应与建筑物、烟火及水源隔离;搬运装卸及使用时,应严格按规定程序操作,慎防起火、爆炸或中毒。

野外作业遇雷、雨等恶劣天气时,作业人员应放下手中的金属器具,迅速到安全处所躲避,严禁在大树下、电杆旁和涵洞内躲避。在酷暑、严寒季节,应采取措施,防止作业人员中暑、溺水、冻伤和煤气中毒。

◇ 知识点4.1.2　避车

线路作业和巡检人员,必须熟悉管辖内的线桥设备情况、列车运行速度、密度和各种信号显示方法,作业和巡检时应注意瞭望,及时下道避车。

线路作业和巡检人员在步行上下工时,应在路肩或路旁集中走行;在双线区间,应面迎列车方向走行;通过桥梁、道口或横越线路时,应"手比、眼看、口呼",做到"一停、二看、三确认、四通过",严禁来车时抢越;必须走道心时,应设置专人防护;当进路信号辨认不清时,应及时下道避车。

作业人员下道避车时应遵守以下规定:

(1)与钢轨头部外侧的距离不小于2m,设有避车台(洞)的桥梁(隧道)应进入避车台(洞)避车。

(2)本线来车按下列距离下道避车:

①当V_{max}≤60km/h时,不小于500m。

②当60km/h<V_{max}≤120km/h时,不小于800m。

③当120km/h<V_{max}≤160km/h时,不小于1400m。

④当160km/h<V_{max}<200km/h时,不小于2000m。

(3)邻线(线间距小于6.5m)来车下道规定如下:

①本线不封锁时:

a.当邻线速度V_{max}≤60km/h时,本线可不下道。

b.当60km/h<邻线V_{max}≤120km/h时,来车可不下道,但本线必须停止作业。

c.当邻线V_{max}>120km/h时,下道距离不小于1400m。

d.当瞭望条件不良时,邻线来车时本线必须下道。

②本线封锁时:

a.当邻线V_{max}≤120km/h时,本线可不下道。

b.当120km/h<邻线V_{max}≤160km/h时,本线可不下道,但本线必须停止作业。

c.当邻线V_{max}>160km/h时,本线必须下道,距离不小于2000m。

(4)在站内其他线路作业,躲避本线列车时,下道距离不少于500m;与本线相邻的正线来车时,按本条第(1)项和第(3)项办理,与本线相邻的其他站线来车时可不下道,但必须停止作业。列车进路不明时必须下道避车。

（5）在速度小于120km/h的区段,瞭望条件大于2000m以上时,钢轨探伤仪、轨道检查仪作业,邻线来车可不下道。

（6）作业人员下道避车时,应面向列车认真瞭望,防止列车上的抛落物、坠落物或绳索伤人。

（7）作业人员下道避车时,必须将作业机具、材料移出线路,并放置、堆码牢固,不得侵入建筑限界;两线间距离小于6.5m,人员不得停留和放置机具、材料。

（8）普速铁路和高速铁路并行地段,普速铁路作业、进出防护栅栏门必须严格执行高速铁路登销记制度。

（9）普速铁路和高速铁路并行,但未设物理隔离且天窗（天窗指列车运行图中不铺画列车运行线,为施工和维修作业预留的时间）不同步地段,所有作业必须纳入天窗。

（10）普速铁路本线与相邻高速铁路线间距不足6.5m地段,普速铁路作业而相邻高速铁路行车时,相邻高速铁路列车须限速160km/h及以下,相邻高速铁路来车,本线可不下道。作业和避车严禁侵入高速铁路建筑限界。如作业需侵入高速铁路建筑限界,相邻高速铁路也必须同时封锁。

（11）普速铁路与高速铁路垂直天窗相同时段,在设好防护、确认高速铁路无路用列车通过时,可以跨越高速铁路进出,但要制定相应的安全措施,具体办法由铁路局集团公司规定。

（12）严禁作业人员跳车、钻车、扒车或由车底下、车钩上传递工具材料。休息时不准坐在钢轨、轨枕头及道床边坡上。绕行停留车辆时,其距离应不少于5m,并注意车辆动态和邻线开来的列车。

（13）遇有降雾、暴风（雨、雪）、扬沙等恶劣天气影响瞭望时,应停止线上作业和上道检查;必须作业时,应采取特殊安全措施,保证来车之前按规定的距离及时下道。

（14）线路V_{max}＞120km/h的区段,巡道、巡守人员应在路肩上行走,并注意查看线路状态。

◇ 知识点4.1.3 线桥作业

一 线路作业

作业前,机具使用人员应对机具进行检查,状态不良或安全附件失效的机具严禁上线使用。线路作业必须在符合规定的作业负责人的领导下进行。作业负责人应根据人员、作业任务、天气等情况,具体布置安全事项。作业地段不宜过长,并不得指派单人到防护区段以外的线路上作业。在线路上进行下列作业时应注意以下几点:

（1）天窗点外严禁使用齿条式起道机。

（2）多人在一起作业时应统一指挥,相互间应保持一定的安全距离,防止工具碰、撞伤人。

（3）分组人工捣固时,前后距离应不小于3根轨枕,作业人员前脚不得伸出轨枕边缘。多组捣固机械同时捣固时,前后距离应不小于3m,走行应保持同步。

（4）不得使用撬棍翻动钢轨。使用撬棍拨道时,撬棍应插牢,听从指挥,统一行动,严禁骑压或肩扛撬棍拨道。

(5)改道打道钉时,严禁锤击钢轨,不准用捣镐打道钉。分组打道钉时,前后距离应不小于6根轨枕。在无人行道的桥面上作业时,起钢轨外口道钉,应站在道心内侧并使用专用起钉器或弯头撬棍等特制工具。

二 桥隧、路基作业

1. 高空作业

在地面2m以上的高处及陡坡上作业时,必须戴好安全帽、系好安全带(绳),不准穿带钉或易溜滑的鞋。安全带(绳)应符合现行国家标准。使用人每次使用安全带(绳)前必须仔细检查。设备管理单位每半年对安全带(绳)做一次检测。其检测方法如下:

(1)静荷载试验:用静荷载3000N的力拉5min不断。

(2)冲击试验:固定安全带(绳)一端,用800N重物由3m高处自由坠落悬空而不断。

2. 临边作业

(1)临边作业应设置防护围栏和安全网。悬空作业应设置可靠的安全防护设施。未设置隔离设施的高处作业,作业人员不得垂直施工。

(2)使用移动式梯子时,梯脚应坚实,梯子上端应有固定措施。

(3)安全桩的埋深一般不小于0.75m,土质山坡不小于1.0m,必要时适当加深。安全桩距陡坡边缘不得小于3m。

(4)在悬崖陡壁处作业,必要时应打两个安全桩(护桩)。每次施工前安全桩必须有专人检查,施工中应派人看守,以防安全桩松动而造成人身事故。安全带(绳)左右移动距离不得大于5m。

(5)安全带(绳)应挂在牢固的物体上并拴绑牢固,安全桩应一桩一绳。安全带(绳)应一绳一人,严禁在一个物体上拴挂几根安全带(绳),严禁一根安全带(绳)上拴挂几个人。

3. 使用脚手架作业

使用脚手架必须满足安全要求。脚手架搭设应配合工程进度,不宜搭设过高。应有专人负责搭拆脚手架安全和日常检查整修工作。搭拆脚手架时,脚手架下不准人员停留或通过。靠近架空电线搭拆脚手架时,应严格按照供电部门的规定留出安全距离(一般动力线为2m以上,照明线为1m以上);作业中应时刻注意,防止碰触架空电线。脚手架应搭设牢固,脚手板外伸悬臂,应有专人负责,经常检查整修,不得浮起活动。脚手架搭设完毕,必须经施工负责人全面检查验收后方能使用。

脚手架的荷载每平方米不得超过2700N,脚手杆间距不应大于1.5m(经检算许可者除外)。制作脚手架的材料必须坚韧耐用,尺寸应符合下列规定:

(1)立杆有效部分小头直径:木杆不得小于70mm,竹竿不得小于80mm。

(2)横杆有效部分小头直径:木杆不得小于80mm,主要横杆不得小于90mm。

(3)脚手板厚度不得小于50mm,两端必须固定在横杆上;斜铺脚手板铺设坡度不得陡于1:3,并钉防滑木条。脚手板接头应设置在撑杆上,不得悬空。高度为3m以上的脚手架,其工作边外侧及斜道两侧应安设挡脚板和1m高的防护栏杆。

（4）采用圆钢弯制成脚手架时，双钩式圆钢直径不小于22mm，单钩式圆钢直径不小于25mm，钢材不得有裂纹、锈蚀等缺陷，并应按规定检查钢钩质量。

（5）钉脚手板铁钉的长度不得小于100mm；拆下的护木脚手板及模型板上的铁钉，应及时拔掉或打平。

4. 无人行道桥上作业

在无人行道桥上拧动护木螺栓及勾螺栓时不得向桥外方向用力。桥面及人行道上，不准有露尖的铁钉。进行钢梁喷砂除锈、喷漆、喷铝，圬工梁灌化学浆液时，作业人员应戴防护面具或口罩、护目眼镜及手套；喷砂嘴或喷射嘴不准对着人、车、船；不准带风、带砂修理喷砂设备和更换零件。

使用移动作业架时，特别是移动作业架钩挂在桥梁人行道栏杆上时，应详细检查人行道、托架U形螺栓和作业架，同时应对人行道主应力控制点的强度和梁体倾覆稳定性进行检算。未经检查或检算及检算结果不符合有关安全规定时，不得上架作业。作业人员攀登时应扶牢踩稳。未设置隔离设备时，严禁双层作业。

5. 桥隧作业

在封锁时间内进行隧道作业，除按规定防护外，还应编好作业组，进出隧道时小组负责人清点人数；施工结束后，施工负责人进行全面检查，确认设备达到放行列车条件，人员、机具、材料全部撤出建筑限界，方可开通线路。

进行桥梁灌注混凝土作业或其他起重作业时，严禁用手拨动钢丝绳或起重索。

隧道内的多项目、多台机械同时作业时，必须互相通报作业地点、作业内容。自行机械应低速运行，以免互相碰撞。

6. 土石方工程作业

土石方工程开挖作业前，作业人员应做好必要的地质、水文和地下设备（如电缆、管道等）的调查和勘查工作。

开挖建筑物基坑或刷坡时的注意事项：

（1）开挖基坑时，边坡的坡度必须按照设计的要求，按照放好的边线自上而下开挖，不得任意放陡坡度，严禁掏底挖土。

（2）遇有滑层、裂纹、浸水等情况，基坑壁必须用支撑木支撑或改缓边坡。

（3）靠近基坑上方不得堆土及放置料具等重物，挖出的土石方和施工材料堆放位置应距坑边不小于1m，高度不超过1.5m。

（4）在同一坡面的垂直线上，不得上下同时开工，不得在上层挖土，同时在下层运土。

（5）圬工凿除或人工打眼两人配合作业时，应佩戴防护眼镜，严禁面对面或戴手套打锤；掌钎时应佩戴防护手套。

（6）在隧道内处理松动衬砌、危石及翻修衬砌时，必须有预防塌落伤人的安全措施。

（7）拆除开挖坑支撑应按回填顺序自下而上逐步拆除，拆除高度应视坑壁土质而定。

（8）下穿框构，顶进挖土作业时，严禁超挖，工作面坡度符合规定，过车时严禁开挖，工作面下严禁站人。

7. 路堑或山体边坡作业

进行路堑或山体边坡刷方、清石作业时,应遵守以下规定:

(1)每天开工前,应检查坡面有无裂缝及可能坍塌的迹象,危石、危土是否已清除干净。凡可以处理的应立即处理,遇不能处理且对施工安全有威胁时,施工人员应立即向施工负责人报告进行妥善处理。

(2)开挖土方应自上而下,严禁挖悬空土。

(3)多人同时在坡面上开挖作业时,应大致在同一高度自上而下地进行,严禁上下重叠作业;开挖人相互间距不应小于2m。

(4)进行撬石作业,施工人员站立点必须稳固,不准站在活动的石块上工作。多人同撬一石必须听从统一指挥。对于可能损坏行车设备、危及行人安全的石块应分解放下,必要时按规定进行防护或封锁施工。

(5)在有可能发生落石的路堑内作业,应戴安全帽。

(6)在作业过程中,严禁在危岩边上和边坡脚下休息,严禁将工具任意抛掷和放在危岩下面。

(7)在开挖过程中,如发现有瞎炮的残药、雷管时,应及时报告施工负责人,并按瞎炮处理。

8. 水上作业

水上作业应配置救生圈、救生衣或救生船等设备。下水作业前,应观测水深及流速,并选派会游泳的人员担当水中作业,其连续工作时间,应遵守下列规定:

(1)水温在5~15℃时不得超过30min。

(2)水温在16~25℃时不得超过2h。

9. 冰上作业

冬季需在冰上作业时,作业负责人应针对江河水面宽、深程度和地理条件及作业繁简等情况制定安全措施。

桥涵大维修作业,遇下列情况不得下水作业:

(1)山区遇山洪暴发时。

(2)平原遇江河水位暴涨时。

在水害抢险时,应注意工地和建筑物附近有无冲空、坍塌或其他异状,及时采取相应的安全防护措施。当钢轨悬空时,应将轨枕与钢轨连接牢固。

三　电气化铁路作业

(1)在电气化区段通过或使用各种车辆、机具设备不得超过机车车辆限界。除牵引供电专业人员按规定作业外,任何人员及其所携带的物件、作业工器具等均须与牵引供电设备高压带电部分保持2m以上的距离,与回流线、架空地线、保护线保持1m以上的距离。当距离不足时,牵引供电设备须停电。在电气化区段作业时,长轨列车必须安装屏蔽装置,轨道吊必须安装限位装置。

(2)作业范围与牵引供电设备高压带电部分须保持2m以上的距离,与回流线、架空地线、保护线保持1m以上的距离。当距离不足时,牵引供电设备须停电。必须按规定办理接触网停电申请手续,得到许可施工命令,具备施工条件,并由接触网工区派人安设临时接地线后方能施工。

(3)在距离接触网带电部分2~4m的建筑物上作业时,接触网可不停电,但必须由接触网工或经专门训练的人员现场监护。

(4)发现牵引供电设备断线及其部件损坏或发现牵引供电设备上挂有线头、绳索、塑料布或脱落搭接等异物,均不得与之接触,应立即通知附近车站,在牵引供电设备检修人员到达并采取措施以前,任何人员均应距已断线索或异物处所10m以外。

(5)在接触网支柱及接触网带电部分5m范围以内的金属结构均必须接地;在与接触网相连的支柱及金属结构上,若未装设接地线或接地线已损坏,严禁人员与之接触。

(6)使用发电机、空压机、搅拌机等机电设备时,应有良好的接地装置。在可能带电部位,应有"高压危险""禁止攀登"等显著警告标志和防护措施。各种机械与车辆不准用水冲洗;施工用的水管不准跨越接触网,不准用射水方式进行圬工养护。

(7)任何作业均不得影响供电设备的支柱、拉线及基础等设施的稳定。

四　爆破作业

1. 爆破打眼作业

爆破打眼作业应遵守以下规定:

(1)打眼开始前,应将边坡上的松动土石清除干净,检查铁楔、锤把是否松动,打眼机各部件是否齐全完好。

(2)人工打眼时,举锤人立足处必须稳固,并站在掌钎人的侧面,严禁面对面打锤。

(3)严禁在残眼上打孔。

(4)打眼机应垫稳,防止发生滚动。

(5)使用机械钻眼的工人,必须熟悉凿岩机的性能;开工前要对主要部件进行检查;作业中严禁用手和身体支撑凿岩机的转动部分。

2. 爆破装药作业

爆破装药作业应遵守以下规定:

(1)爆破使用的引线长度,应保证点完引线后人员能撤至安全地点,且不得短于1.2m,引线的燃烧速度应分批分卷进行试验。引线与雷管的连接,应在指定地点进行;连接时必须使用雷管钳,严禁使用其他无安保设备的钳子,并严禁用牙咬。

(2)雷管必须经检查试爆合格后方可投入使用;电雷管必须经过专用爆破仪表逐个进行电阻检查。已生铜锈、变形、破损或加强帽歪斜的雷管严禁使用。

(3)起爆药包应在装药时临时制作,制作时不得将雷管直接插入起爆药包中,而应先用直径与雷管相同的木条或竹管在药包一端插一个深度为雷管长度1.5倍的小孔,然后放入已接好引线的雷管,并将孔口封好。

(4)药量必须经过计算,一般小炮只准采用松动药包,不得采用抛掷药包。采用裸体药包(裸炮或扒炮)必须经施工负责人许可,不得任意施放。

(5)装药工作必须由作业负责人指定的爆破员执行。在装炮区内,严禁吸烟点火;非装炮人员,在装炮前一律撤离装炮地点。装炮完毕,必须检查并记录装炮个数、地点,以便起爆后核对拒爆,并进行处理。

(6)不得使用金属器皿装药,装药包时应用木棍轻轻送入,不得冲击。

(7)严禁由一人同时搬运炸药和雷管,电雷管不得与带电物品(如蓄电池、手机等)一起携带运送,搬炸药人员与拿雷管人员同路行走时,两人之间的距离不得小于50m。爆破材料运抵工地后,应存放于指定地点的专用设备中。放炮后的剩余材料应及时交库或交由公安部门保管,严禁随地存放或带入宿舍。

3. 爆破起爆作业

爆破起爆作业应遵守以下规定:

(1)爆破起爆作业应在作业负责人的监督和统一指挥下进行,起爆应由具有爆破经验的人员担负。

(2)起爆前,警戒区四周必须设置警戒人员,警戒区内的人畜应一律撤离,作业工具应妥善安置。

(3)警戒人员应按规定手持红旗和喊话筒(口笛),以便显示标志传达信号。

(4)对于警戒范围,一般小炮应距放炮地点200m以外;用药量较多的爆破及特殊爆破,警戒距离应经过计算决定。

(5)点炮人员应预先选好安全躲炮地点,点炮依次进行。每人每次点炮超过5炮时,可用信号雷管控制点炮时间,点炮人听到信号雷管爆炸后,应立即停止点炮,进入安全区,并将点炮情况详细地向作业负责人汇报。信号雷管的引线长度不得超过该次被点引线中最短引线长度的1/3。

(6)听炮人数应为3人,分别在3个不同地方记录已响炮数,互相核对,经3人核对后如无拒爆,从最后一响起5min后方可进行爆破检查。若听炮数字与点炮数字不符,应等15min后,方准进入爆破区检查。

(7)用电雷管起爆时,炮响后应立即取下爆破机手柄,然后拆除电线,待烟尘消散后即可进入爆破区检查,爆破机的手柄应始终由爆破组长一人携带、使用与保管。

(8)在近处有闪电、雷声或雨云弥漫,可能突然发生雷电的时候,不准使用电雷管起爆;如果爆破作业场地的杂散电流值大于30mA,严禁采用普通电雷管起爆;电气化区段严禁使用电雷管起爆;在有瓦斯的地区,不准使用普通雷管起爆。

(9)爆破线路应与带电的其他线路分开,并且不准交叉拉设。

(10)在线路附近爆破,有可能影响通信、电力线路等铁路设备时,应取得相关设备管理单位的配合,采取保护措施。

4. 拒爆处理

拒爆处理应遵守以下规定:

(1)处理拒爆时应遵循上述起爆作业的有关规定。

(2)拒爆应由原装药人当时处理;如遇特殊情况不能当时处理的,经作业负责人准许后,可在下次放炮或休息时处理。拒爆地点应有明显标志,其四周5m以内严禁人员通行。

（3）处理拒爆时应设置警戒区,处理方法视具体情况决定,一般采用下列几种方法:

①引线或电线重新接通,再行起爆。

②距拒爆0.6m(普通浅眼爆破可不小于0.3m)打一平行炮眼进行诱爆,但需注意岩层节理情况,在打眼地点不得有引致拒爆的裂纹。

③对于黑色火药,可将水灌入炮眼,使炸药失效,然后用木挖耳将其徐徐掏出,妥善销毁。

④对于残眼残药,应按拒爆处理。

5. 爆破器材与材料安全保管的注意事项

（1）爆破器材必须经检验合格,严禁使用过期的爆破器材。爆破器材的检验、运输、使用、保管与销毁必须符合《爆破安全规程》(GB 6722—2014)的规定。

（2）爆炸材料应保管在专用的库房内,设专人看守,并做好防火、防盗、防潮、防震和防雷电工作。炸药、雷管应分库存放,建立严格的出入库制度。

（3）爆炸材料的运输,必须由熟悉爆炸性能的专人押送;装卸时应轻拿轻放,不准投掷、拖拉或滚动;堆放应平稳,炸药和雷管不准同时搬运。搬运人员严禁带火柴、打火机等引火物品。搬运场地严禁吸烟。严禁雷管放在衣袋里,电雷管不得与带电物品一起携带传送。

（4）控制爆破、静态爆破等特殊爆破作业应遵守相关安全规定。

◇ 知识点4.1.4　搬运与装卸作业

进行搬运与装卸作业时应遵守下列规定:

（1）搬运与装卸重物时,应尽量使用机械作业;人力操作时,应统一指挥,动作一致;夜间作业时应有充足的照明。使用滑行钢轨装卸钢梁及其他重型机械设备时,滑行钢轨应支撑牢固,坡度适当,滑行前方严禁站人,后方应有保险缆绳。

（2）装卸长钢轨时,钢丝绳与挂钩、固定器等应连接牢固,作业人员不得站在移动前方和钢丝绳附近。长轨车运行中,作业人员必须离开轨端3m以外,并严禁在长轨上走动;卸轨时,撬棍不得插入长轨移动方向的横梁后面,前一根长轨通过本车后再拨动后一根就位,严禁在悬空的长轨下作业,并注意防止长轨尾端落下时摆动伤人。

（3）运料列车开车前,负责人应确认有关人员已上车坐稳方可开车;列车未停稳前,卸车人员不得打开车门及做其他影响安全的准备工作;开车门前,车上人员应离开车门,车下人员不得站在车门下面。

（4）轨道平车的随乘人员应坐稳扶牢,不准坐在堆放较高的物体上和车体连接处;车未停稳,人员不能上下车。装载路料、机具的轨道平车不准搭乘人员,确因工作需要乘坐人员时,必须安装围栏及扶手。单轨小车严禁搭乘人员。

（5）搬运及装卸有毒、有害危险物品时,必须按规定穿戴劳动防护用品。

（6）换装或搬运钢轨、混凝土枕、辙叉等笨重轨料,应有专人指挥,尽量在平整的地面行走;若必须在坑洼不平的地面上或在线路上行走时,应注意踏稳、踩牢。

（7）整组道岔在既有线上做铺设前的纵向移动时,应由作业负责人统一指挥,合理布置移动轮,平稳移动;轨枕间或移动前方不得站人。

◇ 知识点4.1.5　机具使用

一　基本要求

(1)机具使用前应确认油、水、电、连接件是否符合使用要求,防护装置是否齐全可靠,显示仪表是否正常,整机是否符合现行的安全使用办法。在使用过程中发现故障需紧急处理时,应先停机,切断电路、风路、动力油路等,撤离线路建筑限界以外进行处理,在未确认故障已得到处理的情况下,不得继续使用。机具应由专业组或专业人员负责使用、检修、保养、登记工作日志。

(2)皮带轮、皮带、链轮、链条、齿轮、砂轮、砂轮切割片和风扇等露出机体的传动和转动部件,应有符合设计图纸规定的防护设施。转动部件应标有旋转方向指示标志;只允许一个方向旋转的设备,应设置反转自锁装置。

(3)切轨机、打磨机、电焊机等机具操作人员应按规定穿戴劳动防护用品。机具应按规定安装漏电保护装置。

(4)使用锯轨机切割钢轨时,其他人员应远离锯轨机两侧和前方,防止锯片碎裂伤人;进行钢轨打磨时,其他人员应远离打磨前方;进行焊补钢轨、辙叉时,对电焊机应采取接地措施,防止人员触电灼伤;进行钢轨焊接时,操作人员应严格按操作规程操作,防止烫伤。

(5)使用氧乙炔设备时,操作人员必须按规定穿戴劳动防护用品,其他人员应远离喷嘴前方,防止烧伤。乙炔瓶不得靠近热源和电气设备。乙炔瓶与明火的距离不得小于10m,与氧气瓶间的距离不得小于5m。

(6)进行多台机械配合作业时,应明确作业负责人与安全负责人之间、机械操作人员之间的联系方式,并由作业负责人负责现场指挥。除突发情况外,任何一台机械的启动或停机,都应提前通知作业负责人和安全负责人,并及时通知相关机械的操作人员。

(7)在无人行道栏杆的桥梁上操纵动力机械时,应设置安全栅栏。

二　风动工具

(1)空气压缩机必须设置安全阀、气压表、压力调节器、动力离合器及动力机械上的各种仪表,在阀与表配置齐全、工作可靠的情况下,方可启动使用。

(2)压力容器必须按国家规定进行检验,未经检验或检验不合格的压力容器严禁使用。压力容器的操作人员必须具有授权单位颁发的有效操作证。压力容器上应安装压力表和安全阀,并按规定进行压力试验,未经试验或超过试验期的压力容器不得使用。安全阀应保证该设备压力容器的安全系数符合设计规范。压力容器应放置在通风阴凉处,在规定的距离范围内不准进行金属切削、焊接及其他加热等操作。

(3)风动工具应有保安套(环),保证工具头连接牢固。试风或放出残余冷风时,工具头必须向下;过冲或打击栓销时,两侧应联系好,防止冲头伤人。

单元4.2 电务维修作业人身安全

学习导航

学习目标

1. 知识目标

(1)理解电务安全管理的基本要求。

(2)掌握电务基本安全制度和作业纪律、现场主要设备作业安全控制措施等。

2. 能力目标

通过对电务维修作业人身安全的学习,能够严格执行电务基本安全制度和作业纪律,具备安全进行电务现场主要设备维修作业的能力。

3. 素质目标

通过对本单元知识点的学习,能够培养质量意识、安全意识,以及良好的工匠精神、专业精神,有较强的集体意识、团队合作精神和执行能力。

学习指导

1. 学习重点

理解和掌握电务基本安全制度和作业纪律及现场主要设备作业安全控制措施。

2. 学习难点

理解和掌握现场主要设备作业安全控制措施。

学习探索

(1)自主学习:国家级铁道信号自动控制专业教学资源库(http://www.icve.com.cn/),搜索学习有关电务安全的案例和知识。

(2)关注微信公众号"铁路信号技术交流",学习信号典型故障分析及处理办法。

◇ 知识点4.2.1 电务安全管理的基本要求

一 安全生产责任制度

电务部门应认真贯彻执行《中华人民共和国安全生产法》、《铁路安全管理条例》、《铁路技术管理规程》《电气化铁路有关人员电气安全规则》《普速铁路信号维护规则》(铁总运〔2015〕238号)、《高速铁路信号维护规则》(铁总运〔2015〕322号)、《铁路运输系统作业人员劳动安全关键点控制措施》以及其他有关现场作业和人员的安全防护措施及规定,遵循领导负责、逐级负责、专业负责、岗位负责、分工负责的原则,建立健全安全生产责任制度,认真贯彻落实"安全第一、预防为主、综合治理"的安全生产管理方针,确保作业人员人身安全,强化现场劳动安全控制,防止铁路机车车辆伤害等事故发生,加强安全生产管理,确保安全生产。

二 电务安全生产体系

段、车间、工区、岗位是现场作业安全风险控制的主体,必须按照安全生产责任制的要求,严格履行职责。电务段应健全段、车间、工区三级安全生产体系,建立安全生产信息管理制度和作业过程监控、联控、互控机制,强化现场作业控制,定期分析安全生产状况,采取有效措施,及时消除安全隐患,增强安全自控能力。

三 对电务施工、维修作业控制措施的规定

凡影响行车的施工、维修作业,都必须纳入天窗,不得利用列车间隔进行。

高速铁路:严禁天窗点外上道作业。各铁路局集团公司公布的"点外作业项目"可在天窗点外实施,必须严格执行点外作业管理的相关规定。应急处置按相关规定办理。

普速铁路:各铁路局集团公司公布的"点外作业项目"可在天窗点外实施,必须严格执行点外作业管理的相关规定。

四 对电务作业人员的相关要求

1. 对电务作业人员的上岗资质要求

(1)必须严格对新职、晋升、转岗人员进行安全培训教育,帮助其熟知有关电务作业人身安全防范措施,并经考试合格后方可上岗。对现职人员进行年度全员安全培训教育,考试不合格者不准上岗。

(2)所有作业人员必须持"铁路岗位培训合格证书"上岗,由工区统一保管,以备随时接受查验。室内外专职安全防护员必须经安全教育培训取得任职资质的正式职工担任,并佩戴上岗证。

(3)严格执行高速铁路主要行车工种岗位准入制度。凡高速铁路及按高速铁路管理的线路的电务维护人员,必须经铁路局集团公司高速铁路任职培训考试合格,持证上岗。

(4)对跨不同作业环境(如非电化区段到电化区段、普速到高速、单线到复线、沿线到枢纽等)、岗位变动(如跨车间、工区调动等)的人员须进行安全培训教育,经考试合格后方可上岗。

(5)特种作业人员、特种设备作业人员,须经专业安全技术培训考试合格且取得相关资质证书后,方准持证上岗。

(6)劳务工必须经安全培训、考试合格后方可上岗。

2.对电务作业人员使用安全防护用品的要求

(1)作业人员必须按规定穿防护服、戴安全帽、佩戴标志及携带规定的安全防护用品。专职防护人员、现场施工负责人、作业负责人、监督检查干部穿印有反光标志、单位简称的橙红色防护服(背心或衬衣),其他作业人员(含劳务工)穿印有反光标志、单位简称的橙黄色防护服(背心或衬衣)。

(2)作业人员上道作业必须按规定穿印有单位简称的反光黄色背心(衬衣),佩戴有关标志,带齐个人防护用品用具。禁止穿裙装、短下装、露趾鞋及赤膊上道作业。

(3)在工作期间或工作场所,作业人员须按规定穿戴劳动防护服、鞋、帽,头发、配饰物不得悬露;禁止穿拖鞋、高跟鞋上班;不得使用不符合劳动保护规定的物品。

(4)作业人员在进行施工、维修、设备故障处理等上线时,必须携带无线电台,并保证电量充足;进入区间或无线通信盲区,必须携带有线电话或其他通信工具;出工前须与驻站安全防护员进行频道、音量、通话校对;当通信工具不良时必须更换或处理,否则禁止上线作业。

(5)酷暑天作业时,应配带防暑降温药品,防止中暑;冬季室外作业时,所戴防寒帽应有耳孔;冰雪凝冻天气时,须采取防滑、防摔伤措施,不准用围巾、衣帽等裹遮耳目。

(6)工区(驻站点)应备有急救药箱,所有作业人员应掌握作业伤害、触电、中暑、摔伤、蛇毒和外伤处理等知识。

(7)安全防护用品用具及检修工具,必须经常保持完好,如发现不良的,应立即停用;作业人员每次工作前必须检查一次,工长每月检查一次,车间干部每季检查一次。段安全科每年3月前组织对联系电台、喇叭、联系小电话、防护旗、特殊机具、电器等的检查试验(包括绝缘工具)一次。

3.两纪控制措施

(1)严格遵守劳动纪律和作业纪律,班前充分休息,严禁班前、班中饮酒;严禁脱岗、串岗、私自替班或换班;班中不得做与工作无关的事情。

(2)在任何情况下,严禁坐卧钢轨、轨枕头及道床边坡;不得在机车车辆、机械设备等下面或有倒塌危险、有毒气体、过分潮湿的地点及附近休息、饮食、乘凉、避雨等;严禁在边坡、危岩处休息、嬉戏、打闹。

(3)严格执行电务基本安全制度。

(4)严格执行电务段安全"红线"管理制度。

◇ 知识点4.2.2 电务基本安全制度

电务作业人员必须严格执行"三不动""三不离""四不放过""七严禁"等电务基本安全制度。

1.三不动

(1)未登记联系好不动。

(2)对设备性能、状态不清楚不动。

(3)正在使用中的设备(指已办理好进路或闭塞的设备)不动。

2. 三不离

(1)工作完了,不彻底试验良好不离。

(2)影响正常使用的设备缺点未修好前不离。

(3)当发现设备有异状时,未查清原因不离。

3. 四不放过

(1)事故原因没有查清不放过。

(2)事故责任者没有严肃处理不放过。

(3)广大员工没有受到教育不放过。

(4)防范措施没有落实不放过。

4. 七严禁

(1)严禁甩开联锁条件,借用电源动作设备。

(2)严禁采用封连线或其他手段封连各种信号设备电气接点。

(3)严禁在轨道电路上拉临时线沟通电路造成死区间,或者盲目地采用提高轨道电路送电端电压的方法处理故障。

(4)严禁在色灯信号机灯光灭灯时,用其他光源代替。

(5)严禁甩开联锁条件,人为沟通道岔假表示。

(6)严禁未登记要点,使用手摇把转换道岔。

(7)严禁代替行车人员按压按钮、转换道岔、检查进路、办理闭塞和开放信号。

◇ 知识点4.2.3　电务维修作业安全要求

一　作业前安全要求

(1)安全讲话。作业前,工长(作业负责人或安全人员)须组织列队,根据作业现场地形条件、工作环境、作业内容、列车运行特点、人员位置、预防车辆、电击、高坠、机械、道路交通、物体打击等伤害情况,对安全防护、安全联络事项、往返基本路径等进行科学的研判,对参加作业人员进行有针对性的安全讲话教育和技术交底,并由参加作业人员在安全讲话记录本上签名。没参加安全讲话的人员,不得上道、作业。对于倒班制的职工,每一班职工上岗时都必须进行安全讲话。

(2)安全检查。对劳动防护用品穿戴和使用情况进行检查及功能试验,违反规定者立即责令整改,不改者停止其工作;备品器材不足时应立即补充完整,功能不良时应立即更换。夜间及隧道内作业前还必须对照明器材(包括夜间防护灯)进行全面检查,保证性能良好;照明器材不良时,禁止上道。

(3)安全管理。高速铁路区段上道作业使用的工机具、仪器仪表、照明灯具、通信工具等实行编号管理,应带有反光标志。

二　作业中安全要求

（1）作业人员须严格按照批准的作业计划进行作业，严禁超范围施工和超范围维修作业，严禁"抢点""偷点"作业。

（2）室外作业人员上线前，由现场安全防护员与驻站安全防护员联系，驻站安全防护员同意后方可上线。室外作业实行双人双岗制度（含劳务工作业），做到集体出工、收工，严禁单人上线作业。

（3）作业人员到达作业点后，应立即向驻站安全防护员报告作业处所（设备的具体名称）、作业内容及请点时间，经驻站安全防护员同意作业后，方可进行作业。

（4）作业人员每完成一项作业后，应主动向室外安全防护员和驻站安全防护员报告下一步工作内容和作业地点，同时了解此阶段列车及调车作业运行情况。

（5）在站内作业时要注意实时瞭望列车运行，根据站场线路布置，找到安全避车地点。在线路旁应列队面向列车避车。

（6）作业完成后，作业负责人须清点确认作业人数和作业工具，同时强调返回安全注意事项，做到集中行走，集体返回。

（7）下道避让列车时机：

①站内。出发或调车信号开放时，本站进路及两侧线路的作业人员立即停止工作，下道避让列车；邻站开车时，本站有关接车进路及两侧线路的作业人员立即停止工作，下道避车。

②区间。在半自动闭塞区段的进站信号机及以外作业，邻站开车或本站出站信号开放时，作业人员立即停止工作，下线避让列车；在复线区段或多线并行时，邻线来车前必须停止作业，下线撤至安全的地方避车。

（8）作业人员下线避车时，须将打开的箱盒关闭并固定良好；临时打开的设备防护罩、作业机具、材料及工具等随同人员撤至距本线钢轨头部外侧2m（高速线路3m）以外（码放整齐，防止侵限），在桥上、隧道内的作业人员应在桥梁避车台、隧道避车洞等安全地带避车；不得在邻线或两线间存放作业机具、材料及工具，以及停留避让列车；现场作业人员应列队面向列车方向站立，认真瞭望，防止列车上抛落物、坠落物或绳索等伤人。

（9）扛、抬笨重物品时，应检查抬杠、绳索等工具是否结实，物品是否放牢固，以免物品脱落砸伤人；每人负重一般不得超过50kg；穿越铁路线路时，安排一名或多名专职安全防护员在跨越线路附近进行移动防护。

（10）在电气化区段作业时，任何人员及所携带的物件（如长杆、导线、工具等）与牵引供电设备高压带电部分保持2m以上的距离，与回流线架空地线、保护线保持1m以上的距离；严禁向接触网上搭挂绳索等物，发现接触网上挂有线头等物，不准接触；当发现接触网导线断落时，要远离该处10m以外，将该处加以防护，并立即通知有关部门处理。

（11）设备地线必须连接牢固、接触良好，接地电阻应符合技术要求；作业时应确认地线接触良好。

（12）作业时，应按规定使用耐高压的绝缘防护用品，如绝缘靴、绝缘垫等。

（13）严禁作业人员、现场安全防护员及各类检查人员在铁路建筑限界范围内使用手机。

（14）严禁站内作业、库检作业、登高作业等人员（区间除外）携带手机。

（15）遇雷雨或暴风等恶劣天气时，禁止登高在铁塔、杆塔、高柱信号机上作业；遇雷雨等不良天气时，禁止修理避雷器、地线、拔测防雷元器件等作业。

（16）遇能见度不足200m的大雾、暴风（雨、雪）、雷电密集、扬沙等恶劣天气时，禁止上线作业；必须巡查作业时或遇设备故障抢修等特殊情况时，按应急处理相关规定办理。

三　夜间、隧道作业安全要求

（1）提前准备照明灯具并充好电，保证数量、照明时间和亮度充足。

（2）进行夜间大型作业时，必须携带便携式强光照明设备或发电机强光灯，运输过程中须设专人防护，保证人员与设备安全。

（3）应事先熟悉作业点附近的地形、线路情况，选好避让列车的安全地点，按规定的时机提前下道，到安全地点避让列车。

（4）夜间作业完成后，作业负责人须清点并确认作业人数，同时强调安全注意事项。

（5）返回时要集中行走，注意观察行走路径环境并相互提醒，安全返回。

四　行走安全控制要求

（1）非工作需要禁止行走道心，若因工作需要必须在道床上行走，应不断前后瞭望。

（2）作业人员应严格按照各站行走路径图行走，出工或返回时应集体列队行走。

（3）在区间行走时应走路肩。

（4）在复线区间，应逆列车运行方向行走，并不断前后瞭望。

（5）设有防护栅栏（墙）区段，应在防护栅栏（墙）外行走；在不具备条件的地段，须列队在路肩、走行通道或路旁等安全地段行走。

（6）横越站场须走平过道或人行天桥、地道，上下应急天梯时抓稳扶牢，做好自我保护。无人行道天桥、地道须横越线路时，严格执行"一站、二看、三确认、四通过"制度，确认两边无列车时迅速通过，严禁抢越。

（7）严禁为抄近路或为赶时间，从桥梁、边坡处及其他危险处所爬上、跳下、跨越、攀爬等，必须严格按规定线路行走或绕行。

（8）上下高站台时，必须使用梯子，严禁从高站台上跳下或攀爬站台。

（9）在桥梁上作业、行走或休息时，身体不能倚靠桥梁护栏。作业人员应认真观察人行过道盖板、防护栏是否缺失、稳固，做好自我保护；不能确认过道盖板是否安装稳固时，不得在盖板上行走，严禁在人行过道盖板上蹦跳。在桥梁地段进行临边作业时，应设置防护围栏和安全网。悬空作业时应有可靠的安全防护设施。未设置隔离设施的高空作业，作业人员不得垂直施工。严禁在桥上外挂电缆槽上站立、行走。在列车通过前按规定撤至桥梁避车台避让列车。

（10）在线路两侧电缆槽、排水沟盖板上行走时，要注意避开盖板缺损处、桥梁伸缩缝及锯齿孔和接触网支柱及拉线，防止绊倒、坠落造成伤害。

（11）禁止从车辆下部或车钩处通过（调车等特殊情况除外）。在停留列车、车辆前部或尾部通过时，应与其保持5m以上的距离。

（12）严禁抢越股道或以车代步，禁止扒乘机车车辆、自轮运转设备等。

（13）作业人员在行走过程中应加强自我保护，小心谨慎，避免盲目臆测行事，防止发生摔伤、撞伤等伤害事故。

（14）车间根据站场变化，每年组织修订、更新一次行走径路图，贴在工区醒目位置。

◇ 知识点4.2.4 现场主要设备作业安全控制措施

一 道岔转辙设备作业安全控制措施

（1）进行电动（电空、电液）转辙机维护作业时，应打开遮断器，断开安全接点。

（2）安装、拆装机械设备时不得将手指探入螺孔或销孔。

（3）在道岔施工作业时，停用设备的调度命令下达前，严禁松动安装装置、转辙机固定螺栓；严禁拆除道岔方钢、各种杆件，构成转辙机的道岔假表示。

（4）提速道岔，同时拆卸主机、副机与道岔杆件连接时，必须确认车务部门采取拆离轨锁的措施。

（5）在整治提速道岔动作阻力的过程中，要防止完全拆除锁闭框上的固定螺母。

（6）提速道岔油路故障时，严禁采取拆卸锁闭框的方式动作道岔。

（7）作业过程中，不准将手探入尖轨与基本轨间；需扳动道岔时，应确认尖轨与基本轨之间无作业人员和工具。

（8）擦拭转子须用道岔手摇把扳动，严禁带电扳动时擦拭转子。

（9）做2mm、4mm等试验时应防止手、脚被夹伤。

（10）在转辙机内部作业时禁止戴手套。

（11）进行道岔清扫作业时，室内应单独锁闭道岔，室外必须将安全木楔放置尖轨与基本轨之间方可作业，防止挤伤手、脚；进行清扫道岔滑床板时，应使用专用长柄腻子铲、笤帚。道岔每清扫完毕一组，室内安全防护人员应对该道岔进行扳动试验，确保道岔正常使用。高速铁路的道岔清扫必须纳入"天窗修"计划实施。

二 轨道电路设备作业安全控制措施

（1）维修或更换扼流变压器、中心连接板、轨道电路扼流变压器引接线、站内横向连接线等器件时，应按规定采取相应的安全防护措施，保证牵引回流畅通后，方可开始作业。

（2）更换轨道电路绝缘时，应在确认扼流变压器连接线各部连接良好后，方可开始作业。

（3）检查轨道电路时，当轨道变压器与扼流变压器连接的低压线圈断开之前，禁止切断其高压线圈回路。

（4）配合工务换轨、换岔时，必须先检查确认工务部门安装的疏通牵引回流的引接线连接良好后,方可进行换轨、换岔作业。配合工务换轨、换岔后,作业人员必须进行分路不良测试,段生产调度做好控制,填报"配合工务施工安全控制统计表",每天纳入交班。

(5)分解轨道绝缘、处理接头轨缝时须戴护目镜,并正确站位,防止受到物体打击伤害。

三 高处作业安全控制措施

(1)登高作业前应检查与高压线限界,满足安全距离。

(2)高处作业必须按规定系安全带(绳),穿防滑鞋,戴安全帽。安全带(绳)使用要注意高挂低用或平行拴挂,切忌低挂高用;钩、环要挂牢,卡子扣紧,挂钩必须挂在绳的圆环上;吊带要放在腿的两侧,不要放在前侧或后侧;不得将挂绳打结,以免受到剪力而割断。

(3)高处作业时,不得上下重叠作业;不得将工具、材料放在机柱、杆顶、线担上或挂在天线上;不准上下抛递工具、材料,上下传递物品必须使用干燥且绝缘的绳索。

(4)登上高柱信号机前,应检查确认地线良好,检查梯子是否牢固。

(5)现场安全防护员应加强瞭望,每3min与室内安全防护员联系一次并监听信息,指挥作业人员撤离并在安全区域避车。列车通过时,禁止在该股道两侧安全防护网内的高柱信号机上停留。

(6)在接触网带电情况下,当高柱(信号机)、通信杆塔距接触网小于2m时,严禁登上高柱信号机、通信杆塔作业。

(7)作业时,须保持人身和所持工具材料与接触网带电部分距离不得少于2m,与回流线距离不得少于1m,否则应采取外移措施。如线间高柱信号机无移动条件,应适当降低其高度,以保证作业人员安全。

(8)高柱信号机上有人作业时,在其下的可能坠落范围内不得有人[坠落范围参见《高处作业分级》(GB/T 3608—2008)],即在2m以上、5m以下的高柱信号机上作业时,距离信号机柱3m以内的可能坠落范围内不得有人;在5m以上、15m以下的高柱信号机上作业时,距离高柱信号机4m以内的可能坠落范围内不得有人。撤杆时应避免倒于线路上,不准有人逗留在倒下方向杆柱高1.5倍的范围内。

(9)安装、撤除高柱信号机机柱(电杆)时,必须有3个以上方向的牵引绳索;机柱吊装必须用专用吊装机具。在进行人工立杆、撤杆时,应使用叉杆或绞车等工具。

(10)登高作业人员应定期检查身体,患恐高症、高血压等职业禁忌人员不得从事登高作业。

(11)在雷、雨、冰、雪、能见度低或六级以上大风等恶劣天气下,禁止登高作业。在寒冷地区,冬季登高作业时间不宜过长,以防手脚冻僵,发生意外。

四 光电缆作业安全控制措施

1. 开挖电缆沟作业

(1)应掌握地下设备情况,过道开挖须电务作业人员配合,并设置防护;开挖后尽快恢复,并夯实、捣固;土质松软处所应有防护和加固措施,以防坍塌。坑、沟一般不得过夜,必要时须采取防护措施。

（2）土石方、材料、工具堆放不得侵限。

（3）挖沟人员间距应在3m以上，注意自身及他人安全。

（4）在站场内及危及人身安全地段进行电缆沟开挖作业时，应按规定拉防护彩旗（应设有夜间反光标志），严禁人员、器具、渣土等侵限。

2. 敷设光电缆作业

（1）电缆盘应架设稳固，轴杠保持水平，方向正确；电缆盘架设距地不应大于0.1m，并应有制动措施；两侧作业人员，不得将脚伸入电缆盘下部，手不得伸入轴杠转动部位。

（2）所有作业人员均应戴防护手套，每人承重不应大于35kg。

（3）扛电缆的人员应用同侧肩抬运，拐弯处应站在弯道外侧。

（4）信号光电缆不得与电力电缆同沟敷设，交叉处必须采用物理隔离并符合相关规定。

3. 整修光电缆作业

（1）应先确认电缆外皮（全塑电缆除外）与电缆屏蔽地线连接牢固，接触良好，同沟内数条电缆外皮焊接良好，方准开始作业。

（2）切割地下电缆时两端钢带连通并接地。剥除电缆外皮、铠装时，应戴手套，防止割伤。

（3）下电缆井工作时，应先排出危险气体并经10~15min通风后，确认无易燃、易爆及有毒有害气体，方可进入；当井内有积水、杂物时，须排除后方可进入；严禁使用漏油喷灯，并在井外点燃；井内作业严禁吸烟；井下连续工作时间不得超过1h，同时要注意通风，防止因缺氧而发生窒息。

（4）进行电缆气闭灌注、绕包、封焊、化铅等作业，接触有毒化学物品时，应戴防护手套、口罩、护目镜等防护用品。

五　车载设备作业安全控制措施

（1）严禁登上机车、车辆顶部或翻越车顶通过线路；禁止从车辆下部或车钩处通过（调车等特殊情况除外）；禁止在机车（含动车组，下同）行驶中检修机车外部的电务设备及上下车。

（2）机车升弓状态下，不得进入机车高压柜。机车降弓后，不得立即进入高压柜，防止电击伤。

（3）严禁操纵非本专业设备。在库内或车站检修机车外部的电务设备时，应挂红色信号旗或红灯防护，并在司机操纵手柄上悬挂红色"禁止操纵"警示标志牌。

（4）在车底作业时，作业人员须戴安全帽，在机车前后两端处必须挂红色信号旗或红灯防护，并在Ⅰ、Ⅱ端操纵手柄上悬挂"禁止操纵"警示标志牌，电力机车必须处于降弓状态。

（5）进行车载设备机能试验时，必须与机务人员做好互控工作。在进行紧急和常用制动试验时，应鸣笛警示并对车下高声呼唤"紧急试验"，确认车下无人，方可进行试验。

（6）检修车顶天线时，机车（动车组、自轮运转设备）必须停放在无电区或经机电双方共同确认接触网停电，实施可靠的接地后，方可登顶作业，并系好安全带（绳），在车顶防滑带行走，防止坠落。

（7）更换车载设备配件时，须断开总电源。机车（动车组、自轮运转设备）起动后或运行中须进行车载设备作业时,对可能产生电弧的部位,必须采取有效的防护措施;必要时,可关机或停车修理。

(8)上下机车必须手握紧、脚踏实,禁止手持重物上下机车或从手把杆滑下。严禁上下抛掷工具。

(9)库(所)内严禁跨越地沟,严禁从高空吊物下通过。

(10)使用测试台时,禁止用手接触转动部位。

(11)在临时换装点作业时,必须向所在地电务工长了解清楚站场作业安全注意事项,按规定穿戴劳动防护用品。重点卡控在复杂的站场中穿越股道、线路寻找机车对其进行列车运行监控记录装置LKJ("L"表示列车,"K"表示控制,"J"表示监视)换装的劳动安全,夜间作业必须携带足够的照明工具。

(12)拆接检测车机车信号连接线时,必须在机车驾驶室司机操作端设置防护人员,与机车乘务员联系妥当。开车前必须关好车门,运行途中及列车未停稳前禁止打开车门。

(13)在机车内部作业及行走时,不得将手置于车门与门框之间,防止车门压伤手指及机车设备损伤肢体,严禁触碰有电电器部件。

(14)严格执行动车组列控车载设备安全管理"七严禁"规定。

六　室内及带电作业安全控制措施

(1)对带有220V及其以上电压的设备进行作业时,应切断电源并双人作业。须停电进行检修作业时,应指派专人负责断电,并在电源开关处悬挂警示标志牌。恢复供电时,应确认人员作业完毕,脱离带电部件后,方可合闸,摘除警示标志牌。

(2)对高于36V电压设备进行带电作业时,必须使用绝缘性能良好的工具,穿绝缘鞋(室内应站在绝缘垫上);不得同时接触导电和接地部分;未脱离导电部分时,不得与站在地面的人员接触或相互传递工具、材料。

(3)电压高于220V的设备应关闭电源,人工放电后方可开始工作。

(4)不准将电流互感器二次线圈开路,以免产生高电压击穿设备和危及人身安全。

(5)走线架上作业前应检查走线架安装稳固,防止坠落。

(6)室内检修用梯子限宽装置良好,梯子应有防溜措施,梯下应有专人保护。

(7)进入机械室(机房)时,注意防鼠挡板绊脚。

(8)临时用电(包括室内)需符合电力使用规定,应有专人负责维护和管理,用完后及时撤除。当电动机具和照明设备连接电源时,不得将线头直接插入插座或直接挂在灯头上。

(9)电炊壶、插线板等用电设备不得乱放,不得乱拉、乱接电源线。电烙铁应放在铁支架上,用完后立即断开电源;严禁将电烙铁、电炉接通电源后离开。

七　机械室(材料室)消防安全控制措施

(1)必须配备符合规定的报警和灭火设施,并保持其性能良好;配齐消防器材并定置、定人,每月进行检查。

(2)全部采用气溶胶或采用气溶胶和七氟丙烷混用的有人值班车站,将火灾报警控制器设置为手动控制状态,无人值班车站则将火灾报警控制器设置为自动控制状态;全部采用七氟丙烷的车站,将火灾报警控制器设置为自动控制状态。作业人员进入机械室(机房),必须将火灾报警控制器设置为手动控制状态,离开时须恢复规定的状态。

(3)电缆引入口沟槽盖板须进行防火处理,电缆引入处应采用水泥等阻燃材料进行防火封堵。

(4)必须按日常养护周期巡视室内设备,发现温升异常须进行检查,直到查明原因并进行处理。

(5)机械室不得存放易燃、易爆等危险品,不准使用汽油、丙酮、乙醇等易燃物品清洁带电设备、擦拭设备电气接点、擦洗地面。

(6)材料室(库)的易燃、易爆等危险品应定置、定人、定期进行检查。

(7)严禁在机械室(材料室)或其他禁烟场所吸烟、使用明火。

八　网络与数据安全控制措施

1. 基本要求

(1)对电务段机房应严格机房管理和交接班管理,保证设备物理安全,严禁无关人员随意接近网络设备及其他相关设备。

(2)禁止使用不安全的U盘和移动存储设备接入电务行车设备相关服务器和终端复制数据。

(3)加强对专用计算机外部接口的管理,需断开用户终端光驱、软驱和屏蔽USB接口时应采用物理方式。

(4)在电务行车设备相关系统中严禁使用无关软件,并不得与互联网相连;与铁路其他网络相连时,应取得上级主管部门的批准。

(5)各级电务维护部门应对电务数据的制作、传递、修改、更换、备份、存取、运用等全过程建立严格的管理制度。未经批准,任何人不得擅自进行修改和更换。

2. 通信网络

(1)根据通信系统安全防护要求,可采用防火墙、入侵扫描、病毒防范、Web信息防篡改和物理隔离等技术措施和网络监控手段,加强网络的日常监控和安全防范,保证网络安全、系统稳定运行。

(2)电务段行政办公室应建立健全的网络安全管理制度,加强系统安全漏洞检测、系统软件更新、操作权限、网络地址、网管用户账户口令等的管理。

(3)网管系统用计算机不得兼作他用,严禁在网管计算机上进行与工作系统无关的操作、安装运行与本系统无关的软件。维护部门应设置查杀病毒的专用计算机,各种数据存储介质和调试用计算机在接入网络前必须经专用计算机检查,确认无病毒后,方可使用。

(4)电务段行政办公室应指定专人负责密码密钥和鉴权数据的传递,采用人工方式传递,严禁通过网络传送、转发。存储介质的销毁应由2位以上人员进行盯控,并进行详细的记录,严禁随意丢弃。

3. 铁路列车调度指挥系统/铁路调度集中系统

铁路列车调度指挥系统(Train Dispatching and Commanding System,TDCS)/铁路调度集

中系统(Centralized Traffic Control System,CTC)的网络与数据安全控制措施如下:

(1)TDCS/CTC应按照国家信息安全等级保护的相关要求进行信息安全管理,自成体系,单独成网,独立运行,严禁与其他系统直接联网。在与其他系统交换信息时,应采用安全可靠的网络隔离设备和措施,确保系统的网络安全和信息安全。

(2)TDCS/CTC应构建由安全管理中心支持下的计算环境安全、区域边界安全、通信网络安全构成的三重防护体系结构。

(3)TDCS/CTC设备应实行密码管理,建立密码台账,定期修改密码并做好记录。

(4)为保证TDCS/CTC安全,各级维护部门应对TDCS/CTC设备、基层网络终端设备的软驱、光驱、USB接口进行拆除、禁用或加封,对车站车务终端等机柜加锁并定期检查。

(5)用于调试的计算机需接入TDCS/CTC时,必须按规定进行设备的病毒检测,严防系统调试、修改、升级、数据复制过程中将病毒带入TDCS/CTC。

(6)必须送外维修的存储设备,应与相关维修单位签订信息安全协议,限定维修单位不得进行故障修复以外的活动,未经允许,不得将存放在存储设备上的信息复制、迁移到其他设备。

4.信号安全数据网

(1)禁止将网管服务器和网管终端接入互联网和非安全网络,禁止将网络结构、IP地址、网络密码等重要信息外泄。

(2)指定专人管理信号安全数据网,定期修改网管服务器和网管终端登录密码,确保网络安全。

5.数据安全

(1)凡涉及行车安全的数据更新、换装,均应按规定程序通过审核批准后,方可进行。

(2)在备份软件数据库中严禁安装与工作无关的软件,严禁存储与工作无关的数据。

(3)数据备份盘应存放在无潮湿、无强电磁、干净整洁的环境,定期检查其加封保管情况,确认封装良好。

(4)涉及安全的数据应采取保密措施进行管理,按数据的保密规定和用途,确定使用人员的存取权限、存取方式和审批手续。

(5)对所有重要数据(介质)应定期检查,根据介质的安全保存期限,及时更新复制。损坏、废弃或过时的重要数据(介质)应由专人负责销毁处理。

九　登、销记卡控措施

(1)调度中心设备(如TDCS/CTC调度终端、涉及多站的通信设备、自然灾害及异物侵限监测系统等)施工维修作业中,调度中心设备(TDCS/CTC调度终端、涉及多站的通信设备等)故障及抢修,在调度台登、销记;其他设备施工维修作业,自然灾害及异物侵限监测系统故障抢修、其他设备故障抢修,在车站信号楼登、销记。

(2)施工、维修作业时,作业负责人或驻站安全防护员提前60min在车站运转室"行车设备施工登记簿"(运统—46施工)上进行登记,通过车站值班员向列车调度员申请施工或维修作业。

（3）施工维修作业、设备故障抢修结束后，必须检查、试验设备良好，将结果记入"行车设备检查登记簿"，并确认人员、机具、材料等全部撤至安全地点，由作业负责人或驻站安全防护员在车站运转室或调度台进行销记。

（4）进行设备故障处理、影响设备使用的安全隐患处理时，在相应车站（调度台）"行车设备检查登记簿"上进行登、销记。

（5）电务设备发生故障时，应首先在"行车设备检查登记簿"内登记停用相关设备，经车站值班员（列车调度员）签认同意后，方可进行处理。

（6）当发生危及行车安全的设备隐患时，应立即通知车站值班员（列车调度员）及电务段调度，并在"行车设备检查登记簿"内登记停用相关设备，经车站值班员（列车调度员）签认同意后，方准进行处理。

（7）除按照以上要求登、销记外，还必须按"安全防护记录本"的填写要求在记录本上做好防护记录，存放在各站机械室。

单元4.3　供电检修作业人身安全

学习导航

学习目标

1. 知识目标

（1）理解供电检修作业安全管理的基本要求。

（2）掌握供电检修作业的基本安全制度和作业纪律、现场主要设备作业安全控制措施等。

2. 能力目标

通过对供电检修作业人身安全的学习，能够严格执行相关基本安全制度和作业纪律，具有现场供电检修安全作业的基本能力。

3. 素质目标

通过本单元知识点的学习，能够培养安全作业意识、安全操作意识、工匠精神。

学习指导

1. 学习重点

理解和掌握接触网作业基本安全制度和作业纪律、牵引变电所基本安全制度和作业纪律。

2. 学习难点

理解和掌握接触网与牵引变电所设备设施的辨识、基本养护维修作业安全纪律的学习。

学习探索

关注微信公众号"铁路供电",学习供电标准作业。

案例导入

京沪高铁线路遗留安全帽事件

一、案例经过

×年5月3日,京沪高铁确认车55082次从德州东站返回,7时38分运行至k282+600处时发现在上下行线路间有一安全帽,通过安全帽标识得知为中铁电化局施工人员遗留。

经调查,相关作业人员5月2日利用车梯进行平推检查作业后随手将安全帽挂于车梯上准备运至桥下,在搬运车梯过程中安全帽掉落,遗留在桥面上下行线路间。

二、原因分析

(1)电化局相关人员在作业完成后,没有认真执行"施工完毕后对所有的施工机具、材料进行清理"的规定,便离开现场下桥并销令,是此次事故发生的主要原因。

(2)天津供电段在电化局作业完成后,只对作业现场进行了检查清理,没有认真执行"施工完毕后由监护责任人对所有的施工机具、材料进行清理出疏通道口"的要求,是此次事故发生的重要原因。

(3)天津供电段、电化局监护及施工人员没有认真执行"同口出入"的规定,是此次事故发生的另一个重要原因。

三、整改措施

(1)加强培训教育,作业人员应牢固树立"高铁无小事"的责任意识,充分认识到遗留在线路上的任何物品都是事故隐患。

(2)供电段要牢固树立主体责任意识,加强对施工配合监护人员的管理,增强作业人员施工主体意识,严把施工进场及消点关,施工完毕后必须会同施工单位负责人对施工机具、材料、人员以及携带的个人物品进行检查,确认无误并全部清理后方可离开并汇报消点。

(3)强化高铁施工人身、施工安全卡控措施。结合现场实际,细化上线作业人身安全和施工安全卡控措施,重点对施工过程中人身安全、上线施工盯控等关键点进行重新梳理,落实安全责任,加大卡控力度,严格责任考核。

四、案例总结

本案例中,相关工作人员责任心不强,工作不够严谨,粗心大意,在现场作业完成后将安全帽遗留现场,险酿大祸。在作业过程中,相关工作人员必须严格遵守相关的规章制度,同时加强监护管理工作,严格执行"一人操作,一人卡控"作业标准,杜绝违章事件发生。

五、讨论与思考

(1)车梯平推检查工作中应该注意哪些细节？

----

(2)你认为此类作业需要重点从哪几个方面来卡控安全？

◇ 知识点 4.3.1　我国电气化铁路常规管理模式

目前我国电气化铁路管理机构普遍采用"国铁集团—铁路局集团公司—供电段(维管段)"三级管理模式,实行"统一领导、分级管理"的管理原则。

国铁集团负责统一制定全路电气化铁路牵引供电设备的运行和检修工作原则,制定有关的规章制度,调查研究、检查指导、总结推广先进经验,按规定对铁路局集团公司进行监督和管理,为铁路局集团公司提供服务。

铁路局集团公司负责贯彻执行国铁集团有关规章、标准和命令,组织制定本铁路局集团公司实施细则、办法;领导全公司的牵引变电所运营管理工作,制定本铁路局集团公司管辖内各供电段(维管段)的管理和职责范围;审批牵引变电所大修、科研、更新、改造及局管的基建计划,组织验收和鉴定,并报国铁集团核备。

供电段(维管段)是电气化铁路牵引供电设备运行管理的基层单位,负责贯彻执行国铁集团、铁路局集团公司有关规章、标准、命令、实施细则、办法和工艺,组织制定本段的实施细则、办法和工艺;负责本段的牵引变电所运营管理工作,制定本段科室、车间的管理和职责范围;提报牵引变电所大修、科研、更新、改造及局管的基建计划,参加验收和鉴定,并报铁路局集团公司核备。

◇ 知识点 4.3.2　接触网安全工作相关规程的一般规定

接触网安全工作相关规程的一般规定如下:

(1)在接触网运行和检修工作中,为确保人身、行车和设备安全,特制定相应规程。

(2)牵引供电各单位(包括牵引供电设备管理、维修单位和从事既有线电气化牵引供电施工单位)在接触网作业中要遵循"施工不行车、行车不施工"的原则;经常进行安全技术教育,组织有关人员认真培训和学习,不断提高安全技术管理水平,切实贯彻执行本规程的各项规定。

(3)各级管理部门要建立健全各岗位责任制,制定工作标准、工作流程和岗位、作业、抢修、检修类作业指导书,依靠科技进步,积极采用新技术、新工艺、新材料,不断提高和改善接触网的安全工作和装备水平,确保人身、行车和设备安全。

(4)所有的接触网设备,自第一次受电开始即认定为带电设备。之后,接触网上的一切作业,均必须按《普速铁路接触网安全工作规则》(TG/GD 115—2017)的规定严格执行。侵入建筑限界的接触网作业,必须在封锁的线路上进行。

(5)从事接触网运行、维修、施工和专业管理的所有人员,执行安全等级制度,经过考试评定安全等级,考试合格并取得合格证之后,方准参加与所取得的安全等级相适应的工作。每年定期进行一次安全考试和签发合格证。

安全合格证有效期为当年3月底至次年3月底。安全等级考试委员会应在每年3月底前完成相关人员年度安全等级考试及安全合格证签发工作。

供电段(维管段)应将年度安全考试相关资料整理存档,并于4月底前将考试结果报集团公司供电处备案。教育科负责安全等级的培训、考试工作,考试结果经考试委员会审核通过后,安全科签发安全合格证。

(6)每个单位除按《普速铁路接触网安全工作规则》(TG/GD 115—2017)的规定,组织从事接触网运行和检修工作的有关现职人员每年进行一次安全等级考试外,还应组织属于下列情况的人员在上岗前进行安全等级考试:

①开始参加铁路接触网工作的人员。

②安全等级变更,仍从事接触网运行、维修和施工工作的人员。

③接触网供电方式改变时的运行、维修和施工工作的人员。

④接触网停电维修方式改变时的运行、维修和施工工作的人员。

⑤中断工作连续6个月及以上仍继续担任接触网运行、维修和施工工作的人员。

(7)参加接触网作业人员应符合下列条件:

①符合岗位标准要求,1~2年进行一次身体检查,符合作业所要求的身体条件。

②经过接触网作业安全培训,考试合格并取得相应的安全等级。

③熟悉触电急救方法。

(8)遇雷电(在作业地点可见闪电或可闻雷声)等恶劣天气时,严禁在接触网上进行作业。

(9)在接触网上进行作业时,除按规定开具工作票外,还必须有列车调度员准许施工(维修)的调度命令和供电调度员批准的停电作业命令。

除遇有危及人身或设备安全的紧急情况,供电调度员发布的倒闸命令可以没有命令编号和批准时间外,接触网所有的作业命令,均必须有命令编号和批准时间。供电调度员在发布命令时须录音,录音保存时限不少于3个月。

(10)在进行接触网作业时,作业组全体成员须按规定穿有反光标志的防护服,戴安全帽,携带个人工具。作业组有关人员应携带通信工具并确保联系畅通。

(11)接触网作业使用的工具物品和安全用具,在使用前须进行状态、数量检查,符合要求方准使用。作业前后要认真对所携带和消耗后的机具、材料数量清点核对,不得遗漏在线路或封闭防护网内,核对检查后按要求填写"作业前后物品核对检查表"相关栏目。

（12）新研制及经过重大改进的作业工具应由局集团公司及以上部门鉴定通过，批准后方准使用。

◇ 知识点 4.3.3　牵引变电所安全工作相关规程的一般规定

牵引变电所安全工作相关规程的一般规定如下：

（1）牵引变电所（包括开闭所、分区所、AT所、开关站、分相所，分级投切所除特别指出外）是电气化铁路供电的重要组成部分，与行车密切相关。为做好牵引变电所的运行和检修工作，确保人身、行车和设备安全，根据《牵引变电所运行检修规程》《牵引变电所安全工作规程》（铁运〔1999〕101号）制定相应规程。

（2）牵引变电所的所有电气设备，自第一次受电开始即认定为带电设备。

（3）从事牵引变电所运行和检修工作的有关人员，必须严格执行安全等级制度，经考试评定安全等级，取得安全合格证之后，方准参加牵引变电所运行和检修工作。

（4）从事牵引变电所运行和检修工作的人员，每年定期进行1次安全考试。属于下列情况的人员，要事先进行安全考试：

①开始参加牵引变电所运行和检修工作的人员。

②职务或工作单位变更时，仍从事牵引变电所运行和检修工作并需提高安全等级的人员。

③中断工作连续3个月以上仍继续担当牵引变电所运行和检修工作的人员。

（5）对违反本规程受处分的人员，必要时降低其安全等级；需要恢复其原来的安全等级时，必须重新经过考试。

（6）未按规定参加安全考试和取得安全合格证的人员，必须经当班的值班员、值守人员或无人值守牵引变电所所属的工区负责人准许，在安全等级不低于二级的人员监护下，方可进入牵引变电所的高压设备区。

（7）从事牵引变电所运行和检修工作的人员每2年进行1次身体检查，对不适合从事牵引变电所运行和检修作业的人员要及时调整。

（8）遇雷电等恶劣天气时，禁止在室外设备以及与其有电气连接的室内设备上作业；遇雨、雪、雾、风（风力在5级及以上）等恶劣天气时，禁止进行带电作业。

（9）高空（距离地面2m以上）作业人员要系好安全带（绳），戴好安全帽。在作业范围内的地面作业人员必须戴好安全帽。高空作业时要使用专门的用具传递工具、零部件和材料等，不得抛掷传递。

（10）作业使用的梯子要结实、轻便、稳固并按规定进行试验。当用梯子作业时，梯子放置的位置要使梯子各部分与带电部分之间保持足够的安全距离，且有专人扶梯。登梯前作业人员要先检查梯子是否牢靠，梯脚要放稳固，严防滑移；梯子上只能有一人作业。使用人字梯时，必须有限制开度的拉链。

（11）在牵引变电所内搬动梯子、长大工具、材料、部件时，要时刻注意与带电部分保持足够的安全距离。

（12）使用携带型火炉或喷灯时，不得在带电的导线、设备以及充油设备附近点火。作业时其火焰与带电部分之间的距离:电压为 10kV 及以下时不得小于 1.5m,电压为 10kV 以上时不得小于 3m。

(13)有人值守牵引变电所、分区亭、开闭所的每个高压分间及室外每台隔离开关的锁均应有两把钥匙,由值班员或值守人员保管 1 把,交接班时移交下一班;另 1 把钥匙放在控制室钥匙箱内并加锁。

各高压分间以及各隔离开关的钥匙均不得相互通用。

当有权单独巡视设备的人员或工作票中规定的设备检修人员需要进入高压分间巡视或检修时,值班员或值守人员可将其保管的高压分间的钥匙交给巡视人员或作业组的工作领导人,巡视结束和每日收工时值班员或值守人员要及时收回钥匙,并将上述过程记入值班日志。

无人值守的牵引变电所、分区亭、开闭所的钥匙应由所属工区统一保管。

(14)在全部或部分带电的盘上进行作业时,应将有作业的设备与运行设备用显著的标志隔开。

(15)停电的电气设备,在断开有关电源的断路器和隔离开关并按规定做好安全措施前,任何人不得进入高压分间或防护栅内,且不得触及该设备。

(16)牵引变电所发生高压(对地电压为 250V 以上)接地故障时,在切断电源之前,任何人与接地点的距离:室内不得小于 4m,室外不得小于 8m。必须进入上述范围内作业时,作业人员要穿绝缘靴,接触设备外壳和构架时要戴绝缘手套。作业人员进入电容器组围栅内或在电容器上工作时,要将电容器逐个放电并接地后方可作业。

(17)牵引变电所要按规定配备消防设施和急救药箱。当电气设备发生火灾时,要立即将该设备的电源切断,然后按规定采取有效措施灭火。在牵引变电所内作业时,严禁用棉纱(人造纤维织品)、汽油、酒精等易燃物擦拭带电部分,以防起火。

(18)供电段应建立牵引变电所设备履历台账并准确填报、统一管理。当设备因大修、更新发生变化时应及时修改、增减相关设备履历,保证其真实性和完整性。

单元4.4　机车车辆检修作业人身安全

学习导航

学习目标

1.知识目标

(1)了解车辆段安全管理制度基本概念与安全要求。

（2）掌握机车车辆检修各级人员安全职责、工作场所安全要求、一般作业安全要求。

（3）掌握列检、库检、乘务作业安全要求。

（4）掌握动车组检修作业人身安全,定检作业人身安全和城市轨道交通车辆检修作业人身安全。

2. 能力目标

通过对机车车辆检修作业人身安全的学习,在进行检修作业时能够具备安全操作的能力。

3. 素质目标

通过对本单元知识点的学习,能够培养严格执行程序、工作规范、工作标准和安全操作规程的意识及良好的职业道德,能自觉遵守行业法规、规划和各项规章制度。

学习指导

1. 学习重点

理解和掌握车辆段安全管理制度基本概念与安全要求,一般作业安全要求,列检、库检、乘务作业安全要求,以及动车组检修作业人身安全、定检作业人身安全和城市轨道交通作业人身安全。

2. 学习难点

理解和掌握国铁集团车辆段一般作业安全要求和各级人员作业安全要求、城市轨道交通车辆检修安全生产特点和人身安全。

学习探索

请同学们在国家铁路局官网查找机车车辆检修作业相关标准,课前预习。

案例导入

电化区段蹬上机车顶部作业造成触电伤亡事故

一、案例背景描述

1. 案例发生的时间、地点

时间:×年1月3日21时55分。

地点:丰台机务段。

2. 案例简述

×年1月3日21时55分,丰台机务段丰西运用车间韶山1型421号机车司机李某、张某,担当21054次货物列车18时32分到达丰西3场,21时55分在库内2道整备作业时,司机李某登上机车顶部作业,触电身亡。

3. 案例类型

本次事故违反《电气化铁路有关人员电气安全规则》《铁路技术管理规程》规定,对电气化铁路上的各种车辆,当接触网停电并接地以前,禁止攀登到车顶上或在车顶上进行任何作业规定,构成责任职工死亡事故。

二、定责与处理

整备作业时,未进行隔离开关分闸作业,司机李某在接触网未断电的情况下,盲目登上机车顶部作业,是造成这起触电死亡事故的直接原因;隔离开关监护员违反隔离开关操作规程,没有出场进行隔离开关分闸作业的监控,是造成这起触电死亡事故的重要原因。

三、案例分析

1.原因分析

(1)没有将"有网就有电"的思想贯穿工作人员的作业全过程,作业人员不清楚电气化区段的安全基本底线。

(2)李某缺乏电气化铁路区段的基本运行常识,违反《铁路技术管理规程》第205条"在设有接触网的线路上,严禁攀登车顶及在车辆装载的货物之上作业;如确需作业时,须在指定的线路上,将接触网停电接地并采取安全防护措施后,方准进行"的规定。

(3)李某严重违反"电气化区段严禁攀登机车、动车、各种车辆顶部从事高于机车顶部平面的外部作业"的规定,在接触网有电的情况下私自打开机车天窗,盲目登上车顶进行作业。

2.优化措施

(1)在电气化区段作业要严格落实基本作业制度、现场安全关键的卡控制度。各工种间作业开展好互控,车间干部要抓好现场安全管理、职工技术业务教育。

(2)严格落实《电气化铁路有关人员电气安全规则》的规定,对电气化铁路上的各种车辆,当接触网停电并接地以前,禁止攀登到车顶上或在车顶上进行任何作业。

(3)使用隔离开关时,必须按规定登记后使用,未进行隔离开关分闸作业、在接触网未断电的情况下,严禁作业。

(4)加强日常人身安全教育培训,有关人员要熟知操作隔离开关基本安全制度和程序;确保电气化作业人身安全。

(5)加强作业人员的安全教育和培训,提高其对安全隐患的警觉意识和自我保护能力。

四、案例总结

本次事故暴露出该机务段在现场安全管理以及设备维护等方面存在的问题。首先,作业人员不熟悉对机车顶部的安全进入和操作程序,未遵守相关的安全规定;其次,在进入机车顶部或接近电力设备时,应遵守相关的指令和警告标志;最后,在进行任何与电力设备相关的作业之前,均应进行风险评估并评估潜在的危险,采取适当的预防措施,以降低风险。

五、讨论与思考

(1)电气化铁路区段作业时的安全要求有哪些?

（2）你认为上述案例属于哪类作业安全事故？这类作业需要重点从哪几个方面来卡控安全？

（3）动车所接触网供、断电的安全要求有哪些？

◇ 知识点4.4.1　车辆段安全管理制度

车辆段安全管理制度是国铁集团车辆部门为加强安全管理工作，落实安全生产责任，保障铁路运输安全、人身安全和财产安全而制定的，其目的在于坚持"安全第一、预防为主、综合治理"的安全生产方针，全面推行安全风险管理，提高安全生产管理水平。始终把安全作为车辆部门各项工作的生命线，始终把确保安全放在各项工作的首位，加强班组建设，严格现场控制，全面提高车辆部门安全管理水平。车辆段机车车辆检修各级人员安全职责如下。

一　各级领导干部安全职责

各级领导干部含车辆处正（副）处长、总工程师、段长、副段长、总工程师等，其安全职责如下：

（1）贯彻执行国家劳动安全、环境、卫生、法律、法规和上级部门发布的安全技术规则、规程、标准和制度等，组织制定本部门、单位的实施细则，并负有劳动安全的领导责任。

（2）计划、布置、检查、总结和评比生产工作时，必须有劳动安全工作内容。

（3）组织制定劳动安全、环保、卫生、文明生产方针目标、措施计划和劳动安全的技术发展规划，并负责组织实施。

（4）定期和不定期组织安全检查及开展劳动安全检查考评活动（图4-2）：做好作业现场的动态控制，针对检查发现的问题，制定整改计划和实施意见；保证建（构）筑物、机械设备、机具等符合劳动安全、环保、卫生标准。

（5）掌握本部门（单位）劳动安全情况，定期召开安全会议（图4-3），总结与推广先进经验和劳动保护科技装备，组织人身伤亡事故和职业中毒的调查分析处理，坚持"四不放过"（找不出原因不放过、职工受不到教育不放过、没有采取防范措施不放过、责任者不处理不放过）原则。

（6）经常对职工进行"两纪"和安全生产技术教育,努力提高职工的技术素质。

（7）定期组织职工身体健康检查。

图4-2　定期和不定期组织安全检查及开展
　　　　劳动安全检查考评活动

图4-3　定期召开安全会议

二　车间主任、副主任安全职责

（1）认真贯彻执行有关劳动安全的规章、标准、制度,合理地组织生产,严格控制劳动工时和加班加点,注意劳逸结合。

（2）负责提出年度车间劳动安全、防尘和防毒措施计划并报段,积极采用和推广现代化管理手段。

（3）计划、布置、检查、总结和评比生产工作时,必须有劳动安全工作内容。

（4）认真检查"两纪"、劳动安全规章、标准、制度的执行情况,检查建(构)筑物、设备、机具的安全、环保和卫生状况,一旦发现问题,及时组织整改。

（5）掌握车间人身伤害事故及事故发生的关键环节和现状,分析原因,制定整改措施,对发生的事故及事故因素,严格坚持"四不放过"原则。

（6）每月至少召开一次车间安全会议,交流与总结劳动安全工作,表彰好人好事,针对安全状况提出月度劳动安全工作重点,落实实施计划和措施。

（7）坚持点名前提问、交代安全事项制度。经常对职工进行安全生产和遵章守纪教育,落实"三级安全教育"制度规定的车间安全教育内容:实施长期病、事假和脱产人员及新职人员的安全教育。

（8）组织好车间安全、消防和卫生工作,对车间安全生产负责,熟知发生人身伤害事故应采取的紧急救护措施,严格执行职工伤亡事故报告制度。

三　班组长安全职责

（1）负责组织本班组职工学习和贯彻执行有关安全技术规章制度,教育职工严格遵守劳动纪律、按章作业,对从业人员进行安全生产思想教育和安全技术教育,落实"三级安全教育"制度规定的班组安全教育内容,对"三新人员"应指定专人负责指导,抓好师徒合同的落实。

（2）带头遵守劳动纪律和安全生产规章制度,及时发现、制止、纠正班组成员违章作业。

（3）督促班组职工正确佩戴和使用劳动防护用品，按规定检查和养护设备、安全卫生设施，整理工作场所，保持作业环境良好、整齐清洁。

（4）充分发挥班组安全员的作用，组织全班人员开展安全预想、警示教育活动，学习推广安全生产先进经验，搞好联防、联控。

（5）熟知影响劳动安全的关键工序和环节，及时研究与分析人身伤害事故和事故因素、职业病和职业中毒原因，提出并落实改进措施。

（6）熟知发生人身伤害事故的紧急处理和急救措施，会使用消防器材，掌握一般卫生常识。

（7）对本班组安全生产负责。

四　班组安全员安全职责

（1）遵章守纪，熟知本班组各工作岗位安全要求，坚持原则，积极宣传安全生产方针，协助班组长召开班组安全分析会，不断提升班组安全生产管理工作。

（2）当发现违章作业及不安全因素时，班组安全员有权立即提出批评指正，对严重违章操作，有权先制止违章操作，然后汇报有关领导处理；如仍有阻力，有权越级报告。

（3）协助班组长组织本班组各项安全生产活动，及时提醒各岗位作业人员安全注意要点。

（4）随时注意并掌握本班组安全生产典型，向安全、技术部门汇报，并协助班组长做好安全生产评比工作。

（5）熟知人身伤害事故的紧急处理和救护方法，会使用消防器材，掌握安全卫生常识。

（6）检查、指导、监督班组作业人员正确、合理地使用劳动防护用品，对劳动防护用品佩戴不规范、破损及定检过期的，应立即提出批评指正；对情节严重的有权制止作业并提出处理建议。

五　作业人员安全职责

（1）认真学习和执行安全技术规则、标准和制度等（图4-4），自觉遵守劳动纪律和安全生产规章制度，并随时制止他人违章作业。

（2）积极参加各项安全生产活动，提出改进安全生产建议，爱护和正确使用机械设备、工具、安全防护及尘毒治理设施。

（3）了解发生人身伤害事故的紧急处理和救护方法，会使用消防器材，懂得一般卫生常识；当发生事故和发现事故因素时，应立即报告并守护现场，向调查人员详细地介绍当时的实际情况。

（4）在学习、实习期间不得在没有熟练操作

图4-4　定期开展安全学习

工人的监护下单独进行作业。

（5）对任何违章指挥或强令违章、冒险作业的，均有权拒绝执行。

（6）正确保管、使用劳动防护用品。

◈ 知识点 4.4.2　工作场所安全要求

工作场所安全要求如下：

（1）在工作间内，设备与设备间、设备与墙柱和存放物料间，必须保证足够的安全空间和通道，最小距离不得小于0.8m（除去设备动程范围距离），通过小型车辆处的距离不得小于2.5m。

（2）客车库检整备线和列检到发检修线的作业场地，不得积水、积存油垢、倾倒垃圾和堆放杂物。段内修车、停留线的终点，应设置车挡；段内线路行人通过量大的处所，应设置平交道口和安全防护栏，并指定专人管理；当机车车辆通过前，应即行关闭。

（3）客车库检整备线设置专供空调客车、动车组检修使用的外接电源，须指定专人管理维修，保证其状态良好。

（4）在坡道上停放车辆、轮对时，应采取防溜措施。建（构）筑物上的走台、乘降梯、围栏、扶手、抓手、脚蹬等附件，必须稳固完好。

（5）在锅炉房、空压机间、变电间、木工间、电焊间、汽车库、易燃物品存放间等有关生产车间及料库或明火作业处所，必须备齐消防器材和工具及消防水桶、砂箱等，非遇火警时，严禁动用。

（6）对于易燃、易爆物品和有毒物品，应指定专人妥善保管，易燃、易爆物品存放地点必须落实各项安全防护措施，应严格按规定与火源区隔离。氧气瓶与乙炔瓶（器）之间距离不得少于5m，二者与明火之间的距离不得少于10m。使用过程中，各种气瓶严禁碰撞，严禁与电气设备或油脂接触。

（7）全体职工应掌握安全用电知识，遵守安全用电规范，并懂得触电急救方法。发生触电后，发现者应首先查明电源并切断或用绝缘手钳、木柄等工具切断电源线，立即对触电者进行人工呼吸，并快速地将伤者送往医院抢救。在去往医院的途中不能停止人工呼吸。

（8）工作场所和重要设备处所，按照工作性质和安全特点，应设置醒目的半永久性安全警告标志（如禁止烟火、道口确认、防止触电、危险勿动、切勿靠近等）和安全标语。

◈ 知识点 4.4.3　一般作业安全要求

一　在站内或线路上作业、行走、休息时的安全要求

（1）"四不走"，即不走轨道中心及枕木头，不由车底下通过，未确认安全情况不得越过轨道及两车间隙（天窗），不得在站台安全线以外行走。

（2）"五确认"，即工作时确认是否插设安全防护装置；插设安全防护装置时确认是否符

合规定,脱轨器插销是否打紧;撤除安全防护装置时确认车下是否有人;起镐时确认是否垫稳,工作完成时是否撤镐;工作完成后确认是否撤除安全防护装置。

（3）"六不要",即不要抢越轨道及在高站台上跳上跳下;不要坐在钢轨、枕木头休息和在车下及高站台检修地沟内避雨雪、乘凉等;非作业时间内不要单独行动,列车间隔时间由组长集合适当地点学习;不要攀登车辆飞上飞下;不要戴影响听、视觉的帽子;当班不要打盹睡觉。

（4）过铁路时必须"一站、二看、三确认、四通过"（图4-5）。横越有停留车辆的线路时,应先确认无调车作业及车辆无移动的可能,再由车钩上方通过,要手抓牢、脚踩稳,不得踩钩颈、钩舌连接处、钩提销及折角塞门。

图4-5 "一站、二看、三确认、四通过"示意图

（5）不准倚靠在车边、车端或站台边闲谈和休息;不准使用自备交通工具进入作业场所。

（6）从停留车端部横过线路时,首先必须确认车辆无移动可能,要留有安全距离,徒手通过时不少于3m,搬运物料时不少于5m。横越地沟线路时,应使用防护设施（如渡板等）,严禁跨越。

（7）在线路间行走时,禁止侵入机车车辆限界,要随时注意两邻线来往的机车车辆,防止机车车辆伤害或被车辆坠落脱出物品和篷布绳索等物品击打伤害。

（8）客检人员高站台摘挂机车时要手抓牢、脚踩稳,以防扭伤、摔伤。在高站台侧处理车辆故障时,站台上对应位置应设专人监护。

（9）检修电茶炉、电蒸饭箱时,应切断电源,必要时应排净余水、余汽。

二 从事行车、登高作业人员的健康要求

不得分配患有癫痫病、高血压、精神病、心脏病（严重）、夜盲症、近视（矫正视力达不到要求的）及其他禁忌症的职工从事行车、登高等不适宜的工作。

三 上班前、开工前、作业中、下班前的工作安全要求

（1）严格遵守劳动纪律和作业纪律,认真执行保休制度,上班前充分休息,严禁班前、班中饮酒;班中严禁脱岗、串岗、私自替班或换班,不得做与工作无关的事情,以保持工作精力充沛、思想集中。上班前必须按规定穿戴好劳动防护用品并检查确认其状态良好,禁止穿拖鞋、凉鞋、高跟鞋作业。留有长发的职工,要将长发挽在工作帽内。

（2）开工前必须对使用的机具设备进行检查,主要机具设备须进行检测试验,性能不良或损坏时应立即维修或更换,禁止使用性能不良的机具设备。作业前、作业中要做好安全预

想工作,时刻注意工作场所及设备状态,一旦发现不安全因素须及时消除,不得盲目作业,避免造成伤害。

（3）作业中,必须按规定着装、佩戴劳动防护用品和正确使用劳动防护用品,严格执行安全操作规程;应保持工作场地和机具设备的整洁,道路通畅,产品配件、原材料应排放整齐稳固。

（4）下班前(完工后),要关闭风、气、水、电等开关,清扫环境,做到"工完、料净、场地清";对工作场地环境和使用的设备、工具进行安全检查,对设备工具进行作用试验,对摩擦部位进行润滑;要退卸工件、各手把置处于空位,切断电源和动力源,擦拭设备工具、清扫卫生,锁闭橱柜,关闭门窗。

四 检修电、风、气、机械设备时的安全要求

（1）检修电、风、气、机械设备时,除切断电源和动力源,还应在主电源箱、动力源开关处悬挂检修作业禁动标志牌,必要时应加锁保护。单独作业时,由检修人员悬挂;多人作业时,由工长指定专人负责悬挂。作业完毕后,禁动标志牌由悬挂人负责摘除。

（2）使用电、风、气动工具装卡物件时,应防止挤伤。

（3）检修天车时,不得站在天车顶部随车移动。天车升降梯和高架平台须设扶手和安全围栏,围栏的高度不得低于1050mm。天车驾驶室应备有绳梯,以便天车故障时人员乘降。

（4）电气线路的布线必须符合标准,严禁私接临时线。电线绝缘层性能良好,不得缠在金属导体上,不允许用铁钉直接固定导线和在闸刀开关上另接线。配电箱内禁放杂物,设备停用时,配电箱应加锁。

（5）分解组装车辆或机械笨重配件时,必须密切注意其连接状态,在没有螺栓固定支架承托或采取防护措施的情况下严禁拆卸,以防倾落伤人;吻合对孔时,禁止手摸孔槽。

五 从事新工作或危险性工作的安全要求

（1）在交代新的或危险性工作时,必须交代操作方法和安全注意事项,必要时采取安全或监护措施。

（2）从事大型设备拆、装、起重运搬、高处作业和在封闭容器内及其他危险作业时,由车间主任组织指挥,并派人监护。单组作业时,由工长负责;不足3人时,由工长指派专人负责。

图4-6 大型设备起吊专人指挥

（3）分解组装或搬运大型设施、机具、配件时,应按照操作过程由2人以上进行;作业前充分进行安全预想,并做好呼唤应答,避免造成滑、摔、扭、挫等伤害。

（4）2人及以上从事同一作业时,须指定专人指挥(图4-6),统一行动,密切配合,呼唤应答。

六 使用工具作业安全要求

（1）工具物品不得投掷传递，且不准将工具物品放置在机械运转、蠕动部位及其他容易坠落和不安全处所。

（2）挥动锤、斧等工具作业时，必须前、后、左、右瞭望，确认安全，禁止戴手套；不得将松动的锤头、斧头等配合紧固件墩紧使用；发现有卷边、崩损时，不经整修不得使用。

（3）铲切及打、投物件时，应戴好防护眼镜，不得面对铲打物，不得朝向他人。在快要铲断、打下、投出时，用力要轻缓，以免脱出伤人。

（4）使用管钳、扳手、撬棍及其他类似工具时，应卡牢、套牢、撬准，不得用脚踩蹬，用力不得过猛，并将身体避开脱出方位。

（5）各种工具必须专器专用，不得乱用替代；扳手与扳手不得连接和加套管使用。

（6）放置梯子时，须确认放置牢靠，梯子与地面的夹角以50°～60°为宜，梯子应有防滑装置（图4-7）。使用人字梯时，应挂好安全链钩（安全链钩不得随意延长或缩短）。梯子与梯子不能连接使用，不得使用不良登高工具。露天场所遇有六级及以上大风等恶劣天气时禁止登高作业。

图4-7 放置梯子作业

七 高处作业安全要求

（1）高处作业（距离坠落基准面2m及以上）必须使用安全带（绳）（图4-8）。在使用安全带（绳）前，必须对安全带（绳）及带钩进行检查，确认安全带（绳）良好时方可使用。使用过程中，必须锁好安全带（绳）及带钩，防止脱开。严禁与地面人员抛接工具、材料等。

（2）高处作业时，应避开电线和周围障碍物，不得脚踩悬浮物和不能承受重力的物件或处所。攀援物件时，必须试验其稳固性。

（3）利用天车吊装作业时（图4-9），应缓慢起落，严禁指挥天车斜拉斜吊，吊运中不得在物件上站立、攀扶。

（4）对不足2m但存有坠落危险的处所，作业前做好安全预想，作业中应扶牢站稳，并做好防滑、防坠落等防护工作。

八 机械设备作业安全要求

（1）各种动力设备的操作，必须由经过专业培训考试合格并持有有效操作证的人员进行，严禁无证操作和非从事该专业的人员动用和操作。

（2）机械设备操作人员，作业前应按规定穿着防护服，戴防护眼镜，扎紧衣袖，职工的长发应挽在工作帽内。

图 4-8　高处作业必须使用安全带(绳)

图 4-9　天车吊装作业

(3)进行钻孔作业时,站立位置要适当,钻孔高度不得超过肩部,钻孔时不得戴手套。开钻时,不得用力过猛并严禁接触钻夹、钻套或用手清除钻屑。薄板和小孔钻件应使用专用卡具,禁止手持,以防工件旋转伤人。

(4)砂轮机必须指定专人管理。使用砂轮机时,必须佩戴护目镜,身体立于侧面;打磨物件时应防止物件进入砂轮和研磨台的间隙,研磨中严禁用力过猛,以防工件撞击砂轮。

(5)不准使用砂轮机侧面研磨工件,砂轮磨耗接近压板时不得继续使用,过大和过小工件不得在砂轮机上研磨。使用手持移动电动砂轮和其他电动工具时,应选好站立位置。

(6)动力机械设备运转中,严禁操作人员擅自离岗,并应随时密切注意设备的运行状态,要眼看、耳听、鼻闻,一旦发现异状、异响、异味,应立即停机检查,并通知设备修理部门检查处理。

九　检修车辆作业安全要求

(1)在顶镐和架车作业时,必须执行呼唤应答制度,严禁车上、车下有人时进行作业;应采取防滑措施,镐顶、镐座不得与钢铁直接接触,不得斜顶或顶在有滑崩可能的处所。稳固镐垫,在顶镐过程中应密切观察起镐状态,若发现异常应立即采取相应措施。单车顶镐架车时,应对车辆施行防溜措施。在列车队中起镐作业时,应关闭截断塞门,并排净制动系统余风。非电动、气动镐起镐后必须撤出镐把。起镐的高度不得超过镐筒的3/4。操作人员的身体不得侵入起重物的上下范围,且应避开镐可能崩出的方向。多镐同时架起重物时,需有专人指挥,平起平落。

(2)处理制动故障前,必须关闭截断或折角塞门,并排尽制动系统余风。检修车辆及试验制动功能时,身体应避开制动装置移动部位。

(3)使用卷扬机或撬动车辆时,首先要掌握线路坡度和有无人员及障碍物,并随时采取制动措施,以防溜车伤人。

(4)调整活塞行程时,严禁手摸杠杆销孔。

(5)清洗制动缸时,要先装好安全套销。

(6)更换折角塞门时,要关闭本车另一端及邻车的折角塞门。

（7）更换闸瓦（片）时，不得将手伸入闸瓦（片）与车轮踏面（闸盘）之间。

（8）拆、装笨重配件时，应按作业程序使用装卸工具，严禁直接落地。对凡具有预压力的部件，身体各部应避开可能崩出的方向。

（9）在车列编组中，更换轮对制动盘时，要加装安全链。

◇ 知识点 4.4.4　列检、库检、乘务作业安全要求

一 车辆检修作业安全防护要求

（1）在站内线路上进行车辆检修作业时，应按照《铁路技术管理规程》的规定在列车两端来车方向的左侧钢轨上设置带有脱轨器的固定或移动信号牌（灯）进行防护。前、后两端距离均应不少于20m。

（2）在装有固定脱轨器和电控试风的线路上，检修车辆两端与固定脱轨器的防护距离不少于20m，且检修车辆一端应停放在有电控试风的标记处，不得影响检车作业。

（3）到发列车停留位置距警冲标不足20m时（包括列车端部与警冲标相齐或在警冲标以外时），列检应通知车站将有关道岔锁闭于不能通向该线路的位置，并在锁闭道岔内警冲标相对处插设脱轨器。检修作业完毕，撤除脱轨器后，应及时通知车站。

（4）列车到达摘机车后，在线路有效长度允许的条件下，机车应运行至30m以外（插设脱轨器距机车需有不少于10m的距离，因故不足10m时应向司机说明），不得影响列检作业。如需要利用机车试风，在到达机车未摘前或始发列车机车连挂后，前端可不插设脱轨器，但必须与司机联系，并将防护信号插设在车辆两端司机侧。始发列车机车连挂后，仅做简略试验，不进入车下作业时，可不插设脱轨器。如有故障需要进行处理时，仍需按规定插设脱轨器防护。机车连挂着插有防护信号的车辆时，不得有压钩及其他移动车辆的情况。

（5）在调车线上进行车辆检修作业时，须事先经车站同意。检修车辆距该线路上其他车辆有40m及以上天窗时，可在距检修车辆两端20m以上处所插设脱轨器；否则，应在该线路两端距停留车辆20m以上处所插设脱轨器，一并防护。

（6）车辆检修人员在中间站检修车辆时，须事先经车站同意，并在车辆两端明显处所插设防护信号，不设脱轨器。

（7）在段管线、站修线、整备线检修作业时，应按规定插设脱轨器，客车技术整备时必须严格执行挂牌制度。

（8）对列车中发电车、单元空调车上油时，要在列车入库插设防护开始作业后，同步进行。上油人员作业前，应在防护标志牌上悬挂作业标志牌；作业完毕，摘除作业标志牌。

（9）车辆乘务员在运行途中，遇有车辆发生故障停车处理时，应与车站、司机联系并在列车两端插设防护信号后，方可进行作业。提速区段车辆乘务员作业前，应联系司机掌握邻线是否有动车组、列车通过，并按规定设置防护信号进行作业。邻线动车组、列车通过前，车辆乘务员必须停止作业并安全避让。提速区段中间站邻线有动车组或时速160km及以上直达、快速列车通过时，严禁非站台侧作业。

（10）在线路上作业时,昼间要穿戴规定的防护服,夜间要穿戴具有反光警示作用的防护服;客货列检、乘检人员夜间上道作业时,还可在能够前后方向易于观察的部位佩戴方位灯。禁止佩戴妨碍视觉、听觉的色镜或帽子。

（11）脱轨器、红旗、红灯的插设和撤除,应有明确的联系和信号传递办法(不得隔位或用对讲机进行传递),严禁无号志看车,以防误插、误撤和忘插、忘撤,必须有专人负责和确认,严禁他人动用或撤除。脱轨器应加强日常和定期保养、维护,保持作用良好,颜色明显。

二 接发列车作业安全要求

（1）列检、库检、站检、乘务员必须熟悉车站、线路、设备、建(构)筑物以及列车运行、调车作业、车辆取送等情况。列检(包括库检)人员对到达始发列车的检修,由工长负责,执行整队出发、列队回归制度,严禁单独行动。

（2）客、货列检人员在接发列车时,应提前 5min 到达接送车位置。接车时,在接车地点蹲式接车。接发列车均要目迎目送,注意车辆运行安全情况。

（3）车辆作业人员均须在直达、特快旅客列车到达前 10min,停止在列车通过的相邻线路侧的技术作业,处于距通过直达、特快列车线路钢轨头部外侧 3m 以外的安全位置避让列车。

（4）在带有地沟的线路上进行检修作业时,禁止脚踏地沟边缘,地沟边缘的油垢必须及时清除。对作业地面结冰、油垢处要采取防滑措施。

（5）作业时严禁侵入邻线机车车辆限界,严格执行互控制度。

三 电气化铁路区段作业安全要求

（1）凡涉及电气化铁路区段的作业人员,都必须认真学习电气化铁路的相关知识,经考试合格后方准上岗。

（2）必须在能攀登到客车等车辆上部的梯子或支架处,涂刷或设置"有电危险,禁止攀登"等醒目的警示标志。

（3）在有接触网的客车整备线进行客车整备作业时,必须首先切断接触网电源并使接触网可靠接地。作业结束必须确认所有作业人员离开危险区域后,方准向接触网供电。操作隔离开关时要严格执行登记、监护、呼唤应答、验电等有关制度,按规定办理手续,不得简化作业程序。

（4）动车组在段内或整备所进行整备作业后,操作人员必须亲自检查确认车顶、地沟内和车下无作业人员,并进行呼唤应答后方可升弓。

（5）自接触网设备第一次受电开始,在未办理停电接地手续之前,所有从业人员均须按有电对待。

（6）在电气化铁路车站、区段,任何人不得直接或间接地(通过任何物体)与接触网的各导线及相连部件接触,不得在接触网及支柱上搭挂物品、攀登支柱或在支柱旁休息,不得登上机车车辆顶部或通过顶部翻越线路。

(7)若发现接触网上挂有线头等物品,不准接触;若发现接触网导线掉落,要远离10m以外并对该处进行防护,立即通知管理单位进行处理。

(8)任何作业人员及其所携带的物件、使用的工具与接触网设备的带电部分都必须保持2m以上的距离。禁止任何人攀登通往客车、保温车顶部的梯子和连接处。

(9)通过电气化铁路平交道口的机动车等运输工具装载的货物高度(从地面算起)不超过4.5m或触及道口限界门的限制装置,严禁在装载的货物上坐人。持有高、长物件走近道口时,不准高举挥动,须将物件保持水平状态通过道口。

(10)作业人员进入电气化铁路区域工作前,分配工作的领导、管理人员或指挥人员,必须向其传达或讲明有关的安全注意事项。

(11)作业人员在未确认接触网停电接地的情况下,不得到各种车辆的车顶上。在松、紧手制动机时,作业人员身体不得高出车顶部分。

(12)处理车辆故障距接触网不足2m时,必须将车辆调至无接触网的线路上或按规定停电接地后方准作业。

(13)接触网下禁止抛掷工具、索具及物件等。禁止使用或运送侵入安全距离之内的各种工具、设备、物件等。

(14)在电气化铁路安装的车辆运行安全监控装置(5T①、AEI②)必须设有符合要求的接地保护并与设备可靠连接,其接地电阻必须符合要求。安装、更换、维修地下埋设的电缆时,电缆外皮或钢护管必须按规定接地。作业人员应铺设干燥的绝缘垫或穿高压绝缘靴,保证对地有良好的绝缘性能。

(15)在电气化铁路区段安装、检修环温箱、雨量计、无线发射天线等设施时,必须严格遵守与带电体保持2m以上距离的规定。

四 库内接触网下车辆作业安全要求

(1)在设有接触网的库内线路上进行车辆整修作业时,必须先设置线路防护,后操作隔离开关,严禁程序倒置作业。

(2)进行库内整修作业前,作业人员应首先确认列车是否插设线路防护、隔离开关是否分闸断电并可靠接地。

(3)车辆值班(调度)员应做好电气化线路下车辆检修作业的安全控制、监护组织工作。

五 隔离开关绝缘用品安全控制要求

(1)隔离开关操作必须穿戴绝缘靴、绝缘手套、安全帽,使用绝缘垫、验电器、操作棒等。

---

① 铁路车辆运行安全监控系统(简称"5T"系统)。该系统由五大子系统组成,分别是红外线轴温探测智能跟踪系统(Track Hotbox Detection System,THDS)、货车运行状态地面安全监测系统(Truck Performance Detection System,TPDS)、货车滚动轴承早期故障轨边声学诊疗系统(Truckside Acoustic Detection System,TADS)、货车运行故障动态图像检测系统(Trouble of moving Freight car Detection System,TFDS)、客车运行安全监控系统(Train Coach Running Diagnosis System,TCDS)。

② 铁路车号自动识别设备(Automatic Equipment Identification,AEI)。

所有防护用品使用前必须经检测部门检验合格,加贴合格证后方可使用;不用时应存放于阴凉干燥、不落灰尘的容器内。备品每 6 个月由使用部门送相关检测部门进行性能试验。

(2)隔离开关监护员、操作员每次使用绝缘用品前须进行状态检查,若发现有裂纹、漏气等异状时应禁止使用。使用前、后要及时清除表面的污物、水迹等,以保持绝缘性能良好。

(3)加强绝缘用品的保养、保管工作,应统一编号登记建档,指定存放处所,采取锁闭、防水、防盗等管理措施,纳入交接班。

六　隔离开关操作安全要求

(1)隔离开关的操作人员、监护人员须经专业培训并持证上岗,不得随意换班、替班。

(2)在未办理操作手续、无人监护状态下不得操作隔离开关;严禁不验电操作隔离开关、连挂接地线。

(3)严格执行验电程序;使用验电器前,必须先对验电器进行自检测试良好;验电时,验电器应接触到位。

(4)接地线须挂在"安全作业区"标志以内,并按有关规定程序进行摘挂。

(5)隔离开关每次操作(分、合)后均应及时锁闭。线路无作业时,隔离开关应处于正常合闸送电状态。

(6)遇雷、电等恶劣天气时,严禁操作隔离开关。遇雷、雨天气时,严禁打伞进入电气化线路。

(7)手动隔离开关设备严禁进行任何油润。操作隔离开关必须准确、迅速、一次到位,中途不得停顿或发生冲击。严禁连续转换,两次转换中必须停留等待不少于 2min。

七　电气化铁路接触网附近火灾处置安全要求

(1)当燃着物体距接触网 4m 以上时,可以不停电用水灭火,因为水流会向接触网反方向喷射,所以消防人员必须站在接触网的同一侧,与带电设备要始终保持 2m 以上距离。

(2)当燃着物体距接触网带电设备不足 4m,使用水或一般灭火器浇火时,必须接触网停电。

(3)当燃着物体距接触网带电部分 2m 以上,使用沙土灭火时,接触网可不停电。

八　车辆乘务员技检作业的相关要求

(1)车辆乘务员应做到列车开动前上车,停稳后下车,严禁飞乘、飞降。列车未停稳前,不得打开车门;下车时要注意地面落脚处有无障碍物、坑洼,注意积冰、积雪、积水和汽、风、水井,防止滑倒和跌伤。列车运行中,禁止打开车门处理车体外部故障。

(2)车辆乘务员进行技检作业或技术作业及进入车辆限界内检查处理车辆故障时须设有防护信号。

(3)机车供电列车进行电力连接线摘解作业前,车辆乘务员与司机、客列检办理供电钥匙交接手续,电力机车还须确认受电弓降下后,方可作业。

（4）车辆乘务员途中检查车辆时，应掌握停留时间和上车地点。在电气化区段作业时，车辆乘务员要保证随身携带的物品与接触网的距离符合安全规定；在无法确认车体上方接触网无电和无法保证作业期间接触网可靠接地时，严禁登顶作业。

（5）空调客车供电系统检修作业、发电车检修、使用外接电源供电等需要禁止发电车启机向外供电时，申请人须签字登记，发电车乘务员在相关位置悬挂"禁止供电"红色警告标志牌，并签字确认。作业结束后，由申请人签字销记，发电车乘务员摘除警告标志牌并签字确认。接到供电申请需启机供电前，发电车乘务员须查看供电防护登记记录，若有供电防护登记，禁止向列车供电。

（6）除列车乘务员，其他人员不得进入发电车。因检查、检修等原因确需进入时，须由有关人员陪同，并在"发电车登乘记录簿"中登记。

◈ 知识点4.4.5　动车组车辆检修作业人身安全

一　通用作业安全要求

（1）作业人员在对电气设备进行维护工作时，必须断开相应的断路器、闭锁开关等，确保所必需的接地连接、短路、放电回路等技术状态良好；使用绝缘工具时，防止触电或电击伤害。

（2）对车下高压设备进行检查维修工作时，禁止升弓。当动车组接地保护开关（Emergency Ground Switch，EGS）闭合时间符合放电时间规定后，方可进行作业。

（3）更换压缩空气系统气源设备时，必须注意排空系统压缩空气，释放压缩空气时注意避开喷口。

（4）更换弹簧和其他压缩件时，应使用专用工具卸载弹簧、压缩件的能量，确保弹簧、压缩件的能量受到控制。

（5）在对旋转件和其他可运动件，如电机、风机等进行维修作业时，应避免误操作。

（6）在电机、齿轮、制动部件和冷却油等温度较高部件附近作业时，应避免烫伤。

（7）在驾驶室前舱内作业时，应避免汽笛鸣笛、压缩空气释放等噪声伤害。

（8）在检查维修制动系统、受电弓头罩开闭机构和自动车钩及转向架等由压缩空气供给能量的系统时，应提前采取防范措施，避免因空气压力突变造成人身伤害。

二　动车组运用安全要求

（1）在提速区段发生故障，危及行车安全，需下车确认时，随车机械师应立即通知司机停车，在接到司机下车通知、确认邻线无来车后，方可由运行方向的左侧下车进行检查（站内停车时由站台侧下车），并安排专人进行安全监护。在检查作业过程中，应尽量能在线路外侧（非两线间）。检查作业必须进入两线间作业时，应加强瞭望，随时确认邻线列车通过情况，严禁侵入邻线限界进行作业。

（2）当动车组运行途中发生受电弓损坏故障时，随车机械师下车确认受电弓受损情况。若需登车顶作业时，随车机械师应通知司机向调度申请接触网断电。在确认动车组司机已升弓放电，接触网无电后，穿戴好防护用品，设置安全防护，在故障动车组两端各挂一根接地线。利用固定或移动式登顶梯登顶时，须有2人及以上人员协助。受电弓故障处理完毕，随车机械师下车顶，撤除接地杆和防护，通知司机故障处理完毕。

三　动车组库内检修作业安全要求

1. 动车库门禁系统、3层平台作业安全要求

（1）各作业班组（包括外单位作业人员）要严格按照作业防护登、销记规定执行，做好作业前的防护登记以及作业完毕后的销记工作。动车所调度员在通知供电操作或开放动车信号前应确认各班组作业防护的销记情况。在具备供电条件后，动车所调度员方可下达安全确认指令。

（2）动车组调度员发放3层平台门禁卡前，须确认以下事项：隔离开关分闸到位；接地杆从接地装置中取出并挂接在接触网上；接地线状态显示"已挂"，确认动车组放电完毕。

（3）3层平台门禁卡发放严格执行一人一卡制度。需登顶作业人员，作业前应到调度室逐人进行登记和领取钥匙、门禁卡。如遇登顶作业人员过多，门禁卡不足的特殊情况，允许多人使用一卡进入，但须指定专人负责。作业完毕，负责人确认隔离门锁闭情况和人员撤出情况，并带领所有作业人员到动车所调度室进行逐人签字销记，归还钥匙、门禁卡。

（4）在进行车顶作业前，作业人员应注意先将安全防护平台放下，作业完毕后及时收回。检查作业时，作业人员应在车顶防滑胶带上行走，注意头车端部斜坡、脚下管线和两车风挡处空当，防止滑倒、跌落摔伤。

（5）动车所调度员确认平台内无人，具备供电条件时，方可安排进行供电作业。

2. 动车所轨边设备检修作业安全要求

（1）动车所轨边设备使用时操作人员应在指定的位置进行操作，禁止设备操作人员及携带的工具侵入机车车辆限界。设备开启前通知相关人员并进行呼唤应答。

（2）厂方维修和技术人员如需要对动车所轨边设备进行维护、维修作业，必须先到动车所调度室进行登记。凡是维修作业存在侵入机车车辆限界可能的（距轨道中心不足1.7m的），维修作业期间必须在作业线路设置安全防护。

3. 动车所防护号志安全要求

（1）动车组在动车库内应采用红色信号灯进行防护。信号灯显示红灯信号时处于防护状态。动车组动车作业时，由动车所调度员根据线路实际情况，确认进路后，按规定及时调整信号灯显示为白色，动车组司机依据白灯信号进行出入库作业。如因设备故障，信号灯无法正确显示时，动车所应指派专人进行人工引导。

（2）动车库外其他动车组停留线路的安全防护，应严格执行"谁作业、谁防护"的原则，采用防护信号（白天用红旗、夜间用红灯）进行安全防护，并与调度进行联控。由作业班组向

动车所调度员提出申请并签字确认,动车所调度员与站方联系确认该线路允许作业后,方可在该线路两端按规定设置红旗(夜间需用红灯)进行安全防护。

(3)隔离开关操作人员在进行作业前需确认安全防护信号已设置良好。动车组调度员、隔离开关操作人员在进行接触网供、断电操作前必须确认具备操作条件(确认是否在安全作业区内、确认无取流设备取流、确认动车组受电弓已降下等)。隔离开关分闸、接触网接地后作业班组方可进入现场进行作业。

4. 动车组防溜安全要求

(1)带停放制动功能的动车组,应在动车组停稳后,由司机施加停放制动进行防溜。若有两节及以上车厢的停放制动被切除,或车组报停放制动相关故障未消除,需设置止轮器防溜。

(2)不带停放制动的动车组,车组停稳后需设置止轮器防溜,防溜作业完成后方可降弓断电。

(3)动车组与动力车(含动车组、机车、公铁两用车有动力的状态)连挂时,可以不设置止轮器防溜。在摘解连挂前,随车机械师务必恢复动车组有效制动或设置止轮器。

(4)动车组解体作业前,需对解体前后两部分分别设置止轮器防溜。

(5)转向架落架、分解、组装作业前,以及转向架存放需设置止轮器防溜。轮对存放时需要设置止轮器防溜。轮对在轮轴检修线上作业时,若对应检修工位设备无防溜功能或设备异常时,须设置止轮器防溜。

(6)架车作业前,先撤除止轮器,然后操作地坑式架车机缓慢升起50mm停止,再按标准设置方法将止轮器对打抱死。

5. 地沟检修作业安全要求

(1)地沟检修时必须保持地面洁净、无油垢,盖板无缺损、无断裂,牢固。作业人员进行地沟检查作业时应戴安全帽。

(2)外接电源供电作业时,下部电气设备处于通电运转状态,应悬挂警示标志牌。

(3)作业人员在地沟作业时严禁触摸转动、高温、危险部位,防止造成人身意外伤害。

(4)作业人员在动车组供电状态下严禁进入车底作业。

(5)对车下高压设备、变压器、变流器进行检查维修作业时,安全EGS须始终闭合,禁止升弓。

6. 动车所接触网供、断电的安全要求

(1)动车所接触网供、断电原则上按照当班作业计划时间及程序申请办理接触网供断电,计划变更需经调度批准。

(2)接触网有无电状态应在醒目处设置警示标志牌,显示状态良好。

(3)当高压机器箱作业时,在受电弓没有降下或EGS没有闭合的情况下,高压机器箱不能打开。检查高压机器箱的内部时,为防备突然升弓,在降弓状态下,须始终保持EGS闭合。

7. 受电弓作业安全要求

(1)在车顶作业时,接触网必须断电(图4-10)。

图4-10 接触网断电

（2）在维修和调整受电弓时，检修作业人员应严格按规定与驾驶室配合人员做好呼唤应答，作业人员应采用1.5m长的绳系于底架与上顶管之间，避免突然升降弓造成人身伤害。

（3）维护弓头时，应在受电弓的上交叉管和车顶或底架同用长约0.9m的木制支架支撑（不要把木制支架放置在气囊或升弓装置的部件上）。

（4）作业前，驾驶室操作断电降弓时，需按下紧急接地开关关闭转换器（Emergency Ground Switch Close Swith，EGCS）放电至少1min，放电结束后断开EGCS和EGS，将制动阀（Brake Valve，BV）制动手柄置于拔取位，牵引手柄置于切位，方向手柄置于关位，并挂上禁动牌。

（5）检修作业过程中，须确认所有必需的保护性接地已可靠连接；作业完成通电前，应取下禁动标志牌，确认保护性接地已复位（断开）。作业人员在未确认EGS已复位（断开）的情况下，严禁升弓。

8. 动车组头罩检修作业安全要求

（1）检修头车头罩时，要关闭相应阀门切断头罩开闭机构的电路和风路，或者采取防闭合措施。

（2）进行头罩开闭操作时，车下应有专人指挥，并做好呼唤应答，确认无人后方可操作。

（3）在动车组检修地沟的上部进行头罩检修作业时，应设置安全踏板。

（4）动车组使用外接电源供电作业时，禁止用动车组本车蓄电池供电（两头车BV制动手柄不能投入），并应在醒目位置设置警示标志牌，进行安全防护。

9. 动车组外皮清洗作业安全要求

（1）动车组人工洗刷外皮作业时，必须在接触网断电区域进行。

（2）保洁作业时，严禁将水朝向接触网方向喷射。

10. 吸污作业安全要求

（1）吸污作业组必须提前到达吸污位置；当使用吸污车时，吸污车停靠位置不得侵入限界。

（2）站内吸污作业组应按要求设置指挥员、联络员、防护员，做好指挥、组织、联络、防护工作，作业时做好呼唤应答。

（3）使用吸污车辆吸污时，严禁在接触网下的吸污汽车顶部站人或从顶部抛接吸污管道、抛接各类工具。

（4）吸污车辆必须严格遵守机动车管理规定，站场及库内行驶速度不得超过5km/h，吸污车辆前端需设置1名引导员，确保安全。

（5）吸污作业中，要按照站内作业要求对动车组进行防护，白天使用红旗，夜间使用红灯；作业完成后及时撤除防护。

◇ 知识点4.4.6 城市轨道交通车辆检修作业人身安全

安全运营工作是城市轨道交通企业各项工作的重中之重,是企业的立身之本。建立城市轨道交通企业安全运营控制体系是不断提高其安全运营质量的保证。城市轨道交通车辆检修作业人身安全主要体现在劳动保护和接触网送电两个方面。

一 城市轨道交通车辆检修劳动防护用品的使用与维护要求

劳动防护用品是指劳动者在生产过程中为免遭或减轻事故伤害和职业危害,个人随身穿(佩)戴的用品,国际上称其为个人防护品具(Personal Protective Equipment,PPE)。城市轨道交通车辆检修劳动防护用品按照防护部位不同,主要有安全帽、安全鞋、安全带等。

1. 安全帽的使用与维护要求

(1)严禁私自在安全帽上打孔、拆卸帽子部件、调整帽衬尺寸和随意改变安全帽结构,严禁在帽衬上放任何物品,严禁随意碰撞安全帽,严禁用安全帽充当器皿,严禁将安全帽当板凳坐,以免影响其强度。

(2)严禁将安全帽放置在酸、碱、高温、日晒、潮湿或有化学试剂的场所,以免安全帽发生老化、变质。

(3)对热塑料制的安全帽,虽可用清水洗,但不得用热水浸泡,更不能放入浴池内洗涤,也不能在暖气片、火炉上烘烤,以防止帽体变形。

2. 安全鞋的使用与维护要求

安全鞋的使用与维护要求具体如下:

(1)不得擅自修改安全鞋的构造。

(2)选用合适尺码的安全鞋,有助维持使用者的足部健康及鞋具的耐用期。

(3)注意个人卫生,使用者应维持脚部及鞋履干爽。

(4)定期清理安全鞋,但不应用溶剂作为清洁剂。

(5)储存安全鞋于阴凉、干爽和通风良好的地方。

安全鞋及其特点如图4-11所示。

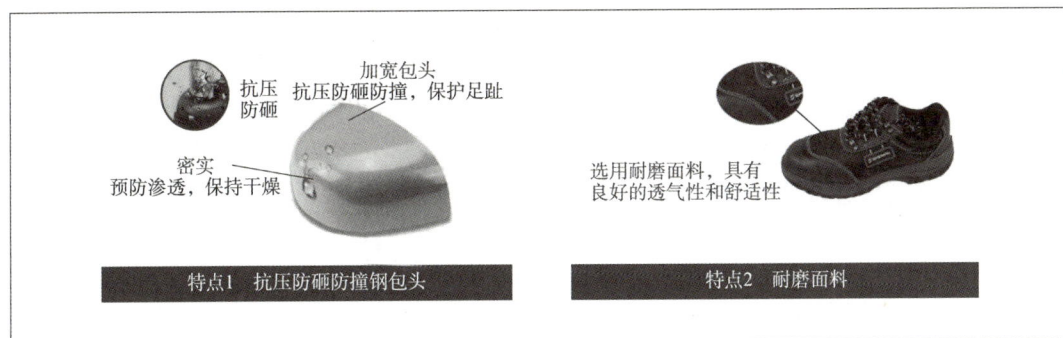

抗压防砸

加宽包头
抗压防砸防撞,保护足趾

密实
预防渗透,保持干燥

选用耐磨面料,具有良好的透气性和舒适性

特点1 抗压防砸防撞钢包头

特点2 耐磨面料

图 4-11

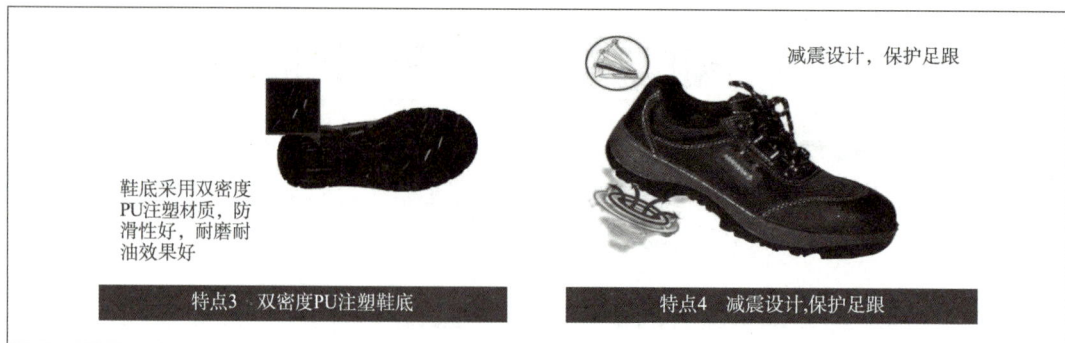

图 4-11　安全鞋及其特点

图 4-12　安全带(绳)

3. 安全带(绳)的使用与维护要求

安全带(绳)(图 4-12)的使用与维护要求具体如下:

(1)安全带(绳)使用前要仔细检查。

(2)高挂低用,注意防止摆动碰撞。

(3)不准将带(绳)打结使用,也不准将带钩直接挂在安全带(绳)上使用,应挂在连接环上使用。

(4)安全带(绳)上的各种部件不得任意拆掉,更换新安全带(绳)时要注意加绳套。

(5)安全带(绳)使用 2 年后,按批量购入情况,抽验一次。

(6)使用频繁的带(绳),要经常进行外观检查,如发现异常时,应立即更换。

(7)使用安全带(绳)时避免触碰有钩刺的工具。

(8)安全带(绳)应储存在干燥、通风的仓库内,不准接触高温、明火、强酸和尖锐的坚硬物体,也不准长期日晒、雨淋。

4. 使用劳动防护用品的注意事项

正确使用劳动防护用品是保障作业人员人身安全与健康的重要措施。使用劳动防护用品时要注意以下几点:

(1)生产经营单位应当建立健全有关劳动防护用品的管理制度,加强劳动防护的管理制度,加强劳动防护用品的购买、验收、保管、发放、更新、报废等环节的管理,监督并教育作业人员按照使用要求佩戴和使用。

(2)提供的劳动防护用品必须符合国家标准或者行业标准,不得以货币或者其他物品替代劳动防护用品,也不得购买、使用超过使用期限或者质量低劣的产品,确保劳动防护用品在紧急情况下能发挥其特有的作用。

在使用劳动防护用品时,要防止发生以下情况:

(1)从事高空作业的人员不系好安全带(绳),发生坠落。

(2)从事电工作业不穿绝缘鞋,发生触电。

(3)在车间或工地不按要求穿工作服,而是穿裙子或休闲服装,或者虽穿工作服但穿着不规范,如敞着前襟、不系袖口等,造成机械缠绕。

（4）长发未盘入工作帽中,造成长发被机械卷入。

（5）不正确戴手套。有的作业该戴手套时未戴,造成手的烫伤、刺破等伤害。有的作业不该戴手套时却戴了,造成卷住手套带进手去,甚至连胳膊也带进去的伤害事故。

（6）不及时佩戴适当的护目镜和面罩,使面部和眼睛受到飞溅物伤害或灼伤,或受强光刺激,造成视力伤害。

（7）不正确戴安全帽。当发生物体坠落或头部受撞击时,造成伤害事故。

（8）在工作场所不按规定穿安全鞋,造成脚部伤害。

（9）不能正确选择和使用各类防护口罩、面具,不会熟练使用防毒护品,造成中毒伤害。

此外,在其他需要进行防护的场所,如噪声、振动、辐射等,也要正确佩戴和使用劳动防护用品,从而保护自己的人身安全和健康。

🔍 案例分析

未按规定使用劳动防护用品造成工伤事件

1. 事件经过

×年×月×日,某地铁运营公司当班车辆检修工甲接到车辆门体故障的报告,与车辆检修工乙前往处理。在维修门体过程中,当甲推开门时,门后一条约6m长的角钢倒下,甲因躲闪不及,其左脚大拇指被角钢砸伤,不能走路,乙见状立即送甲去医院检查,拍X光片后发现甲左脚第一趾骨骨折。

2. 原因分析

（1）物料乱堆放,存在安全隐患,维修人员将废弃的角钢放在门的背后,当甲在维修门体过程中推开门时,门后的角钢倒下,砸伤其左脚大拇指。

（2）未按规定使用劳动防护用品。据调查,甲所在的班组已按规定给甲发放了护趾工作鞋,并要求员工在上班时按规定穿戴劳动防护用品,但甲安全意识不强,贪图方便,没有穿护趾工作鞋上岗作业,导致脚趾被砸伤。

3. 防范措施

（1）加强员工安全教育,增强员工安全意识。教育员工遵守有关规定,按规定正确穿戴劳动防护用品。

（2）加强物品存放的管理,按规定存放物品;物品堆放牢固,严禁随意堆放。

（3）加强班组管理,加强劳动防护用品使用情况的检查,杜绝类似违章现象。

二　城市轨道交通车辆检修库内接触网断送电

1. 一般规定

采用接触网供电的线路对城市轨道交通车辆进行车顶检查或第三轨供电的线路对车辆的车顶和车底进行检修时,为保障作业安全,作业人员均要进行断电作业。尤其是对接触网进行断送电作业,劳动保护要求极高。进行接触网作业的人员,必须牢固树立"安全第一、预防为主、综合治理"的安全生产方针,在运行、检修作业中确保人身及设备安全。

在进行接触网作业时,必须戴安全帽,穿安全鞋,穿着能反光的安全背心;高空作业时必须扎安全带(绳)。

接触网工每年都要进行一次身体检查,对不适合接触网运行和检修作业的人员要及时调整。

遇雷、电等恶劣天气时,禁止在接触网上作业。

对接触网进行检修必须停电进行;停电作业时,除具备规定的工作条件外,还必须有值班电力调度员批准的作业命令。除遇有危及人身或设备安全的紧急情况,电力调度发布的倒闸命令可以没有命令编号和批准时间外,接触网所有的作业命令,均必须有命令编号和批准时间。

目前,城市轨道交通车辆检修库内接触网断送电主要应进行"五防",即防止误拉合开关,防止带负荷拉合隔离开关,防止误入带电间隔,防止带电挂接地线,防止带接地线合闸。

隔离断送电作业人员属特种作业工种,隔离开关操作要求两人进行,一人负责操作,一人负责监护。两人必须经过理论和实操培训,考核合格后获得资格证,方可进行本岗位的工作。

2. 工作票

工作票是在接触网上进行作业的书面依据,要求字迹清晰、正确,不得用铅笔书写和涂改。

工作票填写一式两份,一份由发票人保管,一份交给施工负责人。

事故抢修和遇有危及人身或设备安全的紧急情况下作业时,可以不开工作票,但必须有电力调度的命令。

城市轨道交通接触网使用两种工作票:第一种,停电接触网工作票;第二种,远离作业工作票。

发票人一般应在工作前1天将工作票交给施工负责人,使其有足够的时间熟悉工作票中内容及做好准备工作。

施工负责人对工作票内容有不同意见时,应向发票人及时提出,经过认真分析、确认无误后,方准作业。

每次开工前,施工负责人要向作业组全体成员宣读工作票内容,布置安全措施。作业结束后,施工负责人要及时收回工作票(附相应的命令票),交给工班专人统一保管不少于3个月。

工作票的有效期不得超过2个工作日。

工作票中规定的作业组成员,一般不应更换;若必须更换,应经发票人同意;若发票人不在,可经施工负责人同意;但施工负责人要更换时,仍须经发票人同意,并在工作票上签字。

施工负责人或1个作业组,同时只能接1张工作票。

对简单的地面作业项目不开工作票,但施工负责人在布置任务时应说明作业时间、地点、内容及安全措施,并记入值班日志。

3. 作业人员的职责

(1)停电作业的工作票签发人和施工负责人,须由具备相应资格的人员担当。

(2)同一张工作票的签发人和施工负责人必须由2人分别担当,不得相互兼任。

(3)工作票签发人在安排工作时,要做好下列事项:

①所安排的作业项目是必要的和可行的。

②所采取的安全措施是正确的和完备的。

③所配备的施工负责人和作业组成员的人数和条件符合规定。

(4)工作票施工负责人要做好下列事项:

①作业地点、时间、作业组成员等均应符合工作票的要求。

②作业地点所采取的安全设施正确且完备。

③时刻在场监督作业组成员的作业安全;如果必须短时离开作业地点,要指定临时代理人,否则应停止作业,作业人员和机具撤至安全地带。

4. 停电作业命令

每个作业组在停电作业前由施工负责人指定1名作业组成员作为要令人员,向电力调度申请停电。在申请的同时,要说明停电作业的范围、内容、时间和安全措施等。

电力调度员在发布停电作业命令前,要做好以下工作:

(1)将所有的停电作业申请进行综合安排,审查作业内容和安全措施,确定停电区段。

(2)通过行车调度员,办理停电作业封闭线路的手续,对可能通过受电弓导通电流的分段部位采取封闭措施,防止各方面来电的可能。

(3)确认作业段所有的电动车已降下受电弓,断开有关馈电线断路器、接触网开关,确保作业区段的接触网已经停电,方可发布停电作业命令。

(4)电力调度员发布停电作业命令时,受令人应认真复诵,经确认无误后,方可给命令编号和批准时间;在发、受、停电命令时,发令人要将命令内容等记入"作业命令记录",受令人要按要求认真填写"接触网停电作业命令票"。

(5)工作票中规定的作业任务完成后,由施工负责人宣布作业结束,作业人员、机具、材料撤至安全地带,拆除接地线,确认具备送电、行车条件后,通知要令人员向电力调度员请求消除停电作业命令。

(6)几个作业组同时作业时,要分别向电力调度员请求消除停电作业命令。电力调度员经了解,确认完全达到送电、行车条件后,给予消除停电作业命令的时间,双方均按规定做好记录,整个停电作业方告结束。

(7)电力调度员在送电时须按下列顺序进行:

①确认整个供电线路所有的作业组均已消除停电作业命令。

②按照规定进行倒闸作业。

③通知列车调度员(控制中心)接触网已送电,可以开行列车。

5. 验电、接地

作业组在接到停电作业命令后,须先验电、接地后,方可作业。

用验电器验电的顺序是:将验电器端头轻靠接触网导线,无响声则为已停电。(注意:验电器在使用前要验声。)

当验明接触网已停电后,须在作业点的两端,以及与作业地点相连可能来电的所有停电设备上装设接地线。在装设接地线时,将接地线的一端先行接地,再将接地线夹紧固在已停电的一根辅助线或一根接触网导线上。接地线要连接牢固,接触良好。装设接地线时,人体不得触及接地线。接地线应采用截面积不小于 70mm² 的裸铜软铰线,并不得有断股、散股和接头。

拆除接地线时顺序相反,即先拆连接接触网导线端,再拆接地轨端。

验电和装设、拆除接地线时,必须由两人进行,一人操作,一人监护。

6. 倒闸作业

凡接触网作业人员进行隔离开关倒闸时,必须有电力调度员的命令。对车场控制中心有权操作的隔离开关,由车场控制中心自行制定有关制度予以操作。

从事隔离开关倒闸作业的人员,必须具备相应资格。

在进行隔离开关倒闸作业时,先由操作人员向电力调度员提出申请,电力调度员审查后,发布倒闸作业命令,操作人员受令复诵,电力调度员确认无误后,方可给命令编号和批准时间。

每次倒闸作业发令人员要将命令内容等记入"倒闸操作命令记录",受令人员要填写"隔离开关倒闸命令票"。

各隔离开关的传动机构必须锁住,钥匙存放固定地点,专人保管并有标签注明开关号码。

相邻支柱的隔离开关及同一根支柱上有多台隔离开关,其钥匙不得相互通用。

倒闸人员接到倒闸命令后,要迅速进行倒闸。操作时,要准确迅速,一次开闭到底,中途不得停留和发生冲击。

隔离开关操作倒闸作业必须由两人进行,一人操作,一人监护。

倒闸作业完成后,操作人员要立即填写"隔离开关倒闸完成报告单";电力调度员要及时发布完成时间和编号并记入"倒闸操作命令记录",至此倒闸作业方告结束。

隔离开关操作安全要点包括如下:

(1)倒闸时操作人员必须戴好安全帽和绝缘手套。

(2)倒闸前确认开关编号,检查开关状态和开关接地装置是否良好。

(3)操作时要迅速果断,合闸时用力不可过猛,避免发生冲击;断开隔离开关主闸刀时由慢到快,当刀片离开固定触头时应迅速操作,以便迅速消弧。

(4)倒闸后确认各部位技术状态是否良好。

(5)严禁在接地刀闸闭合的情况下强行闭合主闸刀。

(6)严禁带负荷进行隔离开关倒闸作业。

(7)遇有危及人身或设备安全的紧急情况,可以不经电力调度员批准,先行操作断开断路器或隔离开关,并立即报告电力调度员;但再闭合时必须有电力调度员的命令。

(8)遇雷、雨等恶劣天气时,严禁在室外进行隔离开关的倒闸作业。

案例分析

一、简化作业流程,带电错挂地线

1. 事件经过

×年×月×日,接触网甲班在车辆段配合机电检修作业,需在A1区两端封挂地线。甲班王某接到电力调度命令后和李某去挂地线,为节约时间,王某、李某各自单独挂一组接地线。王某来到A1区的一端,用验电器验明接触网无电后,立即挂上接地线;此时A1区另一端的李某贪图方便,经问得知王某已经验明无电后,便直接挂接地线。当李某将地线的上端头往接触线靠近时,立刻听见"砰"的一声响,同时出现火光。王某听到响声后立刻跑过来,经现场确认,李某越过了分段绝缘器,将地线错挂到带电的B1区接触网上,造成B1区短路跳闸。

2. 原因分析

(1)作业人员违反安全操作规程,简化作业流程。李某在得知王某验明接触网无电的情况下,自认为接触网已停电,省略了验电环节,简化了作业流程,将接地线错挂到带电的接触网上,造成事故,严重违反了《接触网安全工作规程》。

(2)未严格执行"一人操作、一人监护"制度。王某、李某两人贪快省事,各自单独挂一组接地线,违反了《接触网安全工作规程》。

(3)李某走错位置,越过了分段绝缘器,将接地线挂到了带电的接触网上。

3. 防范措施

(1)加强规章制度培训,增强作业人员的安全意识,严禁简化作业流程,严格按停电、验电、封挂地线的流程进行接触网挂地线作业。

(2)接触网挂地线和倒闸操作时,要严格执行"一人操作、一人监护"制度。

(3)全面进行作业安全检查和整顿,严禁违章作业,特别是对习惯性违章行为必须坚决查处。

二、违反操作规程,带接地线合闸造成供电事故

1. 事件经过

×年×月×日,某地铁运营公司一接触网工班在车辆段列检库2、3道进行接触网检修作业,完成作业时已超过检修计划时间,作业组负责人王某为了快点儿送电,早点儿回去休息,在没有消除"接触网停电作业命令"、没有得到控制中心电力调度员许可倒闸命令、没有监护人、没有确认接地线已经撤除的情况下,要求作业组成员李某合上D77隔离开关,造成接触网对地短路事故。事故造成接触网两处轻微烧伤,钢轨与接地线接触处表面烧伤,2根接地线夹烧伤。

2. 原因分析

(1)违章指挥,作业负责人王某简化了接触网检修作业程序,严重违反了《接触网安全工作规程》,在未办理施工检修结束手续、没有撤除接地线、不具备送电条件且没有电力调度员命令的情况下,违章指挥李某合闸送电,造成本事故。

(2)违章操作,作业组成员李某在没有电力调度员命令的情况下,对作业组负责人王某的违章指挥没有拒绝执行或提出异议,违章合闸送电,造成本事故,违反了《接触网安全工作规程》。

（3）作业组成员李某合闸送电时没有严格执行操作隔离开关时"一人操作、一人监护"制度，没有落实"自控、互控和他控"三控措施。其他作业人员对上述违章行为未能及时制止。

3.防范措施

（1）加强班组作业安全和业务学习，增强作业人员的安全意识，提高作业人员的业务能力。

（2）加强对《接触网安全工作规程》的培训，规范作业流程，严禁简化作业流程，拒绝违章指挥和强令冒险作业。

（3）作业过程中要严格执行"三控"（自控、互控和他控）规定，防止类似事故发生。

◇ 知识点4.4.7　定检(包括临修)作业人身安全

一　不准架、落车作业工况

（1）装载货物不均衡的车辆；非指定可架重车的地面或弯道上；库外遇大风(雨)或车顶、车内、车下有人作业时(不包括架车人员)；固定架车器的顶面与狭窄车体的侧梁接触面长度不足100mm或架车人员少于3人时。

（2）进行架车作业时，应与该车其他作业人员取得联系，停止其他作业后方可缓慢开启塞门把手(按钮)，严禁猛起急落。车体架起后，应立即插好固定架车器插销或架好铁马，保持车体平稳，注意车辆状态。固定架车机圆销应每月探伤检查一次。

（3）装载液体罐车须架车时，必须有专人指挥架车，要缓慢起落，保持车体平稳，并严禁明火接近和敲打罐体。

（4）架落车体时，禁止不垫安全木、手扶心盘销、调整旁承间隙、抽弹簧和垫。任何情况下，作业人员都不得将身体探入枕梁与摇枕之间。

（5）车体架起后，采取可靠稳固措施后再将转向架推出。落车时必须将转向架推入车下定位后，方可落车。推转向架时，作业人员身体各部位不得超过轮缘高度。

（6）架落车时，必须由工长按架车作业的规定负责监督，确保安全。

（7）翻转作业安全要求翻转前，操作人员须确认是否卡牢，翻转车体时应确认各车门是否关闭牢固；车下及周边3m内无人员和障碍物，做好安全监控；确认安全后方可进行翻转作业；严禁翻转过程中进行检修作业；翻转到位并做好安全定位措施后方可作业。

二　转向架、车体、钩缓、制动作业安全要求

（1）分解组装车辆各部配件时，应按作业程序使用装卸工具，螺栓对位时，要手持套管中部。使用螺栓防转卡子时要安放稳妥。拆下笨重配件时严禁直接落地，配件工具不得抛掷。

（2）在交叉杆组装胎具及正位检测机上起落转向架时，严禁手侵入两侧架导框。

（3）两台及以上天车吊运同一重物时,须有专人负责指挥(图4-13),保持同步起落、运行。

（4）上、下车必须确认梯子、扶手、脚踏板良好后方可扶登,并不得穿硬底等容易滑倒的鞋子。客车、罐车脚踏板和客车翻板弹簧不能浮设,必须随拆随装。

（5）在车体上部作业时,必须站稳并注意周围情况,用力要适当,防止跌落。冬季在车顶部作业时,要清除车顶冰雪方可作业。

图4-13 天车吊运指挥

（6）车体作业需向下抛物件时,必须设人防护并瞭望确认无人后方可抛掷。不准将工具、物件、材料放在边缘位置,禁止骑在车帮上作业。

（7）撑起敞车侧门时,应确认前方无人并用专用工具或吊钩撑挂牢靠。关闭侧门时要执行呼唤应答和确认无人。修换门轴和插销座螺栓时要逐个更换,禁止全部拆除,以免插销座螺栓受震松脱伤人。

（8）拆除地板时,应确认车下无人员后方可作业。换下旧木板上的铁钉要全部打弯或拔出。大帽钉及拆下带钉木压条应收集在一起,不得乱扔。

（9）修换棚车侧门滑轮时,应逐个拆换。作业人员离开时,要悬挂禁止推动标志牌。关闭保温车车门、冰箱及罐车人孔盖时,应确认内部无人后方可关闭。

（10）组装钩舌入位后应立即插入圆销。分解车钩时,当钩尾框不能自然落下时,应使用专用压缩工具压缩。分解缓冲器时,要安装好防护装置,否则禁止敲打震动。

（11）使用单车试验器时,应确认车下无人员后方可进行。车体没落到位前,禁止进行单车试验;试验结束,全面排风后摘除单车试验器和软管堵;开放折角塞门吹尘时,应握紧制动软管连接器。

三 暖水、油漆作业安全要求

（1）检修暖水装置,排水时应注意周围和车下人员的安全。

（2）大面积喷漆、脱漆与明火作业不得同车进行;易爆、易燃等危险品不得接近明火。禁止脚踩、攀爬油漆未干处。

（3）吹尘、喷漆作业不得与其他检修作业同步进行。油漆洒落在地面后应及时清除干净。油漆配料室除常用油漆、油料外,其他储备漆料均应置于危险品仓库,并随时加锁。

四 轮对作业安全要求

（1）检查、测量和推轮时,不得骑跨和脚踩钢轨,不得手扳轮缘推动轮对,并随时注意轮对动态,对其他轮对应采取防溜措施。溜放轮对时,应先检查线路无障碍后,在有人防护的情况下进行。

（2）使用地镐转轮时,镐顶托板要与车轴吻合;使用转镐和转轮器掀轮时,应瞭望、确认安全情况。

(3)轮对堆放(图4-14)时不得超过3层,堆放车轴时不得超过6层。在硬地面上堆放,底部轮对应打好掩木,上层轮对要交叉落实堆放整齐。堆放车轴时,应注意防滑、防滚和倾倒。

(4)拆卸轴承前盖螺栓时,先拆下施封锁,然后拆下螺栓,防止同时拆卸,以免施封锁甩出伤人。

(5)轮对装卸时,起吊落钩不得与车板碰撞,底层放置应打好掩木,并确认车门插箱插挂牢靠。遇有向铁地板车辆车内装轮时,必须使用专用装轮铁架。

图4-14　轮对堆放

(6)转动轴箱、轴承时禁止脚蹬。

五　车电、充电作业安全要求

(1)检修车内顶灯、配线时,应使用人字梯,不能脚踏在座椅靠背上作业。对电机、配线等进行耐压试验时,应做好隔离防护,保证周围作业人员安全。

(2)拆装皮带轮、发电机时,应使用专用工具,以防砸伤挤伤。发电机放置在分解台上时,应放置稳固卡牢,以防脱落。

(3)使用喷灯时,注油量不得超过3/4,注油口要盖紧;不得超过规定压力,放压前不得开盖加油或卸除喷口;不得在喷口处加油点火,点燃后人不能离灯。严禁提灯接近易燃、易爆物品或有易燃气体散发的处所;使用丁烷喷枪点火时喷嘴严禁冲着人;充气时不得接近明火。

(4)用焊锡焊端子时,要事先烤干,焊接极板时铅条上不得有水。使用铅锅熔铅时,要先将铅锅烘干预热后再把铅放入锅内。

(5)做电动机动态试验时,测试转速不能戴手套,并不得用手接触转动部位。

(6)混合稀释硫酸和配制混合酸溶液时,应严格按先后顺序和配比操作,将容器洗净注入水后,徐徐地注入硫酸溶液,再用木棒搅拌。严禁将水注入浓硫酸,并注意切勿使酸液飞溅。

(7)配置碱性电解液时,应先倒入纯水,然后缓慢倒入氢氧化钾,边倒边搅拌,避免溶液沸腾飞溅,待溶解后立即倒入氢氧化锂,并充分搅拌。

(8)用沥青浇涂蓄电池箱时,应站在上风口位置,掌握熔化程度,防止溅出伤人。从事充电工作时必须戴好口罩,并保持室内通风和使用通风设备;充电间内禁放饮食用具及杂物。

(9)检修客车电磁灶时,须由经专业培训合格的人员进行。检修前应切断电源,保持断开。在断开电源前,不得接触任何内部部件。

六　罐车清洗检修作业安全要求

(1)洗罐车作业要编制详细计划,将罐车停放位置顺号、残油残液品种、罐车用途、修程、取送时间、安全注意事项、洗刷方法和人员分工等记录于台账,并向作业人员公布。

(2)当罐车内残留物和数量无法判明时,应取样化验。洗罐用安全检查用品(包括工具、送风机、皮管、防毒面具等)应齐全、良好,洗罐工作服应为棉制品。

(3)洗罐作业必须由两人及以上人员进行,冬季应采取防滑措施。进入罐内作业时,要穿戴好规定的劳动防护用品,罐要有人监护,并随时注意罐内操作人员作业安全,罐内操作人员没出来前,监护人员不得中断监护瞭望,发现异常,及时救护。

(4)洗刷装有毒品或腐蚀物质罐车时,要实行轮换工作制,一次最长工作时间不得超过30min,并采取通风降温措施。

(5)洗罐工具(包括油桶、扳手、手锤等)应为铜制品或铝制品,照明应使用防爆塑料手电筒。严禁携带火种及其他能引发火星的钢制品进入罐内;鞋底不得有铁钉或黏附砂粒。

(6)采用溶剂洗罐时,应确保溶剂与罐内残留物不会产生有毒、爆炸、起火或其他危及人体安全的化学反应。

(7)洗罐作业完毕,应将残油、残液、残渣清除干净,并存放于指定地点。擦拭用的棉纱也应送交指定地点妥善处理。需要消毒的工具、防护用品等,应按规定处理。全部作业完毕后,班组长要清点人数,进行安全质量检查验收,测爆后进行明火试验。

(8)洗罐后必须填写"洗罐证明书"并由洗罐人员签认。罐车未经洗罐合格及其附件(包括中、侧排油阀及管道的残油、残液、残渣)未全部清除干净时,不得施行检修作业。

(9)对检修的罐车应有严格的交接制度。洗罐完毕后应悬挂"洗罐完毕"标志牌,并将车型、车号、调出时分、测爆和明火试验证明等交段调度并登记,方可安排入检修线施修。

(10)在罐车内熔焊作业,必须由取得压力容器焊接资格证的人员进行。作业时要采取好的通风和绝缘措施,身体各部分不得与罐体接触,并派专人在罐口瞭望。

七 调车作业安全要求

(1)调车信号的显示方法按《铁路技术管理规程》、《城市轨道交通行车组织规则》(JT/T 1185—2018)的有关规定执行。

(2)调车机出车前,司机必须对制动、走行、机械等各部进行认真检查,确认良好后方可动车。调车作业中要加强瞭望,特别是对段区平交道口、进出厂房、复杂地点,要不间断瞭望。调车作业线两侧影响范围内,应停止一切作业。

(3)调车作业时,严禁溜放车辆。调车作业不得超速,当有多项限速条件时,执行限速条件中最低运行速度。库内调车必须执行一度停车连挂。

①检修库(棚)外牵引时,在可运行距离不小于300m的条件下,运行速度不得超过20km/h;在可运行距离不足300m的条件下,运行速度不得超过15km/h。在检修库(棚)外推进时,运行速度不得超过15km/h。

②调动装载易爆物品、压缩气体、液化气体、超限货物的车辆时,最高运行速度为10km/h。

③在推进运行时距停车和连挂车辆位置十、五、三、一车距时,最高运行速度分别为15km/h、10km/h、5km/h、3km/h,连挂速度不超过3km/h。

④库内调车作业时,牵出车辆的运行速度不超过5km/h,推进车辆的运行速度不超过3km/h。库内调车必须执行一度停车连挂。调车作业线两侧安全范围内应停止一切作业。

⑤在尽头或是线路上设置脱轨装置的线上调车时,距线路终端或脱轨装置应有10m的

安全距离。遇特殊情况必须越过10m时,应一度停车,并严格控制速度。

(4)在平交道口醒目位置应设置警告标志牌,调车机通过道口前,看守道口人员应将防护栏落下锁闭,并严禁人员通行。

(5)编制调车计划要准确,事先确认线路情况,不得臆测线路和库内停放车辆的情况。调车计划要发给司机、调车员、扳道员和看守道口人员,以上人员应明确作业时限、作业内容和顺序,并加强联系确保作业安全。

(6)调车作业中须进入线路内(车下或两车间隙),应先报告调车长,待车停稳并得到允许后方可作业。作业完成后及时汇报调车长,未接到汇报不准动车。

(7)在调车作业前,调车作业人员应先检查线路、道岔、停留车位置、车辆连挂及止轮器使用等情况,符合调车要求时才能进行调车作业。调车作业牵引时,调车作业人员应站在机车前进方向的前方密切注视安全状态。

(8)在调车作业时,调车作业人员要正确及时显发信号,指挥调车机行动,掌握调车速度,连挂车辆时,必须认真显发十、五、三车的距离信号,司机确认信号后应鸣笛回示。

(9)在调车连挂时,被连挂的车辆后部应有不少于5m的空间。如少于5m时,必须一度停车连挂。对后部线路上有架起的车辆、转向架等障碍物时,在对被连挂车辆采取安全措施后,调车作业人员方能通知司机进行作业。

(10)调车组应维护好道岔和道岔信号表示器,经常保持道岔清洁、灵活和信号表示器明亮。在扳道岔时,必须执行"一看、二扳、三确认、四显示"和"要道还道"联锁制。

(11)调车作业人员应随时监视机车车辆经过道岔时的状态,如发现危及人身行车安全时,应立即采取措施停车。调车作业线路钢轨外侧1.5m内不得堆放任何物品。

(12)调车作业人员不准上车顶站立或骑车帮引道,应注意与库内外建筑物、机械器具等的距离;不准在调车动车中摘挂制动软管及提放车钩。

(13)调车作业完毕后,必须对停留车辆采取防溜措施。

模块小结

本模块主要从工务维修作业人身安全、电务维修作业人身安全、供电检修作业人员人身安全、机车车辆检修作业人员人身安全等方面讲解了轨道交通企业相关部门维修过程中的基本要求、作业纪律、注意事项等内容。通过对本模块的学习,学生能够初步掌握轨道交通维修作业所需的安全知识,对其后期相关实习与工作有一定的帮助。

素质拓展

(1)学习易燃、易爆、有毒、有害物品保管制度,制定铁路工务部门易燃、易爆、有毒、有害物品管理措施。

(2)结合自己所学过的专业课程和车辆检修现场所看所学,说说你看到的铁路车辆检修过程中的一些不安全行为。

(3)如果你现在是一名铁路车辆检修工,谈谈你在工作过程中应该怎样保护自身的安全。

练习与思考

一、填空题

(1) 使用电器、机械,以及高空作业等,必须_____和_____,保证劳动者健康及人身安全。

(2) 步行上下工时,区间应在_____或_____集中走行;在双线区间,应面迎_____方向走行;通过桥梁、道口或横越线路时,应"_____、_____、_____",做到"_____、_____、_____、_____",严禁来车时抢越。必须走道心时,应设置_____防护。

(3) 两线间距离小于_____不得停留人员和放置机具、材料。

(4) 临边作业应设置_____和_____。

二、判断题

(1) 在野外作业遇雷、雨等恶劣天气时,作业人员应迅速到涵洞等安全处所躲避,严禁在大树下、电杆旁躲避。 ( )

(2) 本线来车按 $60km/h < V_{max} \leq 120km/h$ 时,不小于 $500m$ 下道避车。 ( )

(3) 天窗点内可以使用齿条式起道机。 ( )

(4) 在距离接触网带电部分 $2 \sim 4m$ 的建筑物上作业时,接触网可不停电。 ( )

(5) 任何作业均不得影响供电设备的支柱、拉线及基础等设施的稳定。 ( )

三、问答题

(1) 工务维修作业人员上岗有何要求?

(2) 工务维修作业人员应如何避车?

(3) 线桥作业包括哪些?

(4) 简述车辆段安全管理制度及其作用。

(5) 简述班组安全员的安全职责。

(6) 工作场所有哪些安全要求?

(7) 站内或线路上作业、行走、休息时的安全要求有哪些?

(8) 使用工具作业的安全要求有哪些?

(9) 检修车辆作业的安全要求有哪些?

(10) 车辆检修作业安全防护要求有哪些?

(11) 动车组库内检修作业的安全要求有哪些?

(12) 动车组受电弓作业的安全要求有哪些?

(13) 转向架、车体、钩缓、制动作业的安全要求有哪些?

(14) 城市轨道交通车辆检修库内接触网断送电一般规定有哪些?

模块5

轨道交通施工安全

模块概述

施工安全（Construction Safety）是指各个行业工程建设中所遇到的安全问题。施工安全涵盖了作业过程中所有的安全问题并且涉及管理、财务及后勤保障等相关内容。施工企业是事故风险较高的行业，政府对建筑安全问题极为重视，制定了"预防为主、安全第一、综合治理"的安全生产方针。政府历来重视生产安全、人民生命和财产安全，制定了相关的法律法规，对中国领域内从事工程建设行业的人员及单位进行了明确的要求。

本模块主要介绍轨道交通工程相关安全管理要求、生产管理职责、管理制度、安全影响因素及常见的安全影响分析、安全施工技术等基本内容。通过对模块的学习，学生应对轨道交通施工安全有基本认识，能够掌握基本的安全技能。

单元5.1 轨道交通工程施工安全影响因素分析

学习导航

学习目标

1.知识目标

(1)了解轨道交通工程施工安全管理的各项管理制度。

(2)识别和分析常见的轨道交通工程施工安全。

2.能力目标

通过对轨道交通工程施工安全管理的相关法律法规、安全生产管理职责、基本的安全生产管理制度的学习,能够对常见的安全隐患进行认识和防控。

3.素质目标

通过对本单元知识点的学习,培养安全施工的责任意识。

学习指导

1.学习重点

理解和掌握安全生产管理职责与管理制度以及常见的工程施工安全因素分析。

2.学习难点

理解和掌握轨道交通工程施工安全因素分析。

学习探索

新技术、新工艺的不断涌现对施工安全提出了更高、更新的要求,请思考:针对新技术、新工艺我们该如何做好安全预防?

案例导入

铁路车辆溜逸并脱轨倾覆事故

一、案例背景描述

1.案例发生的时间、地点

时间:×年8月13日10时30分。

地点:新建朝鲁图车站。

2. 案例简述

×年8月13日10时30分左右,××单位新建铁路包头至满都拉铁路工程停放在新建朝鲁图车站10辆重载道砟老K车,因没有设置好防溜装置,发生溜逸,冲入朝鲁图至百灵庙区间,撞击正在线上整道和临近作业人员,事故共造成11人死亡、3人受伤。

3. 案例类型

本次事故根据《生产安全事故报告和调查处理条例》第三条第二款规定"重大事故,是指造成10人以上30人以下死亡,或者50人以上100人以下重伤,或者5000万元以上1亿元以下直接经济损失的事故",定性为生产安全重大事故。

二、案例经过描述

1. 案例现场图例

案例现场图例如图5-1、图5-2所示。

图5-1　事故现场图1

图5-2　事故现场图2

2. 案例经过与定责

(1)案例经过:

×年8月8日12时,中铁××局集团公司包满铁路工程工作组成员张某和项目部行车调度员孙某,分别通知职工李某、孟某、肖某、高某,把停放在新建白云南站的10辆老K车调往新建朝鲁图车站。当天由内燃机车(包头机务段"东风4B7301",司机:冯某)自新建白云南站推送装载道砟的10辆老K车(车组由3辆K70、7辆T13组成,合计载重630t,车辆编号分别为550266、5508574、5502024、8586、8572、0348、0513、5540193、5540184、5540192)由包满项目部职工高某引导,自白云南站推送,停放在朝鲁图车站到发线2道DK11+700~DK11+860位置(此处坡度为5.5‰,下坡),准备待大机捣固完百灵庙站道岔,腾空线路后,到DK29~DK40区间补道砟。当时,事发区段内共有6处施工,分别是DK8~DK11处,有10人进行路容整理作业;DK15~DK17处,有10人进行人工补道砟作业;DK17+500前后,有11人进行线路整道作业;DK18+600前后,有12人进行线路整道作业;DK17+400前后,有24人正在进行路堑边坡二级护坡片石施工;DK26+500处,有电气化局7人进行接触网施工作业。

(2)定责与处理:

中铁××局集团公司安全生产委员会于9月6日召开安全委员会会议,对事故有关责任人处理如下:

①项目部相关责任人：车辆引导员高某，给予行政开除处分；项目部经理安某，给予行政撤职处分，留用察看；项目部副经理荆某，副经理、安全总监王某，总工程师马某，项目部安全质量部长赵某、副部长孙某，给予行政撤职处分；项目部工程部长马某，给予行政降职处分；项目部党工委副书记张某，给予行政记过处分。

②中铁××局集团公司相关责任人：公司董事长、党委书记刘某、总经理高某、副总经理孙某，给予行政撤职处分；安全总监邓某，给予行政撤职处分；副总工程师王某、包满铁路工程工作组成员张某，协助包满铁路工程线行车调度工作，对事故负行车专业管理责任，给予行政降职处分；工程部常务副部长任某，给予行政记过处分；人力资源部部长秦某，给予行政警告处分。

③中铁××局集团公司相关责任人：董事长、党委书记行政降级，总经理(任职不足一月)记大过，主管副总经理引咎辞职，分管副总经理行政降级；安全总监王某、安全质量长周某，给予行政降职处分；工程部副部长王某，给予行政记过处分；副总工程师、工程部部长王某，给予行政警告处分。

④内蒙古重点工程指挥部相关责任人：内蒙古重点工程指挥部指挥长赵某、党工委书记李某，给予行政降职处分。

三、案例分析

1. 原因分析

(1)没有严格按照《铁路技术管理规程》中的规定做好防溜防护。经调查分析，8月8日12时，10辆装满道砟的老K车停放在朝鲁图车站到发线2道DK11+700～DK11+860位置，当时机车摘钩后离开，项目部职工、引导员高某没有按规定做好防溜措施，是导致老K车溜逸的直接原因。

(2)生产组织混乱。在×年8月12日20时的生产会议上，项目部没有安排DK17+100～DK18+600间两处整修线路的工作内容，项目部分管领导知道8月13日有人在此段施工，管理失控，是导致事故的重要原因。

(3)监督检查不到位。老K车在朝鲁图站停留时没有进行复查，停留期间没有严格检查防溜措施是否设置妥当，是导致车辆溜逸事故的重要原因。

(4)未按规定安排职工带班。DK17+100～DK18+600间两处紧固螺栓、补充方正扣件作业，仅由外包劳务人员王某和孙某现场负责，没有正式职工带班，是导致事故的原因。

(5)未按规定设置防护员，致使老K车组到来时未及时发现，是导致事故的原因。

(6)未针对性地进行工程线行车运输技术规定和安全技术交底，致使职工对老K车停放线路的位置未明确，没有明确规定老K车防溜措施，是导致事故的原因。

(7)老K车组停留在朝鲁图站内5.5‰的最大下坡道上，溜逸后途经9‰和8.5‰的下坡，坡陡加速了溜逸，是导致事故的原因。

(8)8月13日风力较大。虽然天气预报当天风力为4级，但据现场人员描述，事故发生期间瞬间风力达到六七级，作业人员均面向顺风方向作业，未能及时发现背后来车，是导致人员伤亡较大的原因。

2. 优化措施

（1）相关单位组织人员学习，深刻吸取事故教训，迅速开展安全大反思、大检查、大整顿活动。全面增强施工管理人员和施工作业人员的安全生产意识，提升安全管理工作水平。

（2）制定铁路工程线施工安全管理规定。切实加强铁路工程线施工、行车组织、工程线施工登销记、工程线施工防护、调车作业、机车车辆和自轮运转设备管理，特别明确地规定了车辆防溜措施，明确车辆防溜措施实施人与检查人责任，明确车辆溜逸时的处理办法。

（3）加强工程线施工的组织领导。成立工程线施工领导小组，全面负责工程线施工的组织、指导、管理、协调，布置和检查施工过程的安全监管监控工作及质量、工期、投资效益、环境保护、技术创新等管理工作。

（4）严格工程线行车人员管理，严格执行持证上岗制度。

（5）加强施工作业人员的安全教育与培训工作。

四、案例总结

本案例事故中，项目部职工、引导员高某没有按规定做好防溜措施，是导致事故发生的直接原因。说明项目风险管理放松，现场无带班、组织管理混乱，安全培训教育缺乏针对性，作业人员安全意识弱、防范能力很弱，而且存在侥幸麻痹心理，该防范的没有防范，该采取措施的没有采取措施，这是最大的隐患。

该事故充分暴露出事故单位在安全管理和职工管理方面存在的突出问题，工程线施工组织混乱，有章不循，有制度不执行，不按制度办，不按工法去做，大多数事故的发生都是因为违章作业。

五、讨论与思考

（1）铁路施工安全主要易发生的安全事故涉及哪些方面？分别涉及哪些岗位和工种？

（2）假如你是案例事故的管理者，应如何对事故进行前期把控？事后如何补救？

（3）你认为铁路施工作业人员应如何有效地避免施工安全事故的发生？

◇ 知识点5.1.1　施工现场安全常规要求

施工现场安全常规要求如下：

(1)施工作业人员进入施工现场前,必须进行施工安全、消防知识的教育和考核工作,对考核不合格的人员,禁止进入施工现场参与施工。

(2)进入施工现场必须戴好安全帽、系好帽带,并正确使用劳动防护用品。

(3)作业前应对相关作业人员进行安全技术交底。严格执行操作规程,不得违章指挥和违章作业,对违章作业的指令有权拒绝并有责任制止他人违章作业。

(4)施工作业时必须正确穿戴劳动防护用品,进入施工现场必须戴安全帽。不许私自用火,严禁酒后操作。

(5)穿拖鞋、高跟鞋、赤脚或赤膊时不准进入施工现场,穿硬底鞋不得进行登高作业。在高空、钢筋、结构上作业时,一定要穿防滑鞋。

(6)现场用电专人管理,同时设专用配电箱,严禁乱接、乱拉,采取用电挂牌制度,尤其要杜绝违章作业,防止人身、线路、设备事故的发生。

(7)电钻、电锤、电焊机等电动机具用电,配电箱必须有漏电保护装置和良好的接地保护地线,所有电动机具和线缆必须定期检查,保证绝缘性能良好,使用电动机具时应穿绝缘鞋、戴绝缘手套。

(8)在用喷灯、电焊机以及有必要生火的地方,要填写"用火申请登记"和设专人看管,随身携带消防器材等,保证消防措施的落实。施焊时,特别注意检查下方有无易燃物,并做好相应的安全防护,用完后要检查,确认无火后再离开。

(9)特种作业必须由持特种作业资格证的人员上岗。特殊设备非操作者严禁进入危险区域。

(10)凡2m以上的高处作业无安全设施时,必须系好安全带;安全带必须先挂牢后再作业。高处作业时,材料和工具等物件不得抛掷传递。

(11)从事高空作业人员要定期体检。凡患有高血压、心脏病、贫血症、癫痫病以及不适于高空作业的人员,不得从事高空作业。

(12)使用机械设备、机具时,必须做到"定人、定机"制度;未经有关人员同意,非操作人员不得使用。

(13)未经有关人员批准,不得随意拆除安全设施和安全装置;因作业需要拆除的,作业完毕后,必须立即恢复。

(14)井字架吊篮、料斗不准乘人。

(15)饮酒后不准上班作业。

(16)在高空作业以及施工现场作业,如配管放配线、设备安装及开通调试中,必须严格执行《铁路工程基本作业施工安全技术规程》(TB 10301—2020),顺利进行作业,严禁违章操作,避免发生事故。

(17)在整个施工过程中,必须严格执行国家、省(自治区、直辖市)、各部委关于工程消防法规和有关条款。配齐、保养消防器材,做到会保养、会使用;认真贯彻逐级消防责任制,做好消防工作。

(18)现场人工断料时所用工具必须牢固,掌錾子和打锤要站成斜角,注意打锤区域内的人和物体。切断长度小于30cm的短钢筋时,应用钳子夹牢,禁止用手把扶,并在外侧设置防护箱笼罩或朝向无人区。

(19)多人合运钢筋,起、落、转、停等动作要一致,人工上下传送不得在同一直线上。钢筋堆放应分散、稳当,防止倾倒和塌落。

(20)在高空、深坑绑扎钢筋和安装骨架作业时,须搭设脚手架和马道。

(21)绑扎立柱、墙体钢筋时,不得站在钢筋骨架上和攀登骨架上下。柱筋长度在4m以内、重量不大时,可在地面或楼面上绑扎,整体竖起;柱筋长度在4m以上时,应搭设工作台。柱梁骨架应用临时支撑拉牢,以防倾倒。

(22)绑扎基础钢筋时,应按施工设计规定摆放钢筋支架或马凳,架起上部钢筋,不得任意减少支架或马凳。

(23)绑扎高层建筑的圈梁、挑檐、外墙、边柱钢筋时,应搭设外架或安全网,绑扎时挂好安全带(绳)。

(24)起吊钢筋骨架时,下方禁止站人,必须待骨架降落到离地面1m以下方能靠近,就位支撑好,方可摘钩。

(25)吊运短钢筋时应使用吊笼,吊运超长钢筋时应加横担,捆绑钢筋时应使用钢丝绳千斤头,双条绑扎,禁止用单条千斤头或绳索绑吊。

(26)吊运在楼层搬运、绑扎钢筋时,应注意不要靠近和碰撞电线,并注意与裸露电线的安全距离(1kV以下≥4m,1~10kV≥6m)。

(27)夜间施工时灯光要充足,不准把灯具挂在竖起的钢筋上或其他金属构件上,导线应架空。

◇ 知识点5.1.2　常见工程施工安全影响分析

一　交叉作业

1.交叉作业概述

两个及以上的工种在同一个区域同时施工称为交叉作业。施工现场常会有上下立体交叉的作业。因此,凡在不同层次中,处于空间贯通状态下同时进行的高处作业,属于交叉作业。例如,同一合同段线下单位与线上单位、站前单位与站后单位、既有线行车作业与改造作业等均属于交叉作业。交叉作业极易发生坠物伤人、高处坠落、机械打击等事故。因此,针对交叉作业,施工现场作业人员在遵守文明施工一般安全要求的基础上,还应遵守交叉作业中相互安全防护措施。

两个以上单位在同一作业区域内进行施工作业,因作业空间受限,人员多、工序多、机械设备、物料(转移)存放,所以作业干扰多,需要配合、协调的作业多,现场的安全隐患多,造成的后果严重,可能发生高处坠落、物体打击、机械伤害、车辆伤害、触电、火灾等。

2. 交叉作业管理要求

交叉作业安全重在管理,应加强多方面的协调。为保证双方或多方的施工安全,避免安全生产事故的发生,《中华人民共和国安全生产法》第四十八条规定:"两个以上生产经营单位在同一作业区域内进行生产经营活动,可能危及对方生产安全的,应当签订安全生产管理协议,明确各自的安全生产管理职责和应当采取的安全措施,并指定专职安全生产管理人员进行安全检查与协调。"

两个及以上施工单位在同一作业区域内进行生产经营活动,应当进行安全生产方面的协作。协作的主要形式是签订并执行安全生产管理协议。各单位应当通过安全生产管理协议互相告知本单位生产的特点、作业场所存在的危险因素、防范措施以及事故应急措施,以使各单位对该作业区域的安全生产状况有一个整体上的把握。同时,各单位应当在安全生产管理协议中明确各自的安全职责和应当采取的安全措施,做到职责清楚、分工明确。为了使安全生产管理协议真正得到贯彻,保证作业区域内的生产安全,施工各方还应当指定专职的安全生产管理人员对作业区域内的安全生产状况进行检查,对检查中发现的安全生产问题及时进行协调、解决。

3. 交叉作业施工安全防护措施

(1)施工中应尽量减少交叉作业。必须交叉作业时,施工负责人应事先组织交叉作业各方,商定各方的施工范围及安全注意事项;各工序应密切配合,施工场地应尽量错开,以减小干扰;无法错开的垂直交叉作业,层间必须搭设严密、牢固的防护隔离设施。

(2)交叉作业施工中需遵守的一般安全要求主要有以下几点:①交叉作业要设安全栏杆、安全网、防护棚和示警围栏;②夜间工作要有足够照明;③施工作业人员必须体检合格,作业时须戴安全帽,不准穿凉鞋、硬底鞋、塑料鞋或赤脚攀登;④作业中,不准将工具、材料上下投掷,要用绳索绑牢后吊运;⑤六级以上大风天气时不能施工作业。

(3)隔离层、孔洞盖板、栏杆、安全网等安全防护设施严禁任意拆除;必须拆除时,应征得原搭设单位的同意,在工作完毕后立即恢复原状并经原搭设单位验收;严禁乱动非工作范围内的设备、机具及安全设施。

(4)交叉作业施工时,工具、材料、边角余料等严禁上下投掷,应使用工具袋、箩筐或吊笼等吊运。严禁在吊物下方接料或逗留。

(5)支模、粉刷、砌墙等各工种进行上下交叉作业时,不得在同一垂直方向上操作。下层作业的位置,必须处于根据上层高度确定的可能坠落范围半径之外;不符合以上条件时,应设置安全防护层。

(6)交叉作业区段是指多种作业交叉和协调进行的区段。在交叉作业区段,若没有明显的居主导地位的单项作业,即其他作业都要服从和配合施工要求时,确保有条不紊和安全顺利地协调与安排。

(7)双方单位在同一作业区域内进行高处作业、模板安装、脚手架搭设拆除时,应在施工作业前对施工区域采取全封闭、隔离措施,应设置安全警示标志、警戒线或派专人警戒指挥,防止高空落物、施工用具、用电等危及下方人员和设备的安全。

(8)交叉作业的施工各方应自觉保障施工道路、消防通道畅通,不得随意占道或故意发难。凡因施工需要进行交通封闭或管制的,必须报相关管理单位审批,且一般应在30min内恢复交通。运输超宽、超长物资时必须确定运行路线,确认影响区域和范围,采取防范措施(警示标志、引导人员监护),防止碰撞其他物件与人员。车辆进入施工区域,须减速慢行,确认安全后通行,不得与其他车辆、行人抢道。

(9)在同一作业区域内进行焊接(动火)作业时,施工单位必须事先通知对方做好防护,并配备合格的消防灭火器材,消除现场易燃、易爆物品。无法清除易燃、易爆物品时,应与焊接(动火)作业保持适当的安全距离,并采取隔离和防护措施。上方动火作业(焊接、切割)应注意下方有无人员或易燃、可燃物质,并做好防护措施,遮挡落下的焊渣,防止引发生火灾。焊接(动火)作业结束后,作业单位必须及时、彻底清理焊接(动火)现场,不留安全隐患,防止焊接火花死灰复燃,酿成火灾。

(10)在同一作业区域内进行起重吊装作业时,应充分考虑对各方工作的安全影响,制定起重吊装方案和安全措施。指派专业人员负责统一指挥,检查现场安全和措施符合要求后,方可进行起重吊装作业。与起重作业无关的人员不准进入作业现场,吊物运行路线下方所有人员应无条件撤离;指挥人员站位应便于指挥和瞭望,不得与起吊路线交叉,作业人员与被吊运物体必须保持有效的安全距离。索具与被吊物应捆绑牢固,采取防滑措施,吊钩应有安全装置;吊装作业前,起重指挥人通知有关人员撤离,确认吊物下方及吊物行走路线范围无人员及障碍物,方可起吊。

(11)同一作业区域内的施工用电应各自安装用电线路。施工用电必须做好接地(零)和漏电保护措施,防止触电事故的发生。各方必须做好用电线路隔离和绝缘工作,互不干扰。敷设的线路必须通过对方工作面,应事先征得对方的同意;同时,应经常对用电设备和线路进行检查维护,发现问题及时处理。

(12)施工各方应共同维护好同一区域作业环境,切实加强施工现场消防、保卫、治安,文明施工管理;必须做到施工现场文明整洁,材料堆放整齐、稳固、安全可靠(必须有防垮塌、防滑及防滚落措施);确保设备运行、维修、停放安全;设备维修时,按规定设置警示标志,必要时采取相应的安全措施(如派专人看守、切断电源、拆除凸缘等),谨防误操作引发事故。

🔍 案例分析 ---

一、兰渝铁路"7·22"车辆伤害事故

1.事件经过

×年7月22日凌晨3时20分左右,在四川省广元市昭化区,中铁××局集团公司在兰渝铁路工程线承担长钢轨施工运送的工程列车(东风4内燃机车正向行驶,速度为38km/h,加挂运长轨平板35辆,无货物;机车号3017,机车司机××,证件号码:×××××××),在进入中铁××局兰渝经理部一分部承建的仲家山隧道进口63m缺陷整治管段时,6名中铁××局仲家山隧道缺陷整治的作业人员正从洞内向洞外行走,准备从洞外向洞内搬运材料,其中 2 名作业人员躲闪不及被撞倒,导致死亡。经现场其他人员提醒,列车前行了约 260m 后停止运行。

2.原因分析

(1)施工计划管理不到位。在工程线施工过程中,项目部自 7 月 15 日起未向行车调度室申报仲家山隧道缺陷整治施工计划和登记要点。施工现场未严格按照列车调度员和车站值班员的命令组织行车施工。

(2)安全教育培训不到位。项目部对参与缺陷整治的临时作业人员未进行入场安全教育、营业线施工安全培训和作业交底,作业人员安全意识薄弱,致使夜间施工时违反铁路行车规定,在线路上逗留。

(3)驻站联络员、安全防护人员管理不到位。事发当晚值班驻站联络员擅自离岗;施工期间未按规定设置施工安全员;施工过程中远端防护员擅自离岗,造成列车通过时防护警示不到位。

(4)夜间施工管理不到位。夜间施工时,未严格执行夜间值班制度,项目部未派管理人员参与施工管理,施工现场全部交由劳务人员作业,对现场管控不到位,应急处置不当。

二、××地铁物体打击事故

1.事件经过

××年 11 月 15 日 11 时 53 分,某单位承建的××地铁××线,1 名作业人员在联合库施工进行班前备料作业时,相邻立柱正在进行模板拆除作业,模板连接螺栓全部打开后,未及时吊离,且无人值守、无警示标志,瞬间失稳下落倾覆。该作业人员被砸伤后死亡。这起事故构成生产安全一般事故。

2.原因分析

事故调查组认定这是一起因现场违规作业、安全监管存在疏漏造成的生产安全责任事故。

(1)直接原因。

作业人员未按安全技术交底中规定的模板拆除作业流程进行作业,现场安全防护缺失,用铁丝代替模板专用锁具固定模板,同一区域内交叉作业,地面作业人员不慎触碰到斜向已拆除的脚手架管,导致事故发生。

(2)间接原因。

①××劳务公司在施工过程中没有按照总包联合库模板施工方案、技术交底和安全技术交底组织施工,现场安全监控不到位。

②××公司在施工过程中没有按照总包联合库地下室梁板支撑专项方案、技术和安全交底组织施工。

③项目部疏于对劳务分包单位的管理和作业现场的安全检查,致使安全技术交底未依法落实,模板拆除现场的安全隐患未能及时消除。

二 轨行设备溜逸

1.溜逸概述

溜逸是指停留在轨道线路上的机车车辆等轨行设备,由于没有采取止轮措施或止轮措施不当,导致轨行设备的自然移动。车辆溜逸是轨道交通运输过程中的"隐形杀手"。铁路车辆溜逸问题对行车安全有着重要的影响,尤其是在坡道上停留时,事故更为频繁。铁路车辆由于外力或者自身重力作用下易发生移动而失去控制,进而出现侵限、撞击信号机、行人等事故。

2. 防溜作业基本要求

(1)防溜工作要严格遵循"谁施工、谁负责,谁作业、谁防溜"的原则,加强各种上道设备的防溜管理,保证施工生产安全(有特殊规定的除外)。

(2)各类机车车辆的防溜措施均须确认止轮牢固可靠。使用人力制动机或人力制动机紧固器防溜时,须拧紧制动机;使用铁鞋(止轮器)防溜时,鞋尖(止轮器)应紧贴车轮踏面,牢靠固定;使用防溜枕木防溜时,应在距离停留车辆不大于5m处放置。

(3)在人力制动机故障的车辆或车组不能按规定采取防溜措施时,应与人力制动机作用良好的车辆连挂在一起,禁止单独停留。遇最外方人力制动机故障时,可顺延使用下一车辆人力制动机,车组两端仍须按规定采取防溜措施。

(4)列车及机车车辆必须停在警冲标内方。调车作业中,车辆临时停在警冲标外方时,作业完成后,应立即送入警冲标内方。因特殊情况需在警冲标外方进行作业时,须经车站值班员、调车区长准许,在不影响列车到发及调车作业的情况下方可进行,装卸完成后,应立即送入警冲标内方。

(5)到达列车应使全列自动制动机保持制动状态后,方可摘解机车。出发车列技检作业完成,应使全列自动制动机保持制动状态。

(6)安全线、避难线、机车固定走行线上,禁止停留任何机车车辆和平板车。

(7)牵出线、走行线、渡线、道岔联动区及轨道衡上不得停留车辆和平板车。

(8)禁止溜放车辆、线路及其他限制:

①装有禁止溜放货物的车辆。

②非工作机车、铁路救援起重机、大型养路机械、机械冷藏车、凹型车、落下孔车、客车、动车组和特种用途车。

③乘坐旅客的车辆及停有该车辆的线路,停有动车组的线路。

④超过2.5‰坡度的线路(为溜放调车而设的驼峰和牵出线除外)。

⑤停有正在进行技术检查、修理、装卸作业车辆及无人看守道口的线路。

⑥停有装载爆炸品、气体类危险货物车辆的线路。

⑦停留车辆距警冲标的长度,容纳不下溜放车辆(应附加安全制动距离)的线路。

⑧中间站正线、到发线及与其衔接而未设隔开设备的线路。

⑨调车组不足3人时,禁止溜放作业。

⑩不准采用牵引溜放法调车。

(9)调车作业摘车时,必须停妥,做好防溜措施后,方可摘解车钩;挂车时,没有连挂妥当,不得撤除防溜措施。

(10)在尽头线上调车时,与线路终端应有10m的安全距离;遇特殊情况,必须近于10m时,应严格控制速度。

(11)推进车辆运行前须试拉。连续连挂时,可不停车连挂,但要确认连挂状态;车组间距超过10车时,必须顿钩或试拉。被连挂车辆(车组)末端距警冲标较近(不足30m)时,须采取相应安全措施。列车编组完成最后一钩时,应进行试拉。

(12)轨道车辆、工程车辆及其他自轮运转设备,在车站站线上停留时,防溜措施的实施和撤除均由其乘务人员或指定责任人负责,除按规定登记外,还必须向施工负责人汇报防溜实施情况,并在车站"防溜登记簿"上进行登记,车站必须按规定检查监控。

3. 防溜措施

(1)工程列车在工程线区间被迫停车后,应按《铁路技术管理规程》和上级相关单位的规定做好防溜措施。

(2)进入施工作业区域前,机车(含其他动力车,下同)作业人员应进行自动制动机试验,确保作业区域作业时制动机作用良好。

(3)严禁任何车辆在工程线上无动力停留、无施工负责人或安全员监控管理。

(4)在坡度超过6‰的线路上禁止停机等待。

(5)机车、轨道平车及自制平板车在工程线作业时必须做到人不离车,监控有关设备及仪器符合规定。

(6)铺轨机、架桥机在区间自动力走行时,限速5km/h,严禁超速;在铺、架作业中,严禁停机等待。

(7)铺架机作业防溜措施:铺架机作业进、出岔线限速3km/h;岔线内的铺架机必须停放在警冲标内方(包括悬出部分);机组人员应各在铺轨机前后各打紧一般不少于8只铁鞋并派专人看护;架桥机前后各打紧一般不少于36只铁鞋并派专人看护。

(8)铺架机、架桥机在站内停留时,必须停于在警冲标内方(包括悬出部分),并在铺轨机、架桥机每个轮对两面使用铁鞋防溜,派专人看护。

🔍 案例分析

铁路机车发生溜逸并导致机车脱线事故

1. 事件经过

×年2月17日16时32分,××局徐州电务段车载设备车间徐州库整修二工区在对DF11-22与DF11-134两连挂机车实施电务车载设备出库检测工作中,在机车司机不在驾驶室现场的情况下擅自操纵机车司控设备,致使2台机车发生溜逸,自徐州机务段小辅修库前5道向南走行1042m,以34km/h的速度撞上土挡,造成DF11-22机车脱线。

2. 原因分析

(1)电务人员作业未执行标准程序,违反了电务车载设备检测作业操作规程及安全基本规章制度。

(2)机务人员未按规定配合电务人员的检测作业。

3. 事故教训

(1)规章制度不按规定落实。××局虽制定《关于发布电务车载设备相关作业制度、标准的通知》《关于重新发布"××局列车运行监控记录装置(LKJ)运用维护管理办法"的通知》,规定电务人员"严禁扳动机车操作主手柄、换向手柄"和机务人员要配合电务检测人员进行列车运行监控记录装置(LKJ)入库检测,但未在现场作业中得到落实,流于形式。

(2)疏于作业监管。有关分析表明,电务人员在无司机配合的情况下擅动操作手柄类违章长期存在,各级领导和专业管理人员对日常的作业规范化监督检查不到位,对于存在的工作漏洞和问题未能发现和有效防范。

(3)接合部管理薄弱。对于多专业联动、联劳协作等缺乏有效的协同组织、控制机制及管理对策,相关接合部的作业管理呈失控状态。

三 机械伤害

1.机械伤害概述

机械伤害主要指机械设备运动(静止)部件、工具、加工件直接与人体接触引起的夹击、碰撞、剪切、卷入、绞、碾、割、刺等形式的伤害,即刀具飞出伤人,手或身体其他部位被卷入、被刀具碰伤、被设备的转动机构缠住等造成的伤害。各类转动机械的外露传动部分(如齿轮、轴、履带等)和往复运动部分都有可能对人体造成机械伤害。机械伤害是施工生产过程中常见的伤害之一,易造成机械伤害的机械、设备包括运输机械、掘进机械、装载机械、钻探机械、破碎设备、通风、排水设备、选矿设备、其他转动及传动设备。

2.机械伤害产生的原因分析

(1)人为不安全行为。

人为不安全行为包括操作失误和误入危区。

操作失误的主要原因如下:

①机械产生的噪声影响了操作人员的知觉和听觉,导致不易判断或判断错误。

②依据错误或不完整的信息,操纵或控制机械,造成失误。

③机械的显示器、指示信号等显示失误,致使操作者误操作。

④控制与操纵系统的识别性、标准化不良,使操作者产生操作失误。

⑤时间紧迫致使操作人员没有充分考虑而处理问题。

⑥缺乏对运动机械危险性的认识而产生操作失误。

⑦技术不熟练,操作方法不当。

⑧准备不充分,安排不周密,因仓促而导致操作失误。

⑨作业程序不当,监督检查不够,违章作业。

⑩人为地使机器处于不安全状态,如取下安全罩、切除联锁装置等;走捷径、图省事、忽略安全程序,如不盘车、不置换分析等。

误入危区的主要原因如下:

①操作机器的变化,如改变操作条件或改进安全装置时。

②存有走捷径、图省事的心理,对熟悉的机器会有意省掉某些程序而误入危区。

③条件反射下忘记危区。

④单调的操作使操作人员疲劳而误入危区。

⑤由于身体或环境影响,操作人员产生视觉或听觉失误而误入危区。

⑥错误的思维和记忆,尤其是对机器及操作不熟悉的新员工容易误入危区。

⑦指挥者错误指挥,操作人员未能抵制而误入危区。

⑧信息沟通不良而误入危区。

⑨异常状态及其他条件下的失误。

(2)机械的不安全状态。

机械的不安全状态,如机器的安全防护设施不完善,通风、防毒、防尘、照明、防震、防噪声以及气象条件等安全卫生设施缺乏,均能诱发事故。运动机械所造成的伤害事故的危险源常存在于下列部位:

①旋转的机件有将人体或物体从外部卷入的危险,机床的卡盘、钻头、铣刀等传动部件和旋转轴的突出部分有钩挂衣袖、裤腿、长发等而将人卷入的危险,风翅、叶轮有绞碾的危险,相对接触而旋转的滚筒有使人被卷入的危险。

②做直线往复运动的部位存在撞伤和挤伤的危险,冲压、剪切、锻压等机械的模具、锤头、刀口等部位存在撞压、剪切的危险。

③机械的摇摆部位存在撞击的危险。

④机械的控制点、操纵点、检查点、取样点、送料过程等存在不同的潜在危险因素。

3. 预防机械伤害事故的措施与对策

机械危害风险的大小不仅取决于机器的类型、用途、使用方法和人员的知识、技能、工作态度等因素,还取决于人们对危险的了解程度和所采取的避免危险的措施。预防机械伤害包括两方面:一是提高操作人员的安全素质,开展安全培训,提高操作人员辨别危险和避免伤害的能力,增强避免伤害的自觉性,对危险部位进行警示和标志;二是消除产生危险的原因,减少或消除接触机器的危险部位的次数,采用安全防护装置,避免接近危险部位,注意个人防护,实现安全机械的本质安全。(相关资源见二维码13)

(1)加强操作人员的安全管理。

①建立健全安全操作规程和规章制度。

②抓好"三级安全教育"和业务技术培训、考核。增强操作人员安全意识和安全防护技能。做到"四懂"(懂原理、懂构造、懂性能、懂工艺流程)、"三会"(会操作、会保养、会排除故障)。

二维码13

预防机械
伤害的措施

③正确穿戴劳动防护用品。

④按规定进行安全检查或巡回检查。

⑤严格遵守劳动纪律,杜绝违章操作或习惯性违章。

(2)注重机械设备的基本安全要求。

①关键要抓设备结构设计合理,严格执行标准,把住设计关。

②在设计过程中,对操作人员容易触及的可转动零部件应尽可能封闭,对不能封闭的零部件必须配置必要的安全防护装置。

③对运行中的生产设备或零部件超过极限位置,应配置可靠的限位、限速装置和防坠落、防逆转装置。

④对电气线路要有防触电、防火警装置。

⑤对工艺过程中会产生粉尘和有害气体或有害蒸汽的设备,应采用自动加料、自动卸料装置,并要有吸入、净化和排放装置。

⑥对有害物质的密闭系统,应避免发生"跑、冒、滴、漏"现象,必要时应配置检测报警装置。

⑦对生产剧毒物质的设备,应有渗漏应急救援措施等。

（3）机械设备的布局合理。

按有关规定,设备布局应达到以下要求:

①机械设备间距:小型机械设备不小于0.7m,中型机械设备不小于1.0m,大型机械设备不小于2.0m。

②设备与墙、柱间距:小型机械设备不小于0.7m,中型机械设备不小于0.8m,大型机械设备不小于0.9m。

③操作空间:小型机械设备不小于0.6m,中型机械设备不小于0.7m,大型机械设备不小于1.1m。

④高于2.0m的运输线设置牢固的防护罩。

（4）提高机械设备零、部件的安全可靠性。

①合理选择结构、材料、工艺和安全系数。

②操纵器必须采用联锁装置或保护措施。

③必须设置防滑、防坠落及预防人身伤害的防护装置,如限位装置、限速装置、防逆转装置、防护网等。

④必须有安全控制系统,如配置自动监控系统、声光报警装置等。

⑤设置足够数量、形状有别于一般的紧急开关。

（5）加强危险部位安全防护。

从根本上讲,对于机械伤害的防护,首先在设计和安装时应充分予以考虑,包括安全要求、材料要求、安装要求;在使用时也应加以注意。例如,带传动通常是靠紧张的带与带轮间的摩擦力来传递运动的。它既具有一般传动装置的共性,又具有容易断带的个性。因此,对此类装置的防护应采用防护罩或防护栅栏将其隔离,除对2m以内高度的带传动必须采用外,对带轮中心距3m以上或带宽在15cm以上,或带速在9m/s以上的,即使是2m以上高度的带传动也应该加以防护。对链传动,可根据其传动特点采用完全封闭的链条防护罩,既可防尘、减少磨损,保持良好润滑,又可很好地防止伤害事故的发生。

①对各种机械的传动带、明齿轮、接近地面的联轴节、皮带轮、飞轮等易伤人体的部位都必须有完好的防护设施。投入运行的机械设备必须按规定进行维护保养,不合格的机械设备应坚决弃用。自制设备必须符合安全要求,应经专业部门鉴定合格才允许投入运行。为了避免出现人身事故,应有可迅速停车的装置。操作人员要按有关要求穿戴防护用品。

②检修、检查机械设备时,必须落实各项安全措施。施工现场必须设专人监护,并且要坚守岗位、认真负责。被检修的机械必须切断电源,落实安全控制电源措施,防止因定时电源开关作用或临时停电等因素而误判造成事故。切断电源后,必须挂好"现在检修,严禁合闸"的停机警示标志牌。必须做到"谁挂谁取,专人负责",并应公开标明负责人姓名。机械恢复运转试

运转前,必须对现场进行细致的检查,确认人员都已安全撤离后方可取牌合闸。检修试车时,严禁人员留在机械设备内进行试车。遇有意外停电的情况,必须将机械设备处理至安全状态,防止复电伤人。任何人员要进入机械运行危险区域(如取物、采样、干活、借道等),都要严格执行防范事故的安全联系制度,事前必须与当班机械操作人员直接联系,经同意并在停机和有可靠的安全措施的情况下方可进行;正在停车的机械也必须遵守安全联系制度;非当班负责操作人员严禁擅自开动机械,因工作需要开机时,必须与当班人员联系,由当班人员操作。

③各种电源开关要布置合理并应有明确标志,防止误启动设备发生伤人事故。对人孔、投料口、绞笼井等部位应设置警示标志牌、护栏及盖板等,防止操作人员发生误操作。

④重视改善作业环境。环境布局合理,照明适宜,温、湿度适中,噪声和震动小,具有良好的通风设施。

其次,还须提高机械操作人员的技能和增强作业人员的安全意识。机械操作人员必须经过严格的专门业务培训,考核合格后方可上岗。同时,机械操作人员在作业前必须做到注意力集中、情绪稳定,严格遵守相关规定。

案例分析

邯黄铁路海兴段"4·17"机械伤害事故

1. 事件经过

×年4月17日13点30分左右,邯黄铁路海兴段DK331+566框架涵地段,拆除打桩机过程中,桩机架发生断裂,致一人死亡,直接经济损失40余万元。

事故发生后,县安监局、县公安局等有关部门接到报告后第一时间赶赴现场,展开事故处置及取证工作。4月19日,根据《生产安全事故报告和调查处理条例》的有关规定,县人民政府组织成立了以县安监局、县公安局、县监察局、县总工会、县交通局等单位为成员的"4·17"机械伤害事故调查组,调查事故有关情况及制定处理意见。

2. 事故相关单位及个人基本情况

黄骅某路桥工程有限公司(事故发生单位),位于黄骅市旧城镇后仙庄,2009年5月成立,属股份制经营,注册资金1800万元,从业人员19人,经营范围为道路桥梁工程施工、建筑材料销售和工程设备租赁。

王某(法人代表)男,1977年2月出生,黄骅市旧城镇后仙庄人。

翟某(施工承揽者)男,1970年4月出生,海兴县赵毛陶镇翟褚村人,个人从事过涵洞修建等建筑工作。

边某(水泥搅拌打桩机机主,翟某合伙人)男,1964年8月出生,沧县杜林乡王祥庄村人,临时施工队组建者。

陈某(死者)男,1983年出生,沧州市青县金牛镇打虎村人,系边某施工队机长,施工人员主要组织者。

4月15日,黄骅某路桥工程有限公司承揽中铁××局邯黄铁路海兴段DK331+566框架涵地段打水泥桩。(经调查,此处为河沟,设计院之前未出此处设计图纸,剩下此一处)因工程量较小,黄骅某路桥工程有限公司将其施工安排给翟某,翟某又联合边某一起组织施工。约定其施工人员及作业主要由陈某负责,费用共计30500元,施工完毕后一次性交陈某,再由陈某分发给其他工人。

3.事故描述及救援上报情况

×年4月17日,邯黄铁路海兴段DK331+566框架涵地段打桩作业施工完毕,11时左右,陈某与边某核对账目后,陈某向边某申请吊车拆卸水泥搅拌打桩机(打桩机由桩锤、桩架及附属设备等组成,是利用冲击力将桩贯入地层的桩工机械。桩架为一钢结构塔架,在其后部设有卷扬机,用以起吊桩和桩锤。桩架的高度决定着桩锤的冲击动能。通常桩架较高。事故发生地的桩架约15m,共3节)。12时30分开始,13时左右,打桩机已基本拆完,打桩机桩架倾放在架子上(与桩基相连处为第一节),相互间由16根螺栓连接,此时桩架第二、三节悬空,而陈某正在其下拆卸链条,桩架第二节与第一节处螺母突然折断,桩架直接砸在陈某肩头。

现场工人当即拨打了120急救电话,同时通知了边某,报告了当地派出所。陈某被120救护车送至海兴县医院,后经抢救无效死亡。

4.原因分析

(1)直接原因。

施工队未在桩架下做支撑防护。施工队在拆卸、放平桩架后,未严格执行安全操作规程,在悬空桩架处增加钢管支撑,致使出现了悬空桩架与桩基的杠杆状态,在重力作用下,螺母折断,径直落下,砸在此时正在其下拆卸链条的陈某身上,这是导致事故发生的直接原因。

(2)间接原因。

①桩机未经检测检验。边某所用水泥搅拌桩机是其购置的二手桩机,不能提供有效检测证明,施工前桩机未检查所连接桩架螺母是否存在松动、脱扣现象。

②陈某冒险作业。陈某安全意识薄弱,冒险在未做支撑防护的桩架下拆卸链条。

③施工队安全"三无"(无管理、无规章、无措施)。翟某、边某身为该工程的直接负责人,未经任何安全培训,不具备与该作业相关的安全生产知识。

④黄骅某路桥工程有限公司安全管理不到位。从施工队进驻到事故发生,该公司未对员工进行安全培训,未进行过一次安全检查和隐患排查,所建立的安全生产规章制度形同虚设,只重生产,无视安全。

5.事故定性

经过对事故原因的调查分析,事故调查组认定邯黄铁路海兴段"4·17"机械伤害事故是一起一般生产安全责任事故。

6.定责与处理

(1)陈某,身为施工队机长,未严格落实"悬空桩架做支撑防护"的安全操作规程,冒险站在下方拆卸链条,严重违反安全操作规程,冒险作业,对本次事故负有直接责任。因其在事故中死亡,不再追究其责任。

(2)翟某、边某,组织非法施工,作为管理者,未经安全培训,未建立安全规章制度和安全操作规程,未落实安全生产责任制度,未组织人员进行安全教育培训,未严格督促作业人员遵守安全操作规程,未对打桩机进行检验检测,对此次事故负有主要责任,建议解散非法组织。

(3)黄骅某路桥工程有限公司。将项目发包给不具备安全资质、安全生产条件的翟某、边某施工队,未签订安全管理协议,未明确安全管理人员,未进行日常安全检查和隐患排查,未教育与督促从业人员严格执行安全生产规章制度和安全操作规程,对此次事故负有责任,依据《生产安全事故报告和调查处理条例》第三十七条第一项的规定,建议由海兴县安监局给予10万元罚款的处罚。

(4)王某。身为黄骅某路桥工程有限公司总经理,未依法履行安全生产管理职责,未督导、检查本单位安全生产工作,未及时消除事故隐患,对本次事故的发生负有责任,依据《生产安全事故报告和调查处理条例》相关规定,建议由海兴县安监局给予2万元罚款的处罚。

四 临时用电安全风险

1.临时用电概述

施工现场临时用电是为了保证施工现场作业正常进行的临时电力供应。施工现场用电与一般工业或居民生活用电相比具有临时性、露天性、流动性和不可选择性的特点,有与一般工业用电或居民生活用电不同的规范。但是很多人在具体操作过程中马虎、凑合,不按标准规范操作。有相当多的施工人员对电的特性不了解,对电的危险性认识不足,对安全用电的基本知识和临时施工用电规范不了解。

临时用电安全隐患在施工现场极易造成人身触电伤亡、电气设备损坏和电气火灾等恶性事故,是潜在危险性最多的危险源。防止和避免电气安全事故的发生已成为各级建设工程安全管理工作中必须常抓不懈、警钟长鸣的重大安全课题,也是各单位认真履行建设工程安全生产管理法定职责的重点工作。

施工现场临时用电工程专用的电源中性点直接接地的220V/380V三相四线制低压电力系统,必须符合下列规定:

(1)采用三级配电系统。

(2)采用TN-S接零保护系统。

(3)采用二级漏电保护系统。

2.临时用电安全风险因素

(1)临时用电组织设计的编制内容不规范,与现场实际不符合。

(2)临时用电安全管理缺乏必需的安全技术档案,内容不真实。

(3)配电线路、配电箱及开关箱不规范,配电室、外电线路及电气设备防护不到位,存在重大触电事故安全隐患。

(4)建筑机械设备和线路的接零保护、重复接地与防雷接地不规范。

(5)电气设备安装不合格,电气设备安装必须遵守安全技术规定。若安装错误,人身接触带电部分时,就会造成触电事故。例如,电线高度过低,不符合安全要求;架空线私拉乱接,将电线拴在脚手架上;导线的接头只用老化的绝缘布包上;电气设备没有做保护接地、保护接零等,一旦漏电就会发生严重触电事故。

(6)电工专业知识匮乏,管理人员电气安全管理意识不到位。

(7)生活区私拉乱接电线、使用插线板、使用花线等,违反安全操作规程。在施工现场,有人图方便,不用插头,在电箱私拉乱接电线;有人在宿舍私拉乱接电线照明,在床上接音响设备、电风扇,甚至接电线用于烧水、做饭等;有人凭经验用手去试探电器是否带电或不采取安全措施带电作业,或者带着侥幸心理,在带电体(如高压线)周围不采取任何安全措施;等等。这些违章作业极易造成触电事故。

(8)电气设备缺乏正常检修和维护。由于电气设备长期使用,易出现电气绝缘老化,导线裸露,胶盖、刀闸、胶木破损,插座盖子损坏,等等。如不及时检修,一旦漏电,将造成严重后果。

3. 临时用电管理措施

(1)施工现场临时用电设备在5台及以上或设备总容量在50kW及以上时,应编制施工现场临时用电组织设计,内容包括:根据现场勘测情况,确定电源进线、变电所或配电室、配电装置、用电设备位置及线路走向,计算负荷,选择变压器,设计配电系统(线路、导线或电缆、电器、接地装置、用电总平面图、配电装置布置图、配电系统接线图、接地装置设计图)和设置防雷装置,制定防护措施、安全用电措施和电气防火措施。

(2)施工现场临时用电设备在5台以下和设备总容量在50kW以下者,应制定安全用电措施和电气防火措施。

(3)临时用电组织设计以及安全用电、电气防火措施均须由电气工程技术人员组织编制,并经相关部门审核及具有法人资格企业的技术负责人批准后实施。

(4)施工现场临时用电系统必须符合三级配电、二级保护、TN-S接零保护系统要求;配电箱和开关箱的设置严格执行三级配电规则,开关箱遵守"一机、一闸、一箱、一漏"规则,动力和照明配电分设的原则;自备发电机组电源必须与外电线路电源连锁,严禁并列运行。

(5)安装、巡检、维修或拆除临时用电设备和线路,必须由电工完成。电工必须取得相应的电工特种作业操作资格证书;其他各类用电人员应掌握安全用电基本知识和所用设备的性能。

(6)施工现场在建工程(含脚手架)、机动车道、起重吊装作业与外电架空线路的安全距离不满足规范规定时,必须采取绝缘隔离防护措施,并且在醒目位置悬挂警示标志牌。

(7)防雷装置接闪器保护范围以外的起重机、井字架、龙门架等机械设备及钢脚手架和在建工程的金属结构应按规定安装防雷装置。

(8)变压器及配电柜应设在防台风、防水淹、防坍塌的位置,四周应设高度为2m的围墙或安全围栏做可靠防护,并悬挂"禁止靠近""禁止入内""当心触电"等安全警示标志牌,围墙或围栏与变压器的距离不小于1.5m。

(9)架空线路必须采用绝缘导线,并架设在专用电杆上,严禁架设在树木、脚手架及其他设施上,其挡距、导线相序、接头设置应符合规定;电缆线路应采用埋地或架空敷设,严禁沿地面明设,避免机械损伤和介质腐蚀;埋地电缆路径应设方位标志。

(10)总配电箱应装设在靠近电源进线处,分配电箱宜装设在用电设备或用电负荷相对集中的地方,分配电箱与开关箱的距离不大于30m,开关箱与其控制的固定式用电设备的水平距离不宜超过3m。配电箱和开关箱应装设牢固、端正,有防雨、防尘措施和锁具;固定式配电箱、开关箱的中心点与地面的垂直距离应为1.4~1.6m,移动式配电箱、开关箱应装设在坚固、稳定的支架上,其中心点与地面的垂直距离宜为 0.8~1.6m。线缆的进出均应从箱体下底面进出,进出口应配置固定线卡,进出线应加绝缘护套并成束固定在箱体上,不得与箱体直接接触。配电箱内各回路与其控制的电气设备,要用文字标明,对号入座。

(11)配电箱的电器安装板上必须分设 N 线端子板和 PE 线端子板。N 线端子板必须与金属电器安装板绝缘;PE 线端子板必须与金属电器安装板做电气连接;进出线中的 N 线必须通过 N 线端子板连接;PE 线必须通过 PE 线端子板连接。

(12)PE 线上严禁装设开关或熔断器,严禁通过工作电流且严禁断线。

(13)隧道、人防工程、高温、有导电灰尘、比较潮湿或灯具离地面高度低于 2.5m 等场所的照明,其电源电压不应大于 36V;潮湿和易触及带电体场所的照明,其电源电压不得大于24V;特别潮湿场所、导电良好的地面、锅炉或金属容器内的照明,其电源电压不得大于 12V。不得采用简易裸接碘钨灯进行照明。

(14)配电箱、开关箱中的漏电保护器的额定漏电动作电流不应大于 30mA,额定漏电动作时间不应大于 0.1s,但总配电箱中的漏电保护器,其额定漏电动作电流与额定漏电动作时间的乘积不应大于 30mA·s;适用于潮湿或有腐蚀介质场所的漏电保护器应采用防溅型产品,其额定漏电动作电流不应大于 15mA。

(15)所有电气、用电设备均须有漏电、短路、过载保护装置,其金属外壳均须进行良好的接地;在水中或潮湿环境下使用的潜水泵等用电设备应具有良好的绝缘性能,使用前须做绝缘检测。

(16)施工现场生活区和作业区严禁私拉乱接电线,宿舍严禁使用电炉、电褥等取暖设备,宜设置集中充电区,对员工手机充电进行统一管理。

(17)现场定期(一般为每月)组织开展不少于一次的临时用电安全专项检查。

(18)电工要做好临时用电的每日巡视记录和用电设备运行及检测记录。

(19)用电场所应配备与电气火灾事故相匹配的消防器材。在发生电气火灾后,应尽可能先立即切断着火部分电气设备的电源,再进行扑救,同时组织力量疏散、撤离、抢救火区受困人员;在未切断电源前严禁使用水或不宜扑救电气火灾的灭火器材盲目扑救。

(20)有时为了争取灭火时间,来不及断电,或者因实验需要等其他原因不允许断电时,在未切断电源的情况下进行电气火灾带电扑救,应注意下列事项:

①选择适当的灭火器。例如,二氧化碳、四氯化碳、二氟一氯一溴甲烷、二氟二溴甲烷以及干粉灭火器的灭火剂都是不导电的,可用于带电灭火;泡沫灭火器的灭火剂(水溶液)有一定的导电性,对绝缘有一定影响,不宜用于带电灭火。

②用水枪灭火器灭火时宜采用喷雾水枪,同时应穿绝缘靴、戴绝缘手套。该水枪通过水柱泄漏的电流较小,用于带电灭火较安全。

③人体与带电体之间应保持安全距离。用水灭火时,水枪喷嘴至带电体的距离:电压在110V 以下应不小于 3m,在 220V 以上应不小于 5m。

④架空线路等空中设备灭火。对架空线路等空中设备进行灭火时,人体位置与带电体之间的仰角应不超过 45°,以防止导线断落危及灭火人员的安全。

⑤设置警戒区。例如,在带电导线断落的场合,需划出警戒区。

案例分析

一、黔桂铁路扩能改造"7·10"触电事故

1. 事件描述

×年7月10日18时32分,由某单位承建的黔桂铁路扩能改造铺架工程,在龙里站L5道用吊车卸道岔轨料时,因吊车大臂触及龙里变电所214馈线,造成正在吊装的道岔及吊车带电,致使5名装卸作业人员触电,其中2人经抢救无效死亡,影响行车1小时01分,构成生产安全一般事故。

2. 原因分析

黔桂铁路扩能改造铺架工程项目部疏于现场管理,对危险作业未做好必要的防护措施;吊车操作人员违章作业,导致事故发生。

(1)吊车司机操作失误,汽车吊起重臂在回转前未能及时收缩,在回转过程中触及距离地面11~12m高的接触网馈线,造成吊钩及吊装的岔料带电,致使5名装卸作业人员触电后2死3伤,是造成本次事故的直接原因。

(2)站改队副队长李某,未严格执行营业线施工安全管理办法,已在车站销记后,仍安排吊车进行整理岔料作业,并且在没有认真了解214馈线是否带电的情况下,盲目地安排吊装人员采用吊钩由两线间穿下进行吊装作业的方法进行吊装;对吊车司机姜某无证操作未加制止;在岔料整理过程中基本不在吊装现场监控,是造成事故的主要原因。

(3)装卸作业人员没有经过铁路有关部门对铁路安全知识的专业培训,租用吊车没有签订安全协议;安全交底工作落实不到位,流于形式;实施吊装前吊车的安放位置不妥,没有考虑到吊车大臂运动范围的安全距离,是造成本次事故的重要原因。

(4)现场安全监护人员责任心不强,在吊车起吊运动过程中断监护,是造成本次事故的重要原因。

二、沪杭客专"3·19"触电事故

1. 事件经过

×年3月19日,沪杭客运专线七标北京××有限公司(以中铁××局名义中标)桥面附属构件预制场施工作业队,在汽车吊装电缆槽作业时,因刮风摆动以及下雨空气潮湿的原因,吊钩钢丝绳逐渐靠近既有高压线且瞬间超过安全距离,导致作业人员2人触电,其中1人经抢救无效死亡,构成生产安全一般事故。

2. 原因分析

(1)直接原因。

①吊车司机韩某虽然对现场环境有所了解,但在准备吊装过程中没有考虑到与高压线的安全距离,且在刮风下雨天气时违章操作,放任作业人员歪拉斜吊。

②两名作业人员已知作业面上方有高压线,在刮风下雨的情况下,未采取任何针对性防范措施,盲目蛮干。

(2)间接原因。

①北京××有限公司现场管理脱节。作业队邻近既有线施工未按要求上报施工计划,擅自施工;施工时现场无管理人员盯控;吊车作业时,未按落实"一机一人"的防护措施,是事

故发生的主要原因。

②北京××有限公司安全教育培训有较大漏洞,未对作业人员进行必要的岗位安全教育培训,作业人员安全意识薄弱;安全技术交底有缺失,作业人员违章作业。

③中铁××局项目部对施工现场安全隐患的防控措施不到位,对施工队监管不力,未能及时制止无计划施工、违章作业。

五 高处作业

1. 高处作业概述

凡在坠落高度基准面2m以上(含2m)有可能坠落的高处进行的作业,均称为高处作业。只要符合上述条件的,均作为高处作业对待,并加以防护。

2. 高处作业的分类和分级

高处作业包括临边高处作业、洞口高处作业、攀登作业、悬空作业四种。高处作业又可分为一般高处作业和特殊高处作业。

(1)一般高处作业根据作业高度不同,分为一级、二级、三级、特级共4级。

①一级高处作业:作业高度在2~5m(含5m)的高处作业。

②二级高处作业:作业高度在5~15m(含15m)的高处作业。

③三级高处作业:作业高度在15~30m(含30m)的高处作业。

④特级高处作业:作业高度大于30m的高处作业。

(2)在以下作业环境和条件下进行的高处作业称为特殊高处作业。

①在阵风风力六级(风速10.8m/s)以上的情况下进行的高处作业,称为强风高处作业。

②高温或低温环境下进行的高处作业,称为异温高处作业。

③降雪时进行的高处作业,称为雪天高处作业。

④室外完全采用人工照明时进行的高处作业,称为夜间高处作业。

⑤在接近或接触带电体条件下进行的高处作业,统称为带电高处作业。

⑥在无立足点或无牢靠立足点的条件下进行的高处作业,统称为悬空高处作业。

⑦对突然发生的各种灾害事故进行抢救的高处作业,称为抢救高处作业。

⑧作业活动范围与危险电压带电体的距离小于表5-1所示的规定。

危险电压带电体的电压等级与安全距离 表5-1

危险电压带电体的电压等级(kV)	≤10	35	63~110	220	330	500
安全距离(m)	1.7	2.0	2.5	4.0	5.0	6.0

⑨摆动。立足点不是平面或只有很小的平面,即任边小于500mm的矩形平面、直径小于500mm的圆形平面或具有类似尺寸的其他形状的平面,致使作业人员无法维持正常姿势。

⑩存在有毒气体或空气中含氧量低于19.5%的作业环境。

⑪可能会引起各种灾害事故的作业环境和抢救突然发生的各种灾害事故。

3. 高处作业危险因素分析

(1)人的不安全行为。

在生产过程中,人的不安全行为会导致各类事故。人在生产活动中的不安全行为具体包括:施工人员缺乏安全意识,操作错误(如启动操作不给信号、忘记关设备等),奔跑作业,送料过快,以不安全的速度作业,使用不安全设备,用手代替工具操作,物体的摆放不安全,冒险进入危险场所,在起吊物下停留作业,在机器运转时加油、清洁、修理,注意力分散,未使用劳动防护用品,不安全着装,工作时说笑打闹,带电作业,等等。

(2)物的不安全状态。

对建筑行业来说,"物"包括施工过程中所涉及的设备、材料、半成品、燃料、施工机械、机具、设施等。物的不安全状态包括:施工电梯的限位失灵,造成冒顶;塔式起重机的钢丝绳脱丝,未及时更换,造成钢丝绳断裂,掉物坠落;电锯等用电设备电线老化,造成电线失火等;安全防护、保险、信号等装置缺乏或有缺陷;机械设备、设施、工具、附件等有缺陷;个人防护用品用具(包括安全帽、安全带、安全鞋、手套、护目镜及面罩、防护服等)缺乏或有缺陷;等等。

(3)环境的不利因素。

事故的发生都是由人的不安全行为和物的不安全状态直接引起的。若不考虑客观的情况而一概地指责施工人员的"粗心大意""疏忽"则是片面的,有时甚至是错误的。因此,应当进一步研究造成人的不安全行为的背景条件,即不安全环境,如照明光线过暗或过强导致作业现场视物不清,作业场所狭窄、杂乱,地面有油或其他影响环境的东西等。

与建筑行业紧密相关的环境就是施工现场。整洁、有序、精心布置的施工现场,事故发生率较之杂乱的施工现场低。到处是施工材料、机具乱摆放,生产及生活用电私拉乱扯,不但会给正常生产、生活带来不便,而且会引起人的烦躁情绪,从而增加事故隐患。当然,人文环境是不能忽略的。如果某企业从领导到职工,人人讲安全、重视安全,逐渐形成企业安全文化,那么这个企业的安全状况会相对良好。

(4)管理上的缺陷。

人的不安全行为和物的不安全状态是事故发生的直接原因,而管理不善是造成安全事故的间接原因。人的不安全行为可以采取安全教育、安全生产责任制以及安全奖惩机制等措施减少甚至杜绝。物的不安全状态可以通过提高安全生产的科技含量、建立完善的设备保养制度、推行文明施工和安全达标等活动加以控制。对作业现场加强安全检查,就可以发现并制止人的不安全行为和物的不安全状态,从而避免事故的发生。常见的管理缺陷有制度不健全、责任不分明、有法不依、违章指挥、安全教育不够、处罚不严、安全技术措施不全面、安全检查不够等。例如,职工没有接受三级安全教育就上岗作业,没有对各工种进行各项安全技术交底,没有落实各项安全生产责任制,安全技术措施经费投入少,安全生产检查流于形式,对检查出的事故隐患没有按"定人、定措施、定时间"进行整改,对已发生事故没有按"四不放过"的原则进行处理,等等。

4.高处作业管理措施

（1）对高处作业人员要坚持开展经常性安全宣传教育和安全技术培训,使其认识与掌握高处坠落事故的规律和危害,牢固树立安全思想和具有预防、控制事故的能力,严格执行安全法规。当发现自己或他人有违章作业的异常行为,或发现与高处作业相关的物体和防护措施有异常状态时,要及时改变,使之达到安全要求,从而有效预防、控制高处坠落事故的发生。

（2）高处作业区域根据现场钢结构特点设置安全生命线,一般在钢构件上焊接50cm高的角钢,且间距不宜大于15m,利用角钢拉设通长钢丝绳,供作业人员系挂安全带使用。

（3）高处作业场所或区域应设置"当心坠落""当心落物""禁止跨越""禁止抛物""必须系安全带"等安全警示标志;必要时,在作业点下方应设置警戒区域,并设专人防护。

（4）凡进行攀高、悬空等高处作业以及搭设高处作业安全设施的人员,必须经有关部门专门的安全作业培训,并取得相应的特种作业操作资格证书后才能上岗,且要定期体检;严禁安排年老体弱、视力不佳、疲劳过度、身体不适、酒后人员以及患有心脏病、高血压、恐高症、严重贫血、癫痫病、精神病等不宜从事登高作业的人员从事高处作业。

（5）高处作业人员必须系安全带(绳),严禁用绳子捆在腰部代替安全带(绳);安全带(绳)应系在作业处上方的牢固构件或专为挂安全带(绳)用的钢架或钢丝绳上,不得系挂在移动的、不牢固的物件上,不得系挂在有尖锐棱角的部位,安全带(绳)不得低挂高用;随身携带的工具应放置在工具袋中,防止坠落,严禁上下抛掷任何物品,所用材料要堆放平稳;严禁穿凉鞋、拖鞋、高跟鞋、硬底鞋和带钉易滑鞋从事高处作业。

（6）高处作业应搭设操作平台及人员上下梯道或电梯。操作平台应用3cm厚的木脚手板满铺,脚手板须固定牢固,不得有探头、空洞,周边按临边作业要求设置防护栏杆,严禁将操作平台作为材料堆放点;人员上下梯道须固定牢固,坡度不宜大于60°,梯步宽度不应小于25cm且有防滑措施,两侧设防护栏杆,严禁作业人员沿脚手架、管道、绳索、栏杆攀爬或随非乘人起重升降设备、吊物上下。

（7）现场涉及临边高处作业的基坑、沟槽、泥浆池、作业台架(台车)、挂篮、脚手架、移动(悬挂)式操作平台的周边必须设置防护栏杆等安全防护措施;涉及洞口高处作业的电梯井口、外墙上的门窗洞口、板上预留孔洞、各种孔桩的孔口等均须根据具体情况采取防护栏杆、加盖件、张挂安全网与装栅栏门等安全防护措施。

（8）防护栏杆宜采用钢管、角钢、钢筋等坚固材料安装,高度为1.0~1.2m,立杆间距不大于2.5m,横杆间距不大于0.6m,下横杆离地高度为0.5~0.6m,下部设高度不低于20cm的挡脚板,护栏自上而下用安全立网封闭。

（9）高处作业时,严禁接近电线路,特别是高压线路。当高处作业活动范围与危险电压带电体距离不能满足《施工现场临时用电安全技术规范》(JGJ 46—2005)的要求时,必须采取绝缘隔离防护措施,并应在醒目的位置悬挂警示标志牌后,方可进行作业;当高处作业活动范围与危险电压带电体的距离小于相关规定时,必须与有关部门协商,采取停电、迁移外电线路或改变工程位置等措施,未采取上述措施的严禁施工。

（10）遇雨、雪天气,在低温环境下进行高处作业时,必须采取可靠的防滑、防寒、防冻措施,凡水、冰、霜、雪均应及时清除;在高温环境下进行高处作业时,必须有防暑降温措施,且不得长时间作业;在夜间或现场光线不足的条件下进行高处作业时,现场必须有充足的照明。

(11)房屋建筑楼层内1.5m×1.5m以上的洞口及建筑外临边除按规定设置临边防护栏杆,还应按每3层或不超过10m增设一道安全平网,第一道应为双层;桥梁、地铁等其他工程施工现场可参照房建工程设置安全平网。

(12)连续梁悬灌施工用挂篮应在设计时将操作平台的临边防护一并设计,并在制造、安装过程中同时安装,使用过程中应注意维护。

(13)高处作业与其他作业交叉进行时,应按指定的路线上下,不得垂直作业,如果需要垂直作业时应采取可靠的隔离措施;现场涉及垂直交叉作业的人员进出通道口均应搭设安全防护棚,高度超过24m的还应设双层防护。

(14)特级高处作业时应配备通信联络工具。

(15)禁止在不牢固的结构物(如石棉瓦、木板条等)上进行高处作业,禁止在屋架、桁架的上弦、支撑、檩条、挑架、挑梁、砌体、不固定的构件上高处作业或行走。

(16)作业人员不得在高处作业区域卧躺、睡觉、休息。

(17)高处作业工作完毕后,须及时将工具、零星材料、零部件等一切易坠落物件清理干净,防止落下伤人。

🔍 案例分析 --- □□□□□□

中铁××局集团第××工程有限公司津保铁路 JBSG-1 标"6·17"高处坠落事故

1. 事件经过

×年6月17日7时左右,王某派工人高某、宋某(死者)到津保高速铁路工程某合同段224号桥墩上进行钻孔作业。224号桥墩高9m左右,由吊车司机董某将二人用吊车吊至桥墩上方工作面进行施工,两人均未佩戴劳动防护用品(安全帽、安全带)。施工中王某扶着水钻,宋某负责调试钻孔的深浅。7时50分左右,在钻完第一个孔以后,钻第二个孔时,水钻底部固定架没有及时固定,钻机钻头碰到钢筋被卡住,发生了反转,手扶钻机的高某脱手,钻机将宋某打下桥墩。

事故发生后,高某给队长打电话说宋某从224号桥墩上坠落。当时正在周围农田里浇地的当地村民发现后拨打了120急救电话。8时25分左右,120救护车赶到事发现场并对宋某实施了抢救,通过心电图检查,其已无生命迹象,确定当场死亡。

接到报告后,王某立即向项目部经理李某报告。8时45分李某安排人员向徐水区交通局、东史端乡人民政府报告。徐水区交通局、东史端乡人民政府在规定时间内均向徐水区安全生产监督管理局电话报告,徐水区安全生产监督管理局接到报告后,派人现场核实情况后,于11时以伤亡事故快报的形式上报到保定市安全生产监督管理局。

2. 原因分析

(1)直接原因。

高某、宋某未佩戴劳动防护用品违章高空作业,作业时违反安全操作规程,未对水钻固定架进行固定,钻头碰到钢筋被卡住后,钻机发生反转,将宋某打下桥墩,是这起事故的直接原因。

(2)间接原因。

①泸州××建筑劳务有限公司,未按《施工劳务承包合同》所约定的第十二条劳务用工管理中12.1款规定的"禁止18岁以下的未成年人和年满55岁以上的老人进场施工"的相关约定内容,雇用宋某(62岁)进行高空施工作业。

②泸州××建筑劳务有限公司王某对派出工人上岗前劳动防护用品佩戴情况检查不到位,致使工人在没有佩戴劳动防护用品的情况下违章进行高空作业。

③项目部对劳务用工审核把关不严,对超龄人员进行高空作业的现象没有及时制止;安全教育培训不到位,对工人的培训和岗前教育流于形式,工人缺乏必要的安全知识,作业人员自我保护意识不强,导致违章作业。

六 物体打击

1.物体打击概述

物体打击是指失控的物体在惯性力或重力等其他外力的作用下产生运动,打击人体而造成人身伤亡事故。它不包括主体机械设备、车辆、起重机械、坍塌等引发的打击。物体打击会对建筑工作人员的安全造成威胁,容易砸伤,甚至出现生命危险。物体打击事故常在施工周期短,劳动力、施工机具、物料投入较多,交叉作业时出现。常见物体打击事故主要包括:在高空作业中,工具零件、砖瓦、木块等物从高处掉落伤人;人为乱扔废物、杂物伤人;起重吊装、拆装、拆模时,物料掉落伤人;设备带"病"运行,设备中物体飞出伤人;设备运转中,违章操作,用铁棍捅卡料,铁根飞弹出伤人;压力容器爆炸的飞出物伤人;放炮作业中乱石伤人;等等。

2.物体打击产生的原因

(1)作业人员进入施工现场没有按照要求佩戴安全帽。

(2)作业人员没有在规定的安全通道内活动。

(3)工作过程中的一般常用工具没有放在工具袋内,随手乱放。

(4)作业人员从高处往下抛掷建筑材料、杂物、建筑垃圾或向上递工具。

(5)脚手板不满铺或铺设不规范,物料堆放在临边及洞口附近。

(6)拆除工程时未在醒目位置设警示标志,周围未设护栏或未搭设防护棚。

(7)起重吊运物料时,没有专人进行指挥。

(8)起重吊装未按"十不吊"规定执行。

(9)平网、密封网防护不严,不能很好地封住坠落物体。

(10)压力容器缺乏检查与维护。

3.物体打击事故防范措施

(1)加强职工安全教育,增强职工安全意识,使职工正确使用劳动防护用品。必须认真贯彻有关安全规程,克服麻痹思想。人人有责任消除物体打击伤害事故,应牢固树立不伤害他人和自我保护的安全意识。

(2)高空作业时,禁止投掷物料。手持工具和零星物料应随手放在工具袋内。安装更换玻璃要有预防玻璃坠落措施,严禁扔下碎玻璃。

(3)吊运大件要使用有防止脱钩装置的吊钩或卡环,吊运小件要使用吊笼或吊斗,吊运长件要绑牢。

(4)高空作业中,对斜道、过桥、跳板要有专人负责维修、清理,不得存放杂物。

(5)操作使用的机器设备,必须符合质量要求,带"病"设备未修复达标前严禁使用。

(6)使用设备的操作人员必须熟知设备特性,掌握操作要领,经培训考试合格,持证上岗。

(7)排除设备故障或清理卡料前,必须停机。

(8)做好受压容器安全管理,防止受压容器爆炸事故发生;各类放炮作业人员要严格遵守有关规定,人员必须隐蔽在安全可靠处,无关人员严禁进入作业禁区。

案例分析

北京地铁10号线二期"11·15"物体打击事故

1.事件经过

×年11月15日11时53分,某单位承建的北京地铁10号线二期14标,1名作业人员在联合库施工进行班前备料作业时,因相邻立柱正在进行模板拆除作业,因模板连接螺栓全部打开后,未及时吊离,且无人值守、无警示标志,瞬间失稳下落倾覆,砸伤相邻立柱该作业人员,造成该作业人员死亡,构成生产安全一般事故。事故现场图如图5-3所示。

图5-3 事故现场图

2.原因分析

事故调查组认定这是一起因现场违规作业、安全监管存在漏洞造成的生产安全责任事故。

(1)直接原因。

模板拆除人员未按安全技术交底中规定的模板拆除作业流程作业,现场安全防护缺失,用铁丝代替模板专用锁具固定模板,同一区域内交叉作业,地面作业人员不慎碰触到斜向已拆除的脚手架管,导致事故发生。

(2)间接原因。

①某单位在施工过程中没有按照总包联合库模板施工方案、技术交底和安全技术交底组织施工,现场安全监控不到位。

②某单位在施工过程中没有按照总包联合库地下室梁板支撑专项方案、技术和安全交底组织施工。

③项目部疏于对劳务分包单位的管理和作业现场的安全检查,致使安全技术交底未依法落实,模板拆除现场的安全隐患未能及时消除。

七　火灾事故

1. 火灾概述

火灾是指在时间上或空间上失去控制的燃烧所造成的灾害,即因失火造成的灾害。实际上,火灾是助燃剂和可燃物(如木材或油料)之间化学反应的结果。在各种灾害中,火灾是最常见、最普遍的威胁公众安全和社会发展的灾害。失火燃烧产生的烟气和有毒气体其实与高温和火焰一样致命。事实上,在火灾伤亡人员中,大多数人是由于暴露在有毒烟雾和气体中窒息死亡而非烧伤所致,而且烟雾会使人视力模糊,从而影响被困者的逃生能力。一氧化碳中毒是烟雾吸入后造成死亡的主要原因。(相关资源见二维码14)

二维码14

地铁消防安全之火灾扑救逃生

2. 火灾产生的主要原因

(1)建筑工地临时建筑物的布局不合理,建筑物比较密集且耐火等级较低;可燃、易燃性的危险品多,火灾蔓延迅速;建筑工地的消防条件较差。一些施工单位在未经消防部门审批的情况下擅自施工,一些施工单位虽然经过了审批但是在未经过允许的情况下随意地对局部平面设计进行改变,一些施工单位在装修过程中遮住消防设施,降低出口的净宽以及数量,存在安全隐患。

(2)消防安全管理不到位,虽然现在的很多施工现场有着健全的施工安全制度,但是没有真正得到落实,有些施工现场甚至没有消防安全制度,管理就无从谈起,施工负责人往往只重视工程的施工进度而忽视消防安全的管理。

(3)对意外火灾问题不够重视。这种火灾形式主要是无法预见或者管理不到位导致的。

(4)人员方面体现为建筑工地人员混杂、流动性强,人员安全意识薄弱。

(5)对易燃、易爆危险品的管理不严格。例如,建筑工地堆放的建筑材料存在大量易燃、可燃物品,施工现场大量使用乙炔、氧气,食堂大量使用液化石油气,若对这些易燃、易爆危险品管理不善,很容易发生火灾事故。

(6)用电方面。用电方面主要包括生活用电方面及施工用电方面。建筑工地用电大多是临时性的,电线布置分散,电源线敷设不规范、随意性较大,极易引起火灾事故。

(7)生活用火方面。例如,食堂做饭时,炉火从烟囱飞出,落在可燃物上引发火灾,或者做饭后炉火未处理好引发火灾。

(8)违章操作引发的火灾。例如,电焊作业,若相关管理不到位致使违章现象普遍,加之各种可燃物品满地随意堆放,这些可燃物品遇到灼热电焊熔渣极易引起火灾。

3. 消防安全防范措施

(1)全体员工应当遵守消防安全法律、法规,贯彻落实"预防为主、防消结合"的消防工作方针,履行消防安全责任,保障消防安全。

(2)施工现场第一负责人是本项目消防安全责任人,对消防安全工作全面负责。各责任区域应当明确消防安全责任人。

(3)现场施工组织机构组建义务消防队,适时开展火灾预防、火灾扑救等知识和技能的培训、应急演练活动,确保义务消防队员人人掌握一般性消防常识,人人会使用消防器材,人人能熟练地参与初期火灾的扑救。

(4)现场施工组织机构要加强员工消防安全教育培训工作,包括以下方面:①通过创办消防知识宣传栏、开展知识竞赛等多种形式,增强全体员工的消防安全意识;②定期组织员工学习消防法规和各项规章制度,做到依法治火;③针对岗位特点进行消防安全教育培训;④对动火作业人员和消防设施维护保养使用人员应进行实地演示和培训;⑤对新员工应进行岗前消防培训,经考试合格后方可持证上岗。

(5)生产、生活区域应将容易发生火灾,且一旦发生火灾可能严重危及人身和财产安全以及对消防安全有重大影响的部位确定为防火重点部位,并配备充足的消防设施和消防器材,在醒目位置设置防火标志,实行严格的管理。

(6)严禁在易燃建筑工棚和易燃材料堆放地附近搭建炉灶,严禁使用电炉、油炉、汽炉,严禁私拉乱接电源线路和违章使用电热器具,严禁在材料库房等各种仓库、机库、配电房等处使用明火,严禁违反规定私自随意搭建易燃建筑。

(7)不得在具有火灾、爆炸危险的场所用火。因特殊情况需要进行动火作业的,必须严格执行动火审批制度。作业单位应按规定向消防工作归口管理部门申请"动火许可证",并落实监护人,在确认无火灾、爆炸危险后方可动火作业。动火人员应当遵守消防安全规定,落实相应的消防安全措施。

(8)防火责任区域内应保障疏散通道、安全出口畅通,保持消防安全疏散指示标志、应急照明、消防广播等设施处于正常状态。

(9)对易燃、易爆危险品的使用、储存、运输或销毁应遵守国家相关规定,实行严格的消防安全管理。

(10)动火作业部位由班组长每班检查一次,防火重点部位由所在的部门、班组确定人员每日一次巡查,项目经理部每周组织一次大检查,若发现存在火灾安全隐患,应及时整改。

(11)消防设施和器材日常使用管理由岗位安全责任人负责,定期检查消防设施和消防器材的使用状况,一旦发现丢失、损坏应立即上报领导并补充,保证消防设施和器材处于完好状态。项目经理部每年在冬防、夏防期间定期两次对灭火器进行普查。

(12)发现违章动火作业,或者在具有火灾、爆炸危险的场所吸烟等违反禁令,或违章使用、储存易燃易爆危险品等行为,应责令有关人员当场改正并督促落实。

(13)发现火灾时,应迅速按灭火应急预案紧急处理,并报告相关领导,拨打119火警电话,通知公安消防部门。

🔍 案例分析 - ▫▫▫▫▫▫▫

一、成渝铁路客运专线大安隧道"12·9"火灾事故

1.事件经过

×年12月9日0时36分左右,由某单位承建的成渝铁路客运专线CYSG-5标大安隧道出口,距掌子面约100m(距洞口490m)处,防水板和钢筋施工作业时发生火灾,6人被困。经地方公安和消防部门施救,3时30分左右火被扑灭,事故造成6人死亡,构成生产安全较大事故。事故现场图如图5-4所示。

图 5-4 事故现场图

2.原因分析

重庆市安全生产监督管理局批复文件认定：该事故是一起工人违章作业，企业安全管理不到位引起的生产安全较大事故。

（1）直接原因。

二衬钢筋绑扎工人王某无特种作业操作资格证而从事电焊作业，属于违章作业，散落的焊渣引燃二衬台车上的木板、防水板、安全网等可燃物品是导致这起火灾事故的直接原因。

（2）间接原因。

事故责任单位安全管理不到位；施工作业人员和安全员没有按照国家铁路局要求进行全程跟班作业，项目部对电焊作业人员的特种作业操作资格证资质审查把关不严。

二、石太铁路客运专线太行山隧道"10·1"火灾事故

1.事件经过

×年10月1日17时40分左右，由某单位承建的石太铁路客运专线太行山隧道发生火灾事故，造成4人死亡、2人受伤，构成生产安全较大事故。事故现场图如图5-5所示。

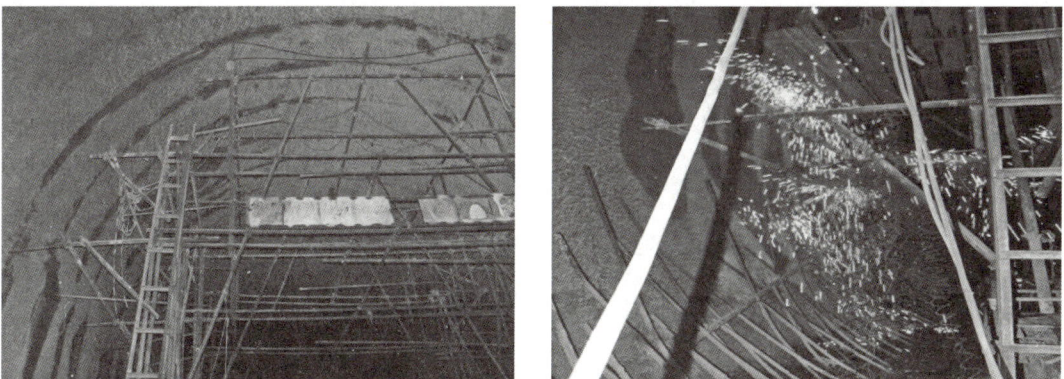

图 5-5 事故现场图

2.原因分析

（1）割除的灼热钢筋头掉落在软式透水盲沟上，引起燃烧，继而引燃防水板、脚手板等其

他可燃物,是造成这起火灾事故的直接原因。

(2)(电)气焊作业人员王某违章作业,未执行相关的安全交底、技术交底,没有注意下方有软式透水盲沟等可燃物,也没有跟踪检查钢筋头的安全状态,是造成这起事故的主要原因。

(3)对于散落在地面的防水材料,作业人员观察不仔细,未做出适当处理,并且当时下方无人监护,是造成这起事故的次要原因。

(4)现场作业和管理人员安全意识薄弱,对以往发生过的类似情况未引起重视,安全技术交底未严格落实;管理人员未及时发现现场违章作业的现象,是造成这起事故的管理原因。

(5)透水盲沟、防水板等材料燃烧产生的有毒有害气体加重了这起事故的危害程度。

(6)应急、自救的培训工作流于形式,使员工对事故发生后的逃生、抢险、救助知识运用不够熟练,同时现场避险、逃生设施不完备,加重了这起事故的危害程度。

单元5.2 轨道交通工程施工安全技术

学习导航

学习目标

1.知识目标

掌握轨道交通工程施工安全技术。

2.能力目标

通过对轨道交通工程施工安全技术的学习,能够对轨道企业施工过程中的不同工程制定常规的施工安全技术措施。

3.素质目标

通过对本单元知识点的学习,培养按章施工的责任意识。

学习指导

1.学习重点

理解和掌握新线及营业线施工安全技术。

2.学习难点

理解和掌握轨道交通工程施工安全技术。

⚲ 学习探索

预防安全事故的发生，重点不在于治，而在于防。针对当前飞速发展的轨道交通事业，我们应如何做好运营、维修、安全等方面的安全预防措施？

📖 案例导入 --- ▫▫▫▫▫▫

杭州地铁"11·15"地铁基坑坍塌事故

一、案例背景描述

1. 案例发生的时间、地点

时间：×年11月15日15时15分。

地点：杭州地铁1号线湘湖站。

2. 案例简述

×年11月15日15时15分，××单位承建的杭州地铁1号线湘湖车站北2基坑发生基坑坍塌事故，造成21人死亡，4人重伤，20人轻伤，直接经济损失4961万元。

3. 案例类型

经浙江省安全生产监督管理局查明，参与项目建设及管理的施工、勘察设计、监理、建设等单位有关工作中存在一些严重缺陷和问题，没有得到应有重视和积极防范整改，多方面因素综合作用，最终导致了该事故的发生。该事故是一起重大生产安全责任事故。

二、案例经过描述

1. 案例图例

案例图例如图5-6、图5-7所示。

图5-6 事故现场图1

图5-7 事故现场图2

2. 案例经过与定责

（1）事故经过：

×年11月15日15时20分，浙江省杭州市地铁1号线湘湖站工段施工工地（露天开挖作业）发生地面塌陷事故，造成长约100m、宽约50m的正在施工区域塌陷，施工现场西侧路基下陷达6m左右，将施工挡土墙全部推垮，自来水管、排污管断裂，大量污水涌出，同时东侧河水及淤泥向施工塌陷地点溃泻，导致施工塌陷区域逐渐被泥水淹没。事故造成在此处行驶的11辆汽车下沉陷落(车上人员2人轻伤,其余人员安全脱险),施工人员7人死亡、14人下落不明。

(2)定责与处理:

企业安全生产责任不落实,管理不到位;对发现的事故隐患治理不坚决、不及时、不彻底;对施工作业人员的安全技术培训流于形式,甚至不培训就上岗;劳务用工管理不规范,现场管理混乱;地方人民政府有关部门监管不力。

杭州市监察局已对事故发生负有责任的杭州市地铁集团有限责任公司董事长、法定代表人丁××等5人分别给予政纪处分;对中国中铁股份有限公司对事故发生负有责任的××集团董事长、法定代表人张××等6人分别给予政纪处分。

杭州市原副市长许××对杭州地铁1号线没有严格按照基本建设程序组织实施,对杭州地铁集团有限公司安全生产管理监督不力,对事故发生负有领导责任。但许××已在另案中涉嫌犯罪,并移送司法机关处理,不另做政纪处分。

三、案例分析

1.原因分析

浙江省安全生产监督管理局调查组查明以下原因。

(1)直接原因:

施工单位××集团第六工程有限公司违规施工、冒险作业,基坑严重超挖;支撑体系存在严重缺陷,且钢管支撑架设不及时;垫层未及时浇筑。

监测单位施工基坑监测失效,没有采取有效补救措施。

(2)间接原因:

参与项目建设及管理的施工、勘察设计、监理、建设等单位有关工作中存在一些严重缺陷和问题,没有得到应有重视和积极防范整改,多方面因素综合作用,最终导致了事故的发生。

2.优化措施

(1)切实加强对建设工程项目的安全监管。完善建筑施工安全的规章制度,规范市场管理,加强全过程监管;督促工程建设、勘察设计、施工、监理等单位各方主体严格执行建筑施工法律、法规和安全规程,杜绝违法违规行为的发生。

(2)督促工程建设、勘察设计、施工、监理等单位明确各自安全职责,加强现场沟通和协调,进一步建立健全安全生产管理机构,配备专职安全生产管理人员,切实落实安全生产的主体责任。

(3)加强施工现场安全管理,施工企业要认真制定施工方案、安全方案并严格执行,严禁擅自改变设计施工方法或简化工序流程,严肃作业纪律。

(4)落实监理单位现场安全监理职责,严审安全方案,督促现场安全管理,及时发现安全隐患,加强现场巡视。

四、案例总结

本案例充分暴露出以下五个方面的问题:

(1)企业安全生产责任不落实,管理不到位。

(2)对发现的事故隐患治理不坚决、不及时、不彻底。

(3)对施工人员的安全技术培训流于形式,甚至不培训就上岗。

(4)劳务用工管理不规范,现场管理混乱。

(5)地方政府有关部门监管不力。

后期施工生产中必须深刻吸取教训,遏制重、特大事故发生,进一步加强城建地质勘察,加强施工安全管理。

五、讨论与思考

(1)如何切实有效地落实企业安全生产主体责任?

----

(2)在工程施工安全管理中,当施工方与建设方的安全管理存在差异时,应如何处理才能避免安全事故的发生?

----

(3)从施工管理方面入手,你认为应如何加强施工现场安全管理?

◇ 知识点 5.2.1 铁路新线施工安全管理措施

一 新线路基施工安全技术

1.路堑施工安全

(1)路堑施工应保证开挖过程中及竣工后的排水畅通。

(2)路堑开挖应注意坡面的稳定。

(3)路堑开挖自上而下,防止开挖不当造成坍塌,严禁掏底开挖。

(4)在路堑开挖过程中,若出现岩层走向、倾角不利于边坡稳定及施工安全的地段,应及时采取顺层开挖、不挖断岩层和减弱施工振动等措施。

(5)爆破开挖严禁放大炮,临近坡面不得爆破开挖。

(6)开挖工作应与装、运作业面错开,严禁上下重叠作业。

2.路堤施工安全

(1)路堤应自下而上分层填筑,土石运、装与填筑压实工作面应错开进行,避免互相干扰。

（2）砌筑边坡应与填土中心大致保持在同一高度,以防止石头翻滚。

（3）路基填筑采用机械化作业,为确保机械运行安全,道路必须平顺,填土边缘必须设置安全标杆。

（4）在水中抛石填筑,必须先查明水深和流速,并制定打捞抢救措施。

（5）陡坡填筑或复线路基应按规定绑宽填筑,并制定营业线旁施工安全措施。

3.路基附属结构物施工安全

（1）路基排水设施布置合理,排水系统良好,能迅速排泄最大降水量时的地面水,并能排除影响路基稳定的地下水,避免破坏路基并渗入路基内部,使土体软化,造成边坡坍塌、滑动。

（2）路基边坡防护设施应在稳定的基脚和坡体上施工。

（3）路基附属结构物施工前应对防护的坡体表面进行检查处理,以保证施工安全,防护设施与土石坡面应密贴严实。

4.路基支挡结构物施工安全

（1）挡土墙施工时,应注意观察上方的边坡稳定,及时做好临时支撑,预防坍塌,并做好墙后排水设施。

（2）喷射混凝土防护岩面时,应先清除坡面松动石块、浮土,对大裂缝、凹坑应先嵌补牢实;工作区域内非工作人员不得进入;机械作业时,悬臂下严禁站人。

（3）坡面锚杆挂网前,应先射水冲洗锚杆孔,清除孔泥渣,再放入锚杆,用水泥砂浆固定;施工时必须搭设脚手架,严禁攀登露头锚杆。

（4）挡护工程施工作业时,严禁上面砌筑、下面勾缝等上下重叠作业。

（5）片石改小施工作业时,不得在脚手架上进行;护墙砌筑时,坡脚下严禁站人。

🔍 **案例分析** --- ▫▫▫▫▫▫

铁路路基施工坍塌事故

1.事件经过

××新建铁路工程2合同段由A单位通过正常招投标程序中标,在工程开工后,A单位擅自将DK33+000~DK37+480路段的路基工程分包给B单位(私营企业),该段路基的主要工程量为:5万 m³ 的石方开挖,3.2万 m³ 的土方开挖,8万 m³ 的路堤填筑,100m长的顺层开挖段的下部设置挡土墙,上部设置挂网喷射混凝土防护。B单位在施工过程中先后发生如下事件:

事件1:路堑施工期间,发生路堑边坡坍塌,无人员受伤。

事件2:为加快进度,现场负责人要求在开挖的同时装运土石方。

事件3:在砌筑路堤边坡施工前,现场负责人要求砌筑边坡应与填土中心大致保持在同一高度,以防止石头翻滚。

事件4:一运输司机在路基填筑卸土时,运输车滑下路基边坡,造成司机轻伤。

事件5:在挡土墙施工时,上方边坡发生坍塌,造成2人死亡。

2.事件解析

(1)发生事件1的原因可能有以下四个方面：

①地质不良和排水系统不完善,路堑施工前没有保证开挖过程中的排水畅通,可能雨水对边坡的浸泡造成坍塌。

②可能采取了不当的开挖方法,没有自上而下开挖,而是进行掏底开挖。

③在开挖中没有注意坡面的稳定:出现岩层走向、倾角不利于边坡稳定及施工安全的地段时,可能没有及时采取顺层开挖、不挖断岩层和减弱施工振动等措施。

④对石方路段的爆破可能采取了放大炮或在临近坡面采取爆破开挖。

(2)事件2的做法不正确。改正:开挖工作应与装、运作业面错开,严禁上下重叠作业。

(3)事件3的做法正确。

(4)发生事件4的原因可能有以下4个方面:

①路基填土边缘没有设置安全标杆,不能确保机械运行安全。

②现场没有专人指挥车辆卸土工作。

③现场指挥人员违章指挥。

④司机违章操作。

(5)事件5的防控措施。

①在路基支挡结构物施工时应采取的安全措施如下:

a.挡土墙施工时,应注意观察上方的边坡稳定,及时做好临时支撑;预防坍塌,并做好墙后排水设施。

b.喷射混凝土或沥青防护岩面时,应先清除坡面松动石块、浮土,对大裂缝、凹坑应先嵌补牢实;工作区域非工作人员不得入内;机械作业时,悬臂下严禁站人。

c.坡面锚杆挂网前,应先射水冲洗锚杆孔,清孔泥渣,再放入锚杆,用水泥砂浆固定;施工时必须搭设脚手架,严禁攀登露头锚杆。

d.挡护工程施工时,严禁上方砌筑、下方勾缝。

e.片石改小施工作业时,不得在脚手架上进行;护墙砌筑施工作业时,坡脚下严禁站人。

②根据铁路建设工程质量事故分类:

a.直接经济损失30万元及以上,300万元以下。

b.死亡1人及以上,3人以下。

c.直接导致运营线路发生行车安全大事故、险性事故或对运输生产和安全产生较大影响。

此安全事故属于大事故。

二 新线桥涵施工安全技术

1.桥梁基础的施工安全

(1)扩大基础选择合适的基坑坑壁坡度。基坑坑壁坡度根据坡壁的土质结构、坡顶边缘有无荷载等情况确定,兼顾安全和经济两方面的需要,但要把安全放在首位。

(2)扩大基础选择合适的基坑形状。选择基坑的形状,一般应考虑施工安全、坑壁自然稳定时间、涌水量、节约挖方和回填工程数量等因素。

(3)基坑开挖前,要在基坑顶面边坡以外的四周开挖排水沟,并保持畅通,防止积水灌入基坑,引起坍塌。

(4)扩大基础必须快速施工。基坑暴露时间不超过边坡的自然稳定时间,如果基坑暴露时间过长,应把坑壁坡度放缓,以保证坑壁的稳定和施工的安全。

(5)开挖基坑时,要按照规定坡度,分层下挖到符合基坑承载力要求的设计高程为止;严禁采用局部开挖深坑,再由底层向四周掏土的方法施工。

(6)使用机械开挖基坑,要按照有关机械操作规程和规定信号,专人指挥操作;吊机扒杆和土斗下面严禁站人。

(7)在基坑施工中,如果发现坑壁坡顶开裂,应立即采取措施,撤出坑内施工人员,并采用减载方法,挖除裂缝至坑壁顶缘部分土方,以确保施工安全。

(8)基坑顶面安放机械。堆放料具和弃土,均应在计算安全距离之外,引起地面振动的机械安全距离应严格控制。

(9)沉井立模、绑扎钢筋、浇筑混凝土等,应按混凝土及砌体工程安全规则有关规定作业。

(10)沉井立模之前,应将地面压实或在刃脚下密布承垫,以防沉井或因地面下陷造成倾斜。

(11)在沉井钢筋绑扎、立模和浇筑混凝土前,应搭好作业脚手架或作业平台,四周临空处应搭设栏杆和登高梯子,混凝土浇筑平台要搭满脚手板,减速漏斗应拴挂牢固,并设置保险绳,以防坠落伤人。

(12)沉井模板拆除及承垫。沉井混凝土达到规定强度后,即可拆除内外模板及承垫,拆除模板时要先拆螺栓拉杆及围箍,再按自上而下的顺序拆除模板、垫土,要分区、依次、对称、同步进行,边拆边用碎石或卵石回填、夯实,避免刃脚悬空。

(13)沉井人工开挖,用吊车、活底斗出砟时,应定时检查起吊设备,防止吊臂失控、钢丝绳脱落、斗底张开等事故发生。

(14)沉井人工开挖下沉时,要在沉井内壁多铺设筋梯或绳梯,以便在沉井内发生"翻砟"等意外情况时,有助于井下施工作业人员迅速撤离。

(15)用机械开挖下沉时,应设置吊车作业平台,平台要基础牢固,并与沉井隔开一定距离,防止吊车随土砂下沉而倾覆,乃至撞上沉井外壁造成事故。

(16)机械开挖下沉,要严格遵循对称、均匀的开挖原则。配备开挖机要均衡,单机作业时要经常调换开挖位置,以保持沉井均匀下沉。注意潜水刃脚各部位的开挖程度,随时调整开挖部位,以免沉井发生倾斜。

(17)如果钻孔位置的土质比较松散,应夯实地面或铺设土排,保证钻架的稳定和安全,防止地面出现较大的沉陷,影响钻孔的垂直度。

(18)卷绕钢丝绳时,严禁施工作业人员在其上跨越,卷扬机卷筒上钢丝绳不得放完,应至少保留 3 卷;严禁人拉钢丝绳卷绕,钢丝绳断丝超过 5% 时应及时更换。

(19)人工挖孔桩,孔口要设置防护支撑,以防石块等物滚落井内伤人;孔外四周应挖排水沟,及时排出孔口外边积水。

(20)人工挖孔桩应设置混凝土护壁支撑,挖一段支护一段;如孔内有漏水、漏砂,要采取有效措施治水、治砂。

(21)人工挖孔桩孔内爆破应控制药量并设安全防护。

(22)人工挖孔桩应及时检测洞内有无有害气体,并加强通风。

2. 桥墩(台)施工安全

(1)模板内外均应安设稳固的支撑,落地处要加设垫木,并有防支点滑动措施。

(2)使用吊机吊装模板合缝时,模板底端要用撬棍等工具拨移,不得徒手操作。

(3)拆除模板时,先拴牢吊具挂钩,再拆模板;利用吊车拆除模板时,要等模板与混凝土完全脱离后方能吊运,不可吊拉模板。

(4)脚手架除能够承受一定荷载外,还要具有良好的稳定性、牢固性和可靠性,保证施工过程中不发生倒塌,确保施工作业人员的安全。脚手架应是独立体系,不得与模板连接。

(5)脚手架经过大风大雨后,应进行安全检查,遇到倾斜、下沉、松扣等应及时修复。

(6)拆除脚手架大横杆、剪刀撑时,先拆中间扣,再拆两头扣,由中间操作人员往下顺拆。

(7)高空作业滑模施工应挂好安全网和安全绳,上下信号指挥应灵通。

(8)安全网安装时,在每一个系结点上边绳与支撑物靠紧,并用一根独立的系绳连接,系结点沿网边均匀分布,连接既要牢固又要容易解开,这样受力后才不会散脱。

3. 桥梁架设施工安全

(1)桥头压道。架桥机架桥前必须采取适当的方式压道,以检验路基的稳定性,消除险情隐患,确保架桥安全。压道次数不得少于3个往返,要压到路基无明显下沉。

(2)为确保桥梁换装安全,龙门架所在线路条件,其坡度不得大于10%的直线地段,在曲线地段,其半径不小于1200m。

(3)龙门架左右支脚的组装均应与线路中线的距离相等,两边支脚应组装在同一高度,支脚基面要整平夯实,严禁使用短跨度桥梁的吊距换装长跨度的桥梁。

(4)架桥机正确对位后,应立即采取可靠的制动措施,防止溜逸。

(5)架桥机0号柱支垫在墩台顶面的泄水坡上,应首先使用硬质木板和木楔填平垫实,同时将木楔填紧,并将凸缘螺栓再次拧紧;支垫0号柱上时,严格要求前后左右垂直,不得偏斜。

(6)换装梁片前,对梁上的防水盖板、料具等进行整理,其高度不得超过梁片的挡砟墙顶,以保证梁片能安全通过架桥机1号柱和2号柱。

(7)梁片落在2号车上时,应加设支撑,2号车拖梁小车与轨面应打模制动,防止梁片窜动。

(8)2号车装好梁片后,运梁速度要根据线路条件严加控制,不得超速。

(9)当1号车正在落梁时,不得挂钩。

(10)当架完一孔桥梁时,架桥机应先将吊梁小车和铺轨小车推到后端限制位置,再将机臂抬头,以折起0号柱活动节,并将机臂摆至后方,缩回机臂;缩臂时1号车钩与0号柱间前后严禁站人。

🔍 **案例分析** - ▫ ▫ ▫ ▫ ▫ ▫

铁路桥梁雨季施工基础坍塌事故

1.事件经过

在南方某新建铁路工程现场,项目部经理在现场进行雨期施工的安全巡视,发现一桥梁的扩大基础正在施工。经现场技术员介绍,该基础为砂黏土,基坑开挖深度为3m,已通过计算确定边坡开挖的坡度,并能满足稳定的要求。施工现场情况如图5-8所示。

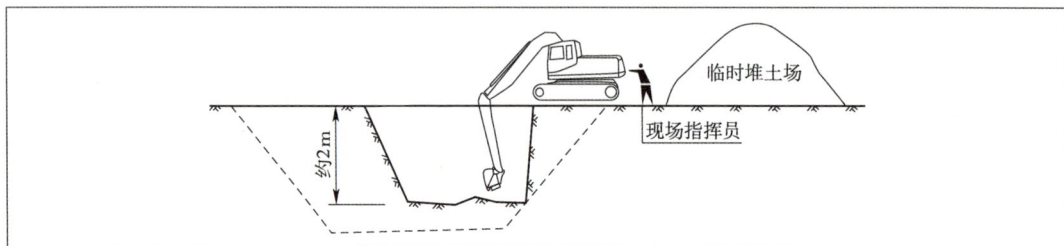

图5-8 施工现场情况

2.问题思考

假设你是项目部经理,根据现场技术员的介绍情况和现场情况,你认为在该桥扩大基础施工中,施工安全的做法是否完善? 如不完善请向现场人员指出。

3.事件分析

在该桥扩大基础施工中,施工安全的做法不完善。具体补充如下:

(1)由于是雨季,基坑开挖前,要在基坑顶面边坡以外的四周开挖排水沟,并保持畅通,防止积水灌入基坑,引起坍塌。

(2)开挖基坑时,要分层下挖到符合基坑承载力要求的设计高程为止;严禁采用局部开挖深坑、再由底层向四周掏土的方法施工。

(3)使用机械开挖基坑,要按照有关机械操作规程和规定信号,专人指挥操作;臂杆和土斗下面严禁站人。

(4)基坑顶面安放机械、堆放料具和弃土,均应在计算安全距离之外,引起地面振动的机械安全距离应严格控制。

▫ ▫ ▫ ▫ ▫ ▫ ▫ -

三 新线隧道施工安全技术

1.隧道开挖安全

(1)隧道开挖时,要加强地质情况的观察;穿过节理发育、易于风化的岩层时,要加强观测、合理开挖、防止塌方。

(2)制定隧道开挖方法要充分考虑地质、环境和安全等因素,多采用光面爆破和预裂爆破,以减少对围岩的扰动,尽量使隧道周边轮廓圆顺,避免棱角突变处应力集中。

（3）应有专人找顶找帮。对开挖面要经常检查，特别是爆破后的工作面及附近尤其应加强检查。如可能产生险情，应及时采取措施进行处理。

（4）工作人员到达工作面时，首先应检查工作面是否处于安全状态，然后详细检查支护是否牢固、顶板和两端是否稳定。如发现松动石块或裂缝，应及时予以清除或支护。

（5）在两端工作面接近贯通时，两端施工应加强联系、统一指挥。当两端工作面间的开挖距余留8倍循环进尺或接近15m时，应停止一端工作，将人员和机具撤走，并在安全距离以外醒目处设置警戒标志，防止人员误入危险区。

（6）钻爆作业，应根据地质情况、开挖断面、炸药种类等条件进行钻爆设计，并经过试验确定爆破参数，如遇地质变化应及时修改设计。设计确定后，严格按照设计进行钻孔、装药、接线和引爆。使用带支架的风钻钻眼时，应将支架安置稳妥；站在砟堆上操作时，应注意石砟是否稳定，防止操作时石砟坍滑伤人。

（7）洞内爆破作业必须统一指挥，并由经专业培训合格、持爆破操作合格证的专职爆破人员担任。进行爆破时，所有人员应撤到不受有害气体、震动和飞石损伤的处所，在两个开挖面相离200m内时，爆破时必须提前1h通报，以便另一端作业人员撤离险区。

（8）爆破后，必须经过通风排烟，15min后检查人员方可进入工作面检查。主要检查内容如下：有无瞎炮或可疑现象，有无残余炸药或雷管，顶板及两帮有无松动石块，支护有无松动根变形。如发现瞎炮，必须由原装炮人员按规定进行处理；当检查人员经过检查确认危险因素已排除后，方可撤除警戒标志，允许施工作业人员进入工作面工作。

2. 隧道支护安全

（1）根据围岩特征采用不同支护类型和参数，及时施作密贴于围岩的柔性喷射混凝土和杆支护，以控制围岩的变形和松弛。

（2）在软弱破碎围岩地段，应使断面及时闭合，以有效地发挥支护体系的作用，保证隧道的稳定。

（3）洞口地段围岩一般不够稳定，容易坍塌，支护应特别加强，一般是在加设锚杆、钢筋网、护坡和喷射混凝土之后再开挖洞口段。当有坍塌可能时，可先设置长锚杆或钢管等，在其防护下开挖。

（4）支撑架立之前，应将工作面危石清除干净，以保证施工作业人员的安全。

（5）喷射混凝土作业前应先清除喷射地段的危石，用高压水冲洗岩面、清除岩粉，使喷射层与岩面密贴，脚手架平台牢固可靠并设置防护栏杆，同时加强工作面的照明。

（6）向锚杆孔注浆，压力不宜过大。如发现压力过高，应立即停风，排除堵塞。注浆管喷嘴严禁对人放置，以防高压喷射物喷出伤人。

（7）加强围岩量测，当发现量测数据有不正确变化或突变，洞内或地表位移值等于或大于允许位移值，洞内或地面出现裂缝以及喷层出现异常裂缝时，必须立即通知现场作业人员撤离现场，待制定处理措施后方可继续施工。

（8）衬砌使用的脚手架、工作平台、跳板、梯子等应安装牢固，不得有露头的钉子和突出的尖角；靠近运输道一侧应有足够的净空，以保证车辆、行人安全通行；脚手架、工作平台上应搭设不低于1m的栏杆，底板应铺设严密，木板的端头必须搭在支点上；严禁出现探头板，不得以边墙架兼作脚手架。

3. 装砟与运输安全

（1）长隧道的出砟运输宜建立工程运输调度，统一指挥，以提高运输效率，确保作业安全。

（2）各种运输设备不得人、料混装，各种摘挂作业必须由专职人员负责。

（3）机械装砟，装砟机上电缆或高压胶管应有专人收放；在装砟操作中，其回转范围内不得有行人，以避免机械伤害。

（4）机动车必须由受过专门训练的专职人员驾驶，司机必须严格遵守操作规程，坚守岗位，加强责任心；严禁非司机开车，避免发生事故。

🔍 案例分析 ----------------------------------- 🔲🔲🔲🔲🔲

铁路隧道施工爆破安全事故

1. 事件经过

××新建单线铁路隧道长2200m，根据设计情况，隧道有断层破碎带等不良地质。在施工前，隧道施工架子队向项目部呈报了有关该隧道的施工安全技术，内容包括隧道开挖安全、隧道支护安全。本隧道采用两个工作面施工，从进出口同时进行，隧道中部的围岩为Ⅳ级，循环进尺2m。

在施工中发生以下事件：

事件1：在施工爆破后，通风排烟30min，然后汽车司机进入工作面检查，随后宣布撤除警戒标志，进行下道工序的操作，在施工作业人员进入洞内进行出砟时突然发生爆炸，导致1人死亡，同时在距离掌子面不远处发生顶板掉块，砸伤1人。

事件2：在两工作面相距6m时，两隧道施工架子队进行紧张的冲刺施工，以迎接项目部的贯通庆典活动。就在此时，在进口端掌子面钻孔的2名作业人员随着一声突如其来的爆炸而被炸死。

2. 问题思考

（1）请问该隧道的施工安全技术的内容是否全面？若不全面请补充。

（2）请分析造成事件1的原因。

（3）请分析造成事件2的原因。

3. 事件分析

（1）该隧道的施工安全技术的内容不全面。

（2）造成事件1的原因：

①没有设专人找顶找帮，而是让一汽车司机进入现场检查。改正：应设专人对开挖面经常检查，特别是对爆破后的工作面及附近要加强检查。如可能产生险情，应及时采取措施进行处理。

②对顶板和两帮及支护情况检查不细或处理不当。改正：检查人员到达工作面时，应首先检查工作面是否处于安全状态，并详细检查支护是否牢固、顶板和两帮是否稳定。如有松动石块或裂缝，应及时予以清除或支护。

③对瞎炮和残余炸药或雷管检查不细或处理不当。爆破通风后，应仔细检查有无瞎炮

或可疑现象,有无残余炸药或雷管。如发现瞎炮,必须由原装炮人员按规定进行处理。当检查人员经过检查确认危险因素已排除后,方可撤除警戒,允许施工作业人员进入工作面工作。

(3)造成事件2的原因:

①两工作面接近贯通时没有按规定及时改由一个隧道施工架子队施工。当两端工作面间的开挖距离为8倍循环进尺或接近15m时,应停止一端工作,组织施工作业人员和机具撤走工作,并在安全距离以外设立警戒标志,防止人员误入危区。

②没有按规定对两个隧道施工架子队加强联系,统一指挥。在接近贯通时,两端施工应加强联系,统一指挥,一端在实施爆破前要通知另一端的隧道施工架子队及时撤出,在爆破期间不得在另一掌子面同时施工。

四 轨道施工安全技术

1. 轨道材料的堆码、装卸和运输安全

(1)轨道材料具有超长、笨重等特点,在堆码、装卸、运输和铺设过程中,应做好安全措施,并尽量采用机械化或半机械化施工。

(2)轨道材料堆码应按指定的场地堆码,稳固整齐,不得侵入建筑,接近限界。

(3)滑道法装卸钢轨,滑道坡度要适当、安放要稳固,装卸12.5m长的钢轨,滑行轨应不少于2根;装卸25m长钢轨,滑行轨应不少于4根。

(4)机械装卸轨料要特别注意高压线的净空、防止翻车事故、两台吊车不得同吊一重物、禁止吊重行车。

(5)轨料的运输要捆绑加固,防止轨料在运输中发生移动、翻倒,保证运输安全。

2. 铺轨安全

(1)喂送轨排时,运轨小车司机应准确操作,严禁按错走行电钮,以防送行伤人。同时,钮盒应拉到托架外操作,以保证安全。

(2)吊轨龙门吊铺轨排,在起吊前应将挂钩挂稳系牢,待挂钩人员撤到安全地段后,方可起吊;轨排安全脱离支垫后才可向前走行。

(3)地面轨排连接工作尚未完毕,施工作业人员未撤离到线路两侧时,吊起的铺轨排不得伸出铺轨机。

(4)吊车吊铺道岔,按照转辙器、连接部分、辙叉及护轨的顺序,依次吊铺正位,每吊铺一节应连接接头夹板,拧紧4个螺栓,将搭接部位钉联后,吊车方可前进作业,轨行吊车不宜在一线吊铺,另一线道岔。

3. 线路整道安全

(1)新铺线路应及时进行拨正方向、顺平线路、方正轨枕、拧紧螺栓、补齐扣件和重点整道,以保证工程列车和其他车辆安全行驶。

(2)新铺线路应及时消除荒道、反超高和危及行车安全的三角坑,并有专人检查轨道状况。

(3)重点整道时,平交道应临时铺垫并设立临时道口标志;整道后,应立即安排巡道人员和道口看守人员。

(4)经重点整道的线路应及时上砟整道,以提高行车速度,维护行车安全。

🔍 **案例分析** ⬜⬜⬜⬜⬜

铁路轨道施工安全事故

1.事件经过

某新建铁路为双线,线间距5m,在轨道工程施工前,轨道施工架子队提出轨道施工安全控制内容:

(1)采用滑道法装卸钢轨,滑道坡度要适当,安放要稳固。装卸12.5m长钢轨,滑行轨为2根;装卸25m长钢轨,滑行轨为3根。

(2)机械装卸轨料要特别注意高压线的净空,防止翻车事故,采用两台吊车同吊同一轨料。

(3)轨料的运输要捆绑加固,防止轨料在运输中发生移动、翻倒,保证运输安全。

(4)吊车吊铺道岔,按照转辙器、连接部分、辙叉及护轨的顺序,依次吊铺正位,每吊铺一节即应连接接头夹板,拧紧4个螺栓,将搭接部位钉联后,吊车方可前进作业。施工过程中,轨行吊车在一线吊铺,另一线道岔。

2.原因分析

(1)上述提出的安全控制内容是否正确?如不正确请改正。

(2)请补充线路整修的安全控制内容。

3.事件解析

(1)对上述安全控制内容正误判断如下:

①不正确。改正:装卸25m长钢轨,滑行轨不少于4根。

②不正确。改正:两台吊车不得同吊同一轨料,禁止吊重行车。

③正确。

④不正确。改正:轨行吊车不宜在一线吊铺,另一线道岔。

(2)线路整修的安全控制内容:

①新铺线路应及时拨正方向、顺平线路、方正轨枕、拧紧螺栓和补齐扣件、重点整道,以保证工程列车和其他车辆安全行驶。

②新铺线路应及时消除荒道、反超高和危及行车安全的三角坑,并有专人检查轨道状况。

③重点整道时,平交道应临时铺垫,并设立临时道口标志;整道后,应立即安排巡道人员和道口看守人员。

④经重点整道的线路应及时上砟整道,以提高行车速度,维护行车安全。

⬜⬜⬜⬜⬜

五 **新线施工安全事故应急救援预案**

铁路工程涉及路基、桥梁、隧道和轨道工程,其安全包括工程本身的施工安全和人员安全以及周围环境的安全。根据新线施工工程特点,应重点掌握可能发生的安全事故及主要应急处理措施,具体如下。

1. 应急预案的指导思想

坚持"安全第一、预防为主、综合治理"的安全生产方针,以关爱生命为前提,最大限度地减少施工安全事故的发生,建立快速、有效的应急反应机制,确保国家财产和施工人员的生命财产不受损失,保证工程施工建设顺利实施。

针对施工过程中存在的重大危险源,通过加强日常安全管理,落实各项安全防范措施,查堵各种事故隐患,做到防患于未然。项目部和施工架子队要紧密结合各自施工的实际情况,制定和完善施工应急预案,做好相关应急准备工作,包括救援设备、器材等。

2. 应急救援预案的制定

项目应急预案措施由总工程师负责组织制定,工程技术部、安全质量部、材料物资部参加编制,由工程技术部负责编制,其他相关部门会签,项目经理审批。应急预案实行动态管理,根据施工进度、客观环境及时修订、补充和完善。

3. 应急救援指挥机构

为保证生产安全事故应急救援工作顺利实施,避免事故施救过程中的盲目性,使应急救援工作有组织、有领导,项目部成立应急救援指挥机构,在指挥机构的统一指挥下,安全、救护、质检等部门密切配合、协同作战,迅速、有效地组织和实施应急救援,尽可能避免和减少损失。

4. 施工中可能发生的安全事故及其处理措施

以隧道工程为例,其可能发生的安全事故及对策如下:

(1)隧道塌方。分析确定被困及伤害人员的位置、状况—分析塌方情况,确定是否有再次塌方危险—如有被困人员要迅速修复通风设施,保障洞内送风畅通—如为石质围岩要清除危石至围岩稳定—对塌方段进行支撑加固,并进行沉降观测—清除塌方抢救伤员和被困人员—制定塌方段通过方案,报建设单位(业主)、设计、监理等批复后组织实施。

(2)隧道瓦斯突出和爆炸。杜绝一切可能产生的火源、断电—在需要时启动备用电源,恢复和加强通风,将瓦斯、毒气和烟尘排出洞外,同时加强瓦斯浓度的检测—在喷瓦斯的裂隙较小、瓦斯量较少时,也可用黄泥或其他材料封堵裂隙,阻止瓦斯喷出。

(3)突泥涌水。对涌水及开挖面喷射混凝土封闭、注浆封堵、引排水,对隧道结构进行强化支撑—溶洞揭露后对相应地段加强支护及衬砌—制定整治方案,报业主、设计单位、监理单位等批复后组织实施。

(4)隧道施工引起地表沉降、地上构筑物沉降,倾斜倒塌。对渗水、塌方段进行支撑加固—对涌水及开挖面进行封闭,进行注浆封堵,对地上构筑物进行支撑加固和沉降观测—制定整治方案,报业主、设计单位、监理单位等批复后组织实施。

◇ 知识点5.2.2　铁路营业线施工安全管理措施

为确保铁路营业线施工安全,营业线施工必须将确保行车安全放在首位。为此,必须加强对铁路营业线施工安全的组织领导,严格落实安全责任制;严格执行施工申报审批制度,认真落实施工、维修天窗;制定施工过渡方案,加强施工安全控制;狠抓重点,严密防范,杜绝易发事故;建立健全施工安全保证体系和监督体系,形成确保行车安全两道防线;做好工程验收交接;加强劳务工的管理;加强施工中的防洪工作和道口安全。

一　营业线路基施工安全技术

1. 路堤工程施工安全

(1)保证营业线路堤的稳定性。开工前,应组织人员进行调查,了解营业线路堤有无滑动、沉落、坍塌等失稳情况。如有失稳情况,及时报告铁路局集团公司和建设管理单位,研究处理后方可施工。施工中,应与铁路局集团公司的工务部门保持联系,随时掌握营业线道床、路基的稳定情况,如发现道床不稳、路堤变形、开裂等,应立即停止施工,并采取巡守、加固措施。加设观测点,找到道床不稳、路堤变形的规律,分析与新线路堤填筑的关系,以便采取加固措施,保证营业线的行车安全。

(2)路堤填料。在营业线旁修新线路堤的填料,如营业线为透水路堤或部分选用透水性填料填筑的路堤,新线路堤应选用与营业线透水性相同或透水性更好的填料,避免新建路堤影响营业线路堤或营业线路堤影响新线路堤排水,产生路基病害。

(3)路堤填筑。为了防止挖断电缆,施工部门在开工前,要与电务维修部门联系,详细了解电缆线埋设情况,查明具体位置、埋深及走向,并向施工作业人员做好交底,并做好记录后,方可施工。同时,平整填料、碾压路堤的施工作业人员及机具要防止侵入营业线限界。

(4)施工期间两线间的排水。当两线间距比较大时,营业线与新线之间常会积水。如果排水不畅,积水浸泡路堤,会导致路堤下沉、边坡溜塌、中断行车。因此,在施工期间以及新路基建成后要保证两线排水畅通,不积水。

(5)施工临时边坡防护。施工期间必须采取有效措施对营业线进行临时防护,避免其失稳,影响营业线行车安全。

2. 路堑工程施工安全

(1)路堑应采用控制爆破施工,维护路堑边坡的完整性、稳定性,控制破坏范围,保证营业线正常行车和施工安全。控制爆破应解决好三个问题,即控制爆破的作业时间、控制一次爆破石方数量、控制抛掷方向和飞石及地震波破坏。

(2)预防塌方落石。施工期间,路堑边坡处于临时不稳定状态,随时都有塌方落石的可能,所以在营业线上开挖路堑,特别是石质路堑,应先做好边坡防护,稳固营业线,再进行新线的路堑开挖,并及时做好边坡防护,预防塌方落石。

(3)行车防护。采用控制爆破开挖石质路堑,应按《爆破安全规程》(GB 6722—2014)的规定设置安全警戒,防止人员伤亡,还应按行车安全相关规定设置行车防护措施,不能危及行车安全。

案例分析

铁路路堑工程施工事故

1. 事件经过

在××增建复线铁路工程施工中,新建线路有一段石方路堑临近既有线,施工期间既有线正常运营。附近有电杆及通信信号设施,为保证营业线的安全,路基施工架子队提出如下安全控制方案:铁路营业线施工必须把施工设备和施工作业人员的安全放在首位,对路堑石方采取控制爆破,控制爆破应解决好控制爆破的作业时间、控制抛掷方向和飞石及地震波破坏等问题。

2. 问题思考

(1)请问施工架子队提出把施工设备和施工作业人员的安全放在首位是否正确?若不正确请改正。

(2)施工单位提出控制爆破应主要解决的问题是否全面?若不全面请补充。

(3)针对本工程的情况,请简述临近既有线主要的施工安全防护的措施。

3. 事件解析

(1)不正确。改正:必须把确保行车安全放在首位。

(2)不全面。补充:控制一次爆破石方数量。

(3)针对本工程的情况,临近既有线主要施工安全防护措施如下:

①在施工前,搭设单层或双层防护排架,隔离施工区和既有线运营区。

②对既有线桥梁墩台与栏杆,通信信号的立柱、信号机等进行防护,采用绑扎废旧轮胎,防止飞石碰撞。

③在对山体实施爆破时,需对爆破山体进行防护,防止飞石撞击,如在起爆山体的炮眼周边用编织袋装土进行覆盖。

二 营业线桥涵施工安全技术

1. 一般规定

(1)增建第二线与改建营业线前,应根据施工组织设计,落实机具、材料和人员,办好线路封锁或限速运行等手续后,方可施工。

(2)在营业线进行桥涵改建施工时,应按国家铁路局现行的《铁路营业线施工安全管理办法》的有关规定办理。

(3)对营业线的无缝线路区段进行加固施工作业时,应对线路进行锁定。否则应对施工范围内的无缝线路进行应力放散或临时换为普通钢轨,然后进行加固。

(4)施工用的机械设备进入工地后,必须置于营业线建筑限界以外。

(5)桥涵主体工程施工时,应在桥涵上方的路基上设专人看守防护,以防落石伤人。

(6)营业线增建或改建桥涵工程完工后,应将线路及时恢复,经检查符合规定后,方可恢复正常运行。

（7）拆除营业线桥涵建筑物，应先对线路进行加固。施工前，应制定切实可行的安全防护措施，其施工方案报运营单位批准后，方可实施。

2. 营业线增建、改建、扩建、顶进桥涵施工安全

（1）在营业线上增建桥梁，采用扣轨架设便桥及加固线路时，应对其线路进行封锁，限速运行。

（2）便桥架设应保证列车通过的安全，架空的枕木应使用短木头将枕木垫实；当连续3根枕木被挖空时，必须用扣轨加固线路，方可施工。

（3）对营业线原有涵洞接长，原有小桥需要改成双线桥；施工时需要拆除现有涵洞的翼墙、桥台护锥。开挖营业线路基时，应对原有设施进行回填加固，以保证其建筑物的稳定性，不危及行车安全。

（4）顶进涵洞施工过程中要采取有效措施对线路进行加固，防止路基塌方和线路横向移动。

（5）顶进箱身应在列车运行间隙进行，严禁在列车通过线路时顶进。

（6）顶进现场应备有适当数量的道砟、枕木、草袋、木材、钢轨等料具，一旦线路变时，应立即抢修，确保行车安全畅通。

（7）小间距架梁要采取有效措施增大间距，保证不间断列车运行，保证营业线和行车安全。

🔍 案例分析

铁路营业线施工导致既有线运营延误事故

1. 事件经过

在某铁路既有线上增建复线，同时由于铁路提速，对部分既有线的线型进行调整，施工期间营业线不得中断，要保持运营状态。图5-9为其中一段线路设计情况，由于该段线型不满足提速的要求，因此设计时按照取直的方案，利用既有线 DK5＋410 - DK5＋900 段（与增建二线的里程相对应），但该范围既有桥梁需要改建，改建后的桥梁为双线桥梁（既有桥梁图中未示出）。另外，其靠左端有一既有涵洞需要接长。

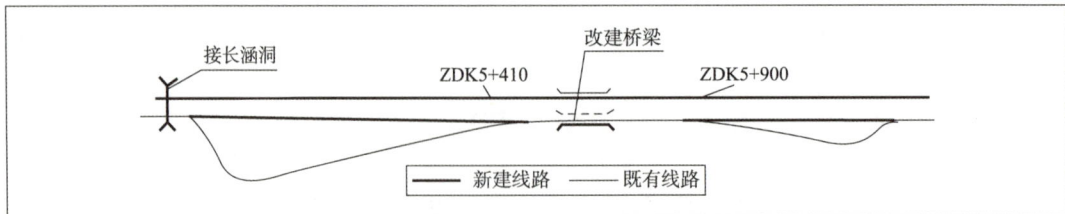

图5-9　其中一段线路设计情况

2. 问题思考

（1）为保证既有线的运营和行车安全，请简述施工技术方案。

（2）在本工程施工中，涉及营业线的安全，请简述营业线安全施工的"八不准"安全控制

制度及要点拨接施工的"五必须"安全控制制度。

(3)简述接长涵洞的施工安全控制要点。

3.事件解析

(1)采用施工过渡方案,其步骤如下:

①由于既有线的桥梁需要改建,为保证正常运营,需要修建临时铁路便线和便桥。

②先施工与行车干扰无关的施工便线和便桥;利用行车天窗,拨接龙口,将既有正线引入施工便线,利用便线运行,再拆除既有桥梁,改建桥梁。

③施工完毕后,将龙口接回设计线,拆除施工便线和便桥。

④施工过渡方案(图5-10)。

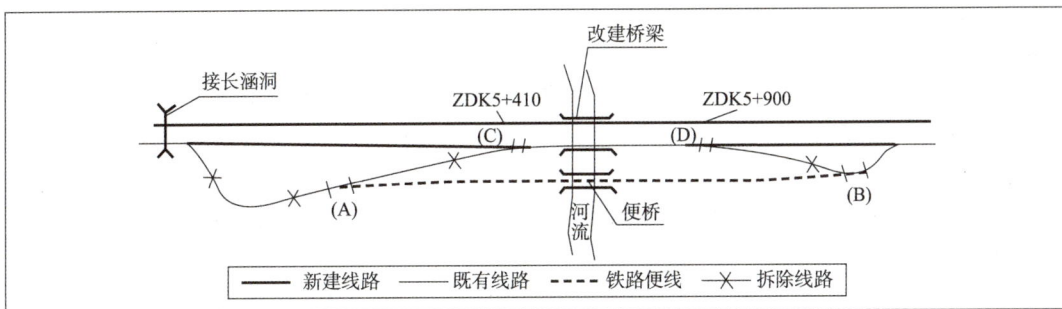

图5-10 施工过渡方案

(2)安全控制制度。

①营业线施工"八不准"安全控制制度:

a.施工计划未经审批,不准施工。

b.未按规定签订施工安全协议书,不准施工。

c.没有合格的施工负责人不准施工。

d.没有经培训且考试合格的人员,不准施工。

e.没有准备好必需、充分的施工料具不准施工。

f.不登记要点不准施工。

g.配合单位人员不到位不准施工。

h.没有制定安全应急措施不准施工。

②要点拨接施工"五必须"安全控制制度:

a.道岔拨接到位后,必须经主管技术人员确认。

b.拆移电务设备,必须经过电务人员许可。

c.拨接点的给点时间必须由车站发令给点后方可下令施工。

d.拨接时各工序的起止时间必须由总指挥发令后才能进行。

e.拨接完毕必须经过总指挥、安全员、技术员、监理工程师以及运营单位的有关监督配合人员检查,达到放行列车条件后才能向车站登记销点、开通。

(3)接长涵洞的施工安全控制要点:

①对营业线原有涵洞接长,施工时需要拆除现有涵洞的端翼墙、桥台护锥、开挖营业线

路基时,应对原有设施进行回填加固,保证其建筑物的稳定性,不危及行车安全。

②必要时采用扣轨或便梁加固线路,加固前对线路进行封锁要点,限速运行。

③便梁架设应保证列车通过的安全,架空的枕木应用短木头将枕木垫实;当连续3根枕木被挖空时,必须用扣轨临时加固线路,方可施工。

三 营业线隧道施工安全技术

1. 营业线隧道改建施工安全

(1)在营业线上进行隧道改建作业时,隧道两端入口要设防护员,以便及时地将行车信息通知现场施工作业人员。

(2)为防止列车超出车辆限界造成人身伤亡和设备损坏,应在改建的隧道两端停车站设置机车车辆限界架,由专人负责检查并与车站值班员共同确认不超过规定界限后,方可通行。

(3)隧道改建施工期间,洞内外的临时建筑设备和风、水、电管线以及所有机具材料不得侵入规定限界。

(4)当列车到达前,洞内外应立即拆除所有障碍,所有施工作业人员必须撤至安全地点。

(5)拆除原有衬砌,应对原衬砌背后围岩进行压浆加固。

(6)拆除原有部分衬砌,宜采用预裂爆破;拆除后立即锚喷支护,以缩短围岩的暴露时间,减少围岩变形。

2. 小间距并行隧道施工安全

(1)在新线隧道施工前,先对营业线隧道进行调查,并对其进行加固。

(2)新建隧道施工,应使用微振动控制爆破,以减小对营业线隧道的影响。

(3)新建隧道的弃土应运至指定位置,避免引起滑坡或堵塞营业线通道口,危及行车安全。

(4)新建隧道施工场地尽量远离营业线,防止材料机具侵入营业铁路限界。

🔍 **案例分析**

铁路营业线隧道施工安全事故

1. 事件经过

在××铁路既有线上增建复线,同时由于铁路提速,对部分既有线的线型进行调整,施工期间营业线保持运营。图5-11所示为其中一段线路示意图。原既有线上的隧道需要改建,同时在新建二线(右线)上增建一座隧道,新建隧道与既有隧道间距为20m,属小间距并行隧道施工。

2. 原因分析

(1)为保证在施工中既有线的正常运营及行车安全,提出改造隧道施工步序。

(2)简述小间距并行隧道施工的安全控制内容。

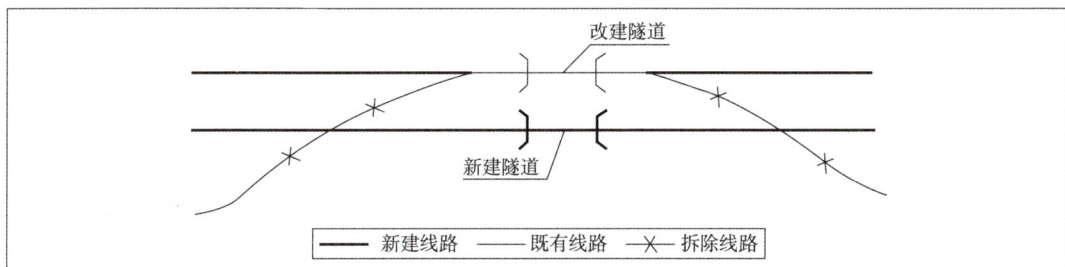

图 5-11　其中一段线路示意图

3. 事件解析

(1) 为保证在改造隧道施工中既有线的运营和行车安全,必须采取可靠的施工过渡方案。施工过渡方案如图 5-12 所示,根据图示理解施工步骤。

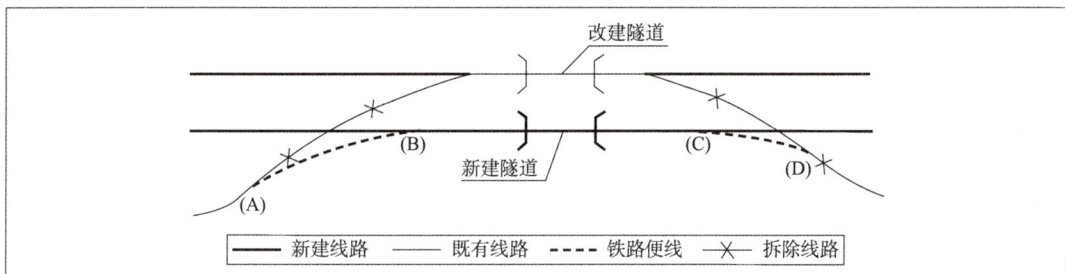

图 5-12　施工过渡方案

施工步骤如下:

①(D)修建与行车无干扰部分的新建隧道及线路,修建临时铁路便线,将(B)(C)龙口线相接,列车在既有线上运营。

②封锁正线 2h,同时拆除(A)(D)龙口处的既有线,将施工临时线与既有线连通,列车在设计右线通过新建隧道及既有线运营。

③进行隧道的改建施工。

④施工完成后,将(B)(C)龙口接回设计右线,同时拆除既有线及便线。

(2) 小间距并行隧道施工的安全控制内容如下:

①在新线隧道施工前,先对营业线隧道进行检查,并对其进行加固。

②新建隧道施工,应使用微振动控制爆破,慎重选择开挖方法,尽可能减少一次爆破用药量,以减小对营业线隧道的影响。

③新建隧道的弃土应堆到指定位置,避免引起滑坡或堵塞营业线隧道口,危及行车安全;材料机具堆不得侵入营业线限界。

四　营业线轨道施工安全控制措施

1. 拨接施工安全

(1) 封锁拨接施工前,施工单位应在"要点站施工登记本"上按施工方案确定的内容登记要点申请,当车站值班员按施工单位的登记向列车调度员提出要点申请,当列车调度员发布封锁命令后,施工单位必须根据调度命令确定的封锁地段和封锁时间安排好施工防护后方可进行施工。

(2)施工单位拨接施工完毕,经检查质量合格并能确保行车安全后,方可登记销号,同时撤除施工防护,开通线路。

(3)如果营业线钢轨、混凝土轨枕、轨道加强设备及防爬设备被损坏,应及时更换,同时对轨距、水平、方向、高低进行量测且全部满足要求后,方可列车通行。

(4)起道、拆铺道岔、拆铺线路和线路拨接合龙,施工完毕后,应坚持先进行压道;如不能先进行压道,列车必须分次限速慢行,待验收合格后方可正常行驶。

(5)如铺设临时道岔和便线,开通前应进行压道并做好压道记录,作为线路开通的依据。

2. 铺轨施工安全

(1)在增建二线铺轨前,对线路进行调查,查明铺架线路、桥梁与营业线的关系,以及线间距的大小和线下工程的质量情况。

(2)增建二线铺架应严格执行营业线施工安全的有关规定,严防侵入限界或掉道。

(3)增建二线铺轨应指定专人"一列一检制",即每通过一车,坚持测量一次线间距的变化情况,防止反弹,以免危及行车安全。

案例分析

铁路营业线轨道施工安全事故

1. 事件经过

在××铁路电气化提速改造工程施工中有一既有车站需要改移,由城镇内迁移至城镇外 DK38 +200 的双绕地段内。站场内的轨道和道岔的铺设按新建车站就位铺设的方法组织施工。车站轨道设计平面图如图5-13 所示。

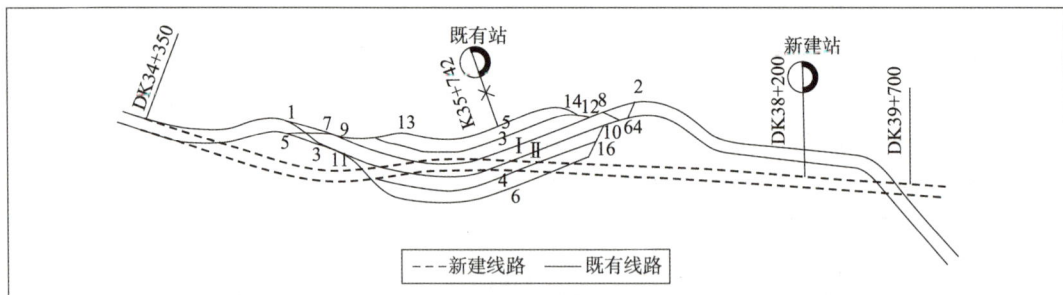

图 5-13 车站轨道设计平面图

2. 问题思考

(1)在车站改移施工中,为保证运营时的安全,请简述施工方案。

(2)简述在增建二线铺轨施工中的安全控制内容。

3. 事件解析

(1)在车站改移施工中,为保证运营时的安全,首先要选择可行的施工过渡方案,其次要严格遵照有关营业线施工的安全控制制度。本工程的施工过渡方案如图 5-14 所示。

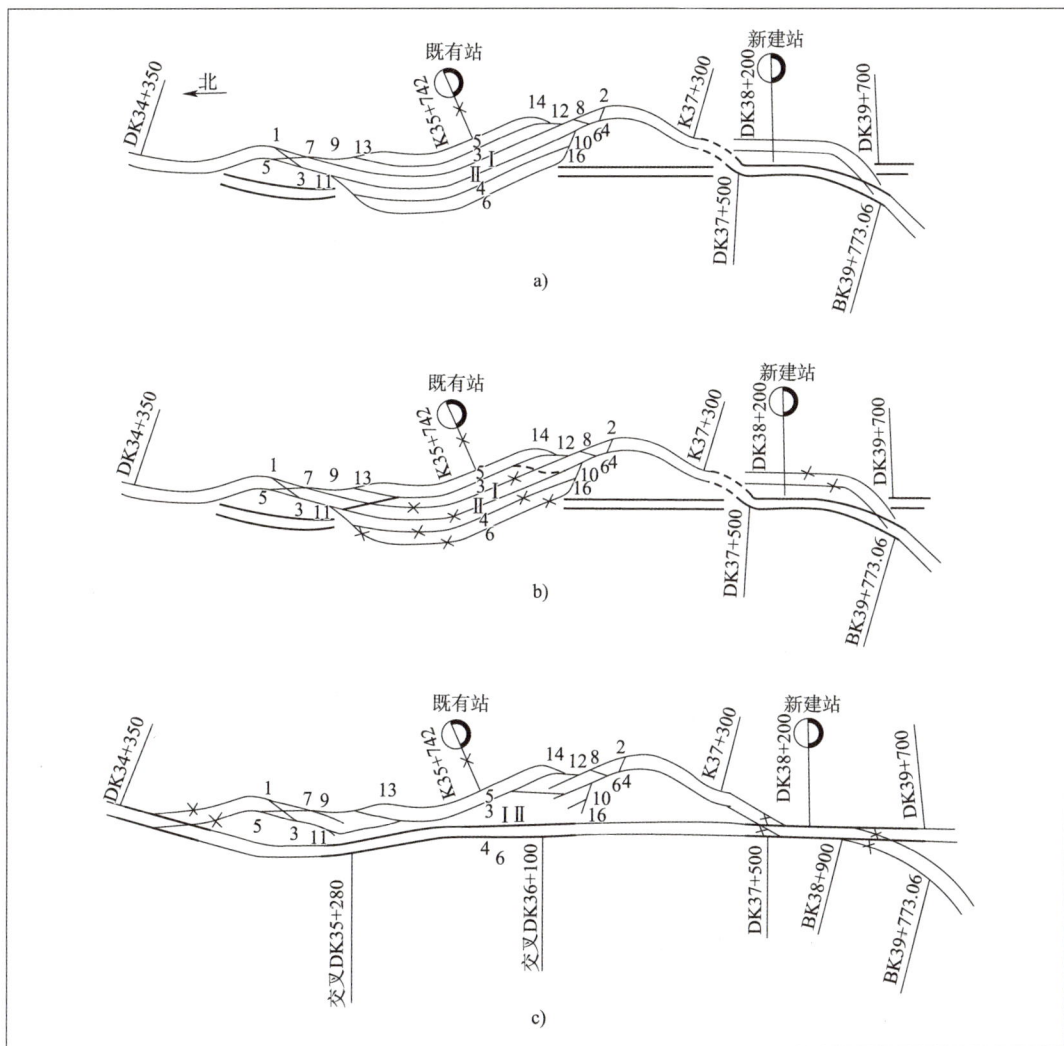

图 5-14 本工程的施工过渡方案

(2)增建二线铺轨施工中的安全控制内容:

①在增建二线铺轨前对线路进行调查,查明铺架线路、桥梁与营业线的关系,线间距的大小以及线下工程的质量情况。

②增建二线铺架要严格执行营业线施工安全的有关规定,严防侵限、掉道。

③增建二线铺轨要指定专人"一列一检制",即每通过一车,坚持测量一次线间距的变化情况,及时发现因路基变形而导致的线间距缩小,避免危及行车安全。

第一步:施工新建车站站场土石方、道岔、站线工程、信号、通信、轨道工程、站后配套工程及与行车无干扰的设计线路等,施工完毕,经验收达到开通标准后,可进行该段线路过渡。封锁既有右线 120min,北端约 DK37 +300 处连接既有右线,南端 DK39 +773.06(=DK39 +800)处设计便线与既有右线连接,连通轨道电路,新站Ⅱ道所有道岔钉闭曲股,开通直股(当作区间使用),Ⅱ道绝缘处用临时跳线连通轨道电路,开通右线。

第二步:与第一步地点和步骤相同,封锁既有左线120min,连接既有左线及轨道电路,新站Ⅰ道所有道岔钉闭曲股,开通直股(当作区间使用),Ⅰ道绝缘处用临时跳线连通轨道电路,开通左线。

第三步:封锁既有站150min,将既有3道两端与Ⅱ道、区间右线连通,即3道南端以曲线连接,北端以曲线连接,并连通3道轨道电路,封闭右线进入3道需通过的4号、6号、10号、11号岔侧股。同时,封闭既有站Ⅰ、Ⅱ、4、6股道,封闭左线进入5道的13号、8号、2号岔侧股及9号、14号、12号岔直股,以5道代替左线,3道代替右线,解除新站所有道岔封闭条件,进行信号倒替,开通新站及左右线。

第四步:拆除既有站Ⅰ、Ⅱ、4、6股道,整治路基,设DK35+280~DK36+100段设计线路,达到开通条件。同时,施工DK39+500~DK39+700段与既有交叉段线路,达到开通条件。封锁左、右线150min,分3个拨接点,即北端约DK34+350处,分别连接设计左右线及轨道电路;中部约DK37+500处,断开S曲线,连接左右线及轨道电路;南端约DK39+000处,断开施工便线,连通设计左右线轨道电路,开通左右线。

五 营业线道口施工安全技术

1. 临时道口设置

(1)由于在营业线旁施工,因施工运输受地理环境限制,对所设临时道口施工单位须向铁路管理部门申请,由所在铁路局集团公司组织实施,各项设施均达到标准后方可开通。

(2)道口应设在瞭望条件良好的地点,应能看到两侧各400m以外的列车;列车在800m以外可看见道口。

(3)铁路与道路的交叉应尽量采用正交,若必须斜交,交叉锐角不得小于45°,其铁路两侧的道路应有不小于30m的直线段。

(4)距道岔、桥台在100m以内,应避免设置道口,在铁路路堑和曲线地段,尽量不设道口。

2. 临时道口的管理

(1)临时道口启用后,施工单位要加强维修养护,选派责任感强的正式职工看守道口。

(2)弃落在临时道口上的土石等物体,要及时清除。

(3)当临时道口发生障碍时,应迅速做好防护工作,立即通知车站和邻近道口显示停车信号拦停列车,并尽快处理道口故障。

六 营业线施工安全事故应急救援预案

为确保施工安全,一旦出现险情,应能够做到及时、迅速、有效抢险,将险情控制在最小范围,减小损失。因此,需要针对营业线的特点制定安全事故应急救援预案,对此,应掌握如下内容。

1. 应急救援预案的指导思想

坚持"安全第一、预防为主、综合治理"的安全生产方针,保证铁路正常安全运营和施工人员人身安全;保证各种应急资源处于良好的备战状态;指导应急行动按计划有序进行;防止因应急行动组织不力或现场救援工作的无序、混乱而延误事故的应急救援;有效地避免或降低人员伤亡、行车事故和财产损失。

2. 安全管理组织机构

项目部需要成立应急领导小组和应急抢险队,领导小组组长由项目经理担任,应急抢险队只有现场指挥组有权调动,其他任何人不得随意调动应急抢险队。

3. 营业线施工的相关规定

(1)铁路营业线施工严格执行铁路营业线施工及安全管理办法和施工所属铁路局集团公司的相关文件要求。施工前必须向铁路局集团公司设备主管部门申报、审批施工方案,严格报批"营业线施工审批表"。

(2)施工前必与铁路各设备单位签订施工安全协议、施工配合协议、施工监护协议。

(3)严格按照设计文件、批准的施工方案和监护单位的具体要求组织施工,编制有针对性的安全技术措施,及时进行交底,确保施工安全。

(4)在营业线上或紧靠营业线施工必须按照《铁路技术管理规程》有关规定做好施工防护,未设好施工防护不得进行施工作业。即使是只有一个人的施工作业(包括营业线上施工测量),也必须做好防护。在营业线上施工,相邻车站必须派驻站联络员与施工现场联系,应备有手机和无线对讲机两套通信联络方式,保持通信联系畅通。

(5)防护员必须由正式职工担任,必须经铁路运营部门防护员知识培训考试合格,并取得合格证后方可上岗作业。防护员上岗要统一穿着黄色防护服,佩戴上岗证,带齐防护用品。

(6)严格执行设备监护制度,在扰动既有铁路设备前,必须请各设备单位的人员到现场确认、指导、监护。没有监护人员到场,不准破坏和改变既有线路、电务设备的使用条件。

(7)在铁路保护区内的所有动土施工作业,应与有关设备管理部门签订施工安全协议。电缆径路两侧5m内严禁动用机械设备施工;加强对电缆及其他管线的防护;施工前必须有设备单位监护人员到场,必须先挖探坑;确认电缆、管线设备数量、走向;作业前采取撒白灰、设置警戒标志、插彩旗等有效防护措施确定保护区后,才能施工。

4. 根据工程特点明确可能发生的安全事故及应急处理措施

以既有线桥涵顶进施工为例,其可能发生的安全事故及对策如下:

(1)前掌子面出现坍塌。

当前掌子面出现坍塌时,如果不超出安全距离,立即进;如果超出安全距离,要立即顶进,达到安全距离。如果有列车通过,又无抢修时间,严重影响列车通行安全,宁可拦车,不可放车,且应及时组织人员抢修线路,在确认具备列车通行条件时方可放车。

(2)刃角两侧出现坍塌。

当刃角两侧出现坍塌时,如果出现以下两种坍塌情况,要采取不同的处理方法:

①如果侧面上部土不坍塌、下部土出现坍塌,类似于空洞,这时要抓紧时间将桥体向前顶进,顶过坍塌部位时,戳穿上部土,埋上注浆管立即回填,待桥体顶进就位后注浆处理。

②如果上部、下部都坍塌，在危急行车安全时，要抓紧抢修，用准备好的装满土的草袋子或编织袋回填；如果有列车通过时，在未抢修好的情况下，坚决不能放列车通行。

5. 安全事故报告制度

根据《铁路交通事故调查处理规则》的要求建立安全事故报告制度，申报程序如下：

（1）立即将所发生的安全事故的情况报告上级主管部门。

（2）在24h内写出事故报告，报铁路局集团公司主管部门。

（3）报告内容如下：

①事故发生的时间、地点（线别、站名、区间、千米、米）、单位。

②事故的简要经过、伤亡事故以及直接经济损失的初步估计。

③事故发生原因的初步判断。

④事故发生后的措施及事故控制情况。

⑤事故报告单位。

模块小结

本模块主要对轨道交通工程施工安全技术的相关管理制度和职责、常见影响施工生产安全的因素进行了分析，并对轨道新线与营业线中路基、桥涵、隧道、轨道等工程结构施工中涉及的施工安全提出了相应的技术措施，分别从国家层面、建设管理者层面、施工企业层面提出了施工安全生产的各项要求和措施。通过对本模块内容的学习，学生能够掌握施工安全生产的应知应会的必要知识，对施工安全形成一个整体认识，为之后进入工作岗位及企业生产提供重要知识支撑和相关技能。

素质拓展

经过前期学习，通过查找相关法律法规及运用所学专业知识，试分析下列事故产生的直接原因、间接原因及整改措施。

【案例1】 高处坠落事故

某厂检修人员为更换输煤皮带，打开吊砣间的起吊孔（高程25m），仅用一条尼龙绳作为简易围栏。×年1月17日上午，工作负责人于某带领岳某等人到达吊砣间，进行疏通落煤筒工作，虽发现起吊孔未设围栏，但未采取防护措施，就开始作业。一名作业人员用大锤砸落煤筒，岳某为躲避大锤后退时，从起吊孔坠落至地面（落差25m），抢救无效死亡。

【案例2】 联调联试违章作业

×年11月25日17时25分，某铁路局集团公司某城际（联调联试）D55232次试验列车行至莱阳—海阳北间，因施工单位雇用的工人在无施工计划、未在车站登记、未设防护、没有正式职工带班的情况下，违规擅自打开栅栏门上线补道砟作业，造成2名作业人员被撞死亡，构成一般A类事故。

练习与思考

一、填空题

(1)凡_____m以上的高处作业无安全设施时,必须系好安全带(绳)。

(2)在高空、深坑绑扎钢筋和安装骨架,须搭设_____和_____。

(3)阵风风力_____级以上的情况下进行的高处作业,称为强风高处作业。

(4)应急预案措施由_____负责组织制定,工程技术部、安全质量部、材料物资部参加编制。

(5)铁路营业线施工必须严格落实_____制,严格执行施工_____制度。

二、判断题

(1)施工作业人员进入施工现场前,必须要进行全员安全教育和考核工作。
(　　)

(2)特种作业必须持特种作业资格证上岗,对于特殊、紧缺的工种,可以适当放宽,先上岗后取证。
(　　)

(3)安全绳使用时必须采用高挂低用的方式,严禁低挂高用。(　　)

(4)铺架机在站内停留时,必须停于警冲标内方,并在铺轨机轮对两面使用铁鞋防溜,派专人看护。
(　　)

(5)二氧化碳中毒是火灾发生后人吸入烟雾造成死亡的主要原因。(　　)

三、问答题

(1)我国现行的安全生产管理体制、安全生产管理的目标是什么?

(2)轨道交通建设期间的安全管理目标是什么?

(3)对于施工单位来说,如何有效建立安全生产管理体制?

(4)施工现场的常规安全要求有哪些?

(5)什么是交叉作业?交叉作业的安全应如何管理?

(6)什么是高处作业?高处作业如何分类和分级?高处作业存在哪些危险因素?对于人的不安全因素具体有哪些?

(7)什么是物体打击?常见的物体打击有哪些?物体打击产生的原因主要有哪些?

(8)简述新线路基(含路堤、路堑、路基附属、支挡结构)施工安全技术。

(9)简述新线隧道开挖及支护的施工安全技术。

(10)简述新线施工安全事故应急救援预案的主要内容。

(11)简述营业线施工安全事故应急救援预案的主要内容。

(12)简述营业线安全施工的"八不准"安全控制制度及要点拨接施工的"五必须"安全控制制度。

参 考 文 献

［1］《〈普速铁路工务安全规则〉主要修订条文解读及对照》编委会.《普速铁路工务安全规则》主要修订条文解读及对照［M］.北京:中国铁道出版社,2023.

［2］中国国家铁路集团有限公司.国铁集团铁路营业线施工管理办法(铁调〔2021〕160号)［M］.北京:中国铁道出版社,2021.

［3］秦进.交通运输安全管理［M］.北京:高等教育出版社,2021.

［4］杨松尧.铁路运输安全管理［M］.2版.北京:人民交通出版社股份有限公司,2022.

［5］李宇辉.城市轨道交通应急处理［M］.3版.北京:人民交通出版社股份有限公司,2022.

［6］张新宇,王富饶.城市轨道交通安全管理［M］.2版.北京:人民交通出版社股份有限公司,2021.